入 門 銀 行 論

代田 純 編

JN085153

有斐閣ブックス

は し が き

　本書は，大学生や一般社会人向けに執筆された銀行論のテキストである。銀行論という科目は，証券市場論や保険論と並び，多くの経済学部や商学部に置かれている。しかし，銀行論という名称のテキストは少ないのが現状である。

　現在，銀行の役割が低下しているといわれる。確かに，貸出残高の伸びは高くはないので，銀行の金融仲介機能は低下していると理解されやすい。しかし，預金残高の伸びは高く，銀行の信用創造機能は衰えていないことが示唆される。今日の銀行信用は，対政府が中心となっているからである（第1章参照）。

　本書の特徴は，第1に，銀行論の類書が少ないなかで，1冊で網羅的に銀行論がわかることである。銀行の理論，歴史にはじまり，最新のデジタル化まで解説した。第2に，銀行を中心に金融システム全体についても理解できるため，金融論の教科書としても使用できる。また，金融論を学んでいない学生や社会人にも理解できるように，金融用語についてもわかりやすく説明した。

　本書の内容面での特徴を要約すれば，以下の諸点であろう。第1に，内生的貨幣供給説に立っている。内生的貨幣供給説では，中央銀行がベースマネーを供給しても，信用乗数は不安定であるし，民間銀行が貸出（預金）を増やさなければ，マネーストックは増加しないとする。

　第2に，第1点とも関連して，銀行の受動的側面を重視している。預金者が預金を現金として引き出せば，民間銀行は現金が不足するために，中央銀行の当座預金から現金を引き出す。すなわち，預金者の行動が能動的であり，民間銀行と中央銀行は受動的である。

　第3に，銀行の信用創造機能を重視している。最近の金融論等のテキストでは，銀行の情報生産機能や資産転換機能が重視される傾向にあり，信用創造機能を取り扱わないことが多い。一方，本書では銀行の信用創造機能は貸出に限らず，国債など証券保有においても発揮されると考えている。

　第4に，金融の二重構造論を今日的な観点から再考している。金融の二重構造論は，1970年代に川口弘らによって主張され，大企業と大手銀行の融資関係，中小企業と地域金融機関の融資関係という二重構造として論じられた。形態は変わったが，二重構造は今日でも存続している。

第5に，暗号資産（仮想通貨），現代貨幣理論（MMT），デジタル化など最先端の課題にも，テキストとして基本的な解説を加えた。

本書は3部構成となっている。第Ⅰ部は「金融システムと銀行」で，第1〜4章からなる。第Ⅱ部は「銀行システムと銀行業の実際」で，第5〜10章からなる。第Ⅲ部は「金融のこれからと銀行の課題」で，第11〜14章からなる。

各章の主要な内容は以下である。第1章「金融と銀行」では，金融と銀行の本質，銀行の歴史を踏まえて，現代日本の銀行に関し，預金，貸出を中心に解説した。また，現在の銀行信用は，日本銀行信用を含み，対政府中心である。

第2章「通貨と銀行」では，銀行による信用創造の仕組み，資金循環と銀行の役割，新しい通貨としての暗号資産について解説した。またステーブルコインや中央銀行デジタル通貨に関しても取り上げた。

第3章「中央銀行と民間銀行」では，中央銀行の目標と機能，中央銀行の歴史，中央銀行による新しい政策を取り扱った。同時に，中央銀行と民間銀行の関係についても説明した。

第4章「銀行と通貨理論」では，内生的貨幣供給説と外生的貨幣供給説，その端緒として通貨学派と銀行学派，ケインズ貨幣理論と信用創造理論，MMTを解説した。MMTには，問題点が多い。

第5章「銀行の基本業務」では，情報生産機能など銀行の金融仲介機能，預金・貸出の新しい動向，デリバティブ取引と証券化について取り扱った。先物・オプション取引や資産担保証券（ABS）などに銀行は深く関わっている。

第6章「銀行制度」では，銀行制度を国際比較している。イギリス，ドイツなどヨーロッパの銀行制度，アメリカにおける商業銀行と投資銀行，欧米との対比で日本の銀行制度について説明した。

第7章「金利と銀行貸出金利」では，金利に関する理論の歴史，日本の銀行金利の国際比較，企業金融と金利負担を取り扱った。邦銀の利鞘（りざや）は国際的にも低くなっているが，企業規模別の金利負担には格差が残っている。

第8章「銀行の収益構成と利益」は，収益・利益の基本概念，利益の動向，役務取引等収益の構成を説明している。利鞘の低下により資金利益は減少しがちで，役務取引等利益の比率が上昇している。

第9章「銀行の費用と銀行経営」では，銀行数，支店数，ATM数，銀行の費用構成や，銀行の利益率を国際比較の観点から解説した。また，銀行の設備

投資とシステム投資に関しても明らかにした。

第10章「銀行と有価証券」では，今日の銀行と証券保有，銀行の証券業務，銀行と持株会社制度について検討した。銀行持株会社のもとで，証券子会社が認められ，規制はかなり緩和された。

第11章「銀行とデジタル化」では，1970年代からのオンライン化の歴史，銀行の決済システム，キャッシュレス決済とフィンテックを説明した。銀行の決済機能は，システム化やデジタル化と深く関わっている。

第12章「金融グローバル化と銀行」では，銀行の国際業務，国際業務の制約要因と促進要因，グローバルな銀行ガバナンスに関して論じた。邦銀の外貨（とくにドル）調達コストは高く，国際業務の収益性が高いと単純にはいいがたい。

第13章「地域金融と銀行業の再編」では，地域金融機関の役割，地域金融機関を取り巻く環境，地域金融機関の新しい取り組みを説明した。地域金融機関は，リレーションシップ・バンキングを選択することが望ましい。

第14章「銀行への規制と将来像」では，銀行法の改正，上場株式会社である銀行と取引所改革，巨大プラットフォーマー（GAFAM）の金融機関化との関係で，銀行業の将来像を考えた。

編者は川口弘から金融論の指導を受けた最後の世代である。先生は，『ケインズ一般理論の基礎——一つの経済原論』（有斐閣，1971年），『金融論』（筑摩書房，1966年）などの名著を残されたが，1960年代後半に金融制度調査会において信用金庫擁護論を展開され，かつ80年代に中央大学学長として推薦入試制度を整備された。編者も60歳代の半ばとなり，複数の著書を出し，いくつかの大学の役職も務めたが，先生の足元にも及ばないと思う。

本書の執筆過程においては，公益財団法人日本証券経済研究所の現代債券市場研究会を討論の場として活用させていただいた。同研究所には深く感謝申し上げる。また，本書の編集にあたっては，有斐閣の長谷川絵里氏に多大のお世話になった。記して謝意を表したい。

　　　2022年12月

　　　　　　　　　　　　　　　　　　　　　　　　代　田　　純

執筆者紹介

代 田　　純（しろた　じゅん）　編者　第1章，第2章第3節，第4章，第6章第1・2節，第7章，第8章第2・3節，第9章，第11章，第14章

1957年生まれ。中央大学大学院経済学研究科博士後期課程満期退学。博士（商学）

現在，駒澤大学経済学部教授。同大学経済学部長，副学長を歴任。

〈主要著作〉　『ロンドンの機関投資家と証券市場』法律文化社，1995年；『日本の株式市場と外国人投資家』東洋経済新報社，2002年；『証券市場論』有斐閣，2011年（共編）；『日本国債の膨張と崩壊』文眞堂，2017年；『デジタル化の金融論』学文社，2022年

近 廣　昌 志（ちかひろ　まさし）　第2章第1・2節

1978年生まれ。中央大学大学院商学研究科博士後期課程修了。博士（金融学）

現在，中央大学経済学部准教授

〈主要著作〉　「信用論から検討するMMTの是非」『愛媛経済論集』第41巻第1号，2021年；『現代金融論（新版）』有斐閣，2016年（分担執筆）

石 田　　周（いしだ　あまね）　第3章

1990年生まれ。立教大学大学院経済学研究科経済学専攻博士課程後期課程満期退学。博士（経済学）

現在，愛知大学地域政策学部助教

〈主要著作〉　「欧州中央銀行（ECB）のマイナス金利政策がユーロ地域の中小規模銀行に及ぼした影響」『信用理論研究』第39号，2022年；『EU金融制度の形成史・序説』文眞堂，2023年（近刊）

勝 田　佳 裕（かつた　よしひろ）　第5章

1978年生まれ。駒澤大学大学院経済学研究科経済学専攻博士課程単位取得満期退学。博士（経済学）

現在，静岡英和学院大学人間社会学部准教授

〈主要著作〉　『学問へのファーストステップ③　ファイナンス入門』ミネルヴァ書房，2021年（分担執筆）；『深く学べる国際金融』法律文化社，2020年（分担執筆）

新 井　大 輔（あらい　だいすけ）　第6章第3節

1979年生まれ。中央大学大学院商学研究科博士後期課程修了。博士（金融学）

現在，名城大学経済学部准教授

〈主要著作〉　「1970年代における都銀と信金の競争激化とリレーションシップバンキング」『商學論纂』第52巻第5号，2011年；「協同組織金融と地域」『金融経済研究』第43号，2021年

添 田　利 光（そえだ　としみつ）　第8章第1節

1970年生まれ。中央大学大学院商学研究科博士後期課程満期退学。修士（商学）

現在，敬愛大学経済学部准教授

〈主要著作〉　『変貌する千葉経済』白桃書房，2011年（分担執筆）；「日銀による非伝統的金融政策1（1999年〜2006年）」『敬愛大学研究論集』第92号，2018年

簗 田　優（やなた　すぐる）　　第 10 章

　1978 年生まれ。獨協大学大学院経済学研究科博士後期課程修了。博士（経済学）
　現在，日本大学商学部准教授
　〈主要著作〉　『証券化と住宅金融』時潮社，2011 年；「日銀のマイナス金利政策とヨーロッパ諸国
　　の先行事例」『研究年報』和歌山大学経済学会，第 20 号，2016 年

田中　綾一（たなか　りょういち）　　第 12 章

　1970 年生まれ。立命館大学大学院国際関係研究科博士後期課程修了。博士（国際関係学）
　現在，駒澤大学経済学部教授
　〈主要著作〉　『地球経済入門』法律文化社，2021 年（分担執筆）；「2019 年 4 月の世界の外国為替
　　市場の状況」『立命館国際研究』第 33 巻第 1 号，2020 年（共著）

伊鹿倉正司（いがくら　まさし）　　第 13 章

　1975 年生まれ。九州大学大学院経済学府博士後期課程修了。博士（経済学）
　現在，東北学院大学経済学部教授
　〈主要著作〉　「地方銀行の持続可能性」『経済学論集』東北学院大学学術研究会，第 190 号，2018
　　年；「地域銀行の第二次国際化」『金融構造研究』第 38 号，2016 年

目　　次

第Ⅰ部　金融システムと銀行

第Ⅱ部　銀行システムと銀行業の実際

第 I 部
金融システムと銀行

第1章　金融と銀行

明治7年の為替バンク三井組。明治9年に三井銀行となり，日本初の私立銀行となった（日本銀行金融研究所貨幣博物館所蔵）

学習の課題

1　金融と銀行の概念や本質を理解する。
2　銀行業の歴史と特徴を学ぶ。
3　現代日本の銀行業務の基本について学ぶ。

1　金融とは何か

　本節では，銀行の機能と役割を理解する前提として，金融とは何かを説明する。部門間資金循環，資金調達と資金運用，決済機能という3つの観点から検討する。

1.1　部門間資金循環

　最初に部門間資金循環に関して説明する。ここでいう「部門」とは，家計，企業（法人），政府，海外という4つの経済部門である。金融とは，4つの経済部門間で資金が循環していること（マネーフロー）である。また，部門間資金循環を仲介する機関が，銀行等の金融機関である。

経済学（金融論）では，全体としての個人を「家計」と呼ぶ。「家計」という
と家計簿という言葉が頭に浮かぶ。家計簿は，家庭の収入と支出を帳簿にした
ものだが，その家計である。住宅ローンを借りることは，家計における資金調
達である。他方，「収入−支出」が黒字（余剰）となり貯蓄が形成され，銀行
に預金すれば，資金運用となる。

　企業（法人）は原材料を仕入れ，労働力を雇用し，付加価値をつけて販売し，
収益をあげることをめざす。企業は生産設備を増加させることが必要となれば，
設備投資を行う。設備投資の資金が内部資金で不足するならば，企業は銀行か
ら資金を借りる，社債や株式を発行して資金を調達する，といったように，金
融により資金を調達する。

　政府は所得税や消費税で税収を集め，社会保障や公共事業などで政府支出を
するが，基本的に税収を政府支出が超過すれば，財政赤字となる。この場合，
政府は国債を発行することが多い。国債を企業が買えば，資金は企業から政府
に流れることになる。企業や家計は資金繰りに余裕がある場合（資金余剰の場
合），国債を購入して利子収入を得ようとする。

　日本の国債を海外の家計や企業が購入する場合，資金が海外から日本の政府
へ流れることになる。また逆に，日本の家計がボーナスなどで余剰資金があり，
それを米ドル建預金など外貨建預金にするならば，日本の家計から海外へと資
金が流れることになる。

　以上のように，家計や企業，政府そして海外といった経済部門間で資金が流
れることを金融論では部門間資金循環と呼ぶ。この場合，中間に金融機関が入
る場合と，金融機関が入らないで経済部門が直接，資金をやりとりする場合が
ある。金融機関が入る場合は間接金融と呼ばれ，金融機関が入らずに直接とな
る場合は直接金融と呼ばれる。

　直接金融において，株式の購入など証券会社が仲介する場合，家計の資金は
証券会社の負債とならない（バランスシートに反映されない）。他方，間接金融に
おいては，家計の資金は銀行預金や保険会社の保険料として負債となる（バラ
ンスシートに反映される）。このように，直接金融と間接金融において，金融機
関の機能は異なっている。

　近年の日本での部門間資金循環を図1-1が示している。これによると，家
計部門はかつて大幅な資金余剰だったが，資金余剰が縮小している年がある

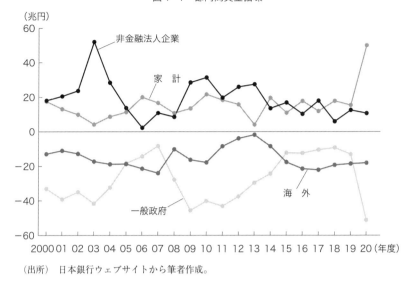

図 1-1　部門間資金循環

（兆円）

非金融法人企業

家　計

一般政府

海　外

2000 01 02 03 04 05 06 07 08 09 10 11 12 13 14 15 16 17 18 19 20（年度）

（出所）　日本銀行ウェブサイトから筆者作成。

（2003, 08, 13 年度など）。これについては複数の要因が影響しているといわれている。日本では高齢化が進んでいるが，高齢化が進むなかで，退職に伴い家計の収入が減少するため，との見方もある。しかし，2020 年度にはコロナ禍により，政府から家計に給付金等が支給されたため，家計は大幅に余剰となり，他方で政府は急速に赤字を拡大させた。

　家計に代わって大幅な資金余剰となってきた部門が，法人部門である。法人部門は歴史的には大幅な資金不足部門であった。これは日本の高度経済成長（1960 年代から 70 年代）が企業の設備投資主導であり，設備投資のために企業は大きな資金需要を抱えていたためである。他方，家計は大幅な資金余剰にあり，家計の貯蓄が銀行等に集められ，間接金融で企業に貸し出されてきた。しかし1990 年代の後半から企業を取り巻く環境は大きく変化した。まず，企業は負債（銀行借入など）を減らすリストラを進めた。また設備投資を抑制する傾向が強まった。この結果，企業の資金需要は減少し，設備投資も自己資金で足りることとなった。こうして「大企業の銀行離れ」が進み，企業は資金余剰に変わっている。トヨタ自動車など大手の企業は，銀行借入が減少する一方，預金や証券で資金を運用するようになっている。ただし，一概に企業（法人）と

いっても，大企業と中小企業では大きな格差がある。大企業が直接金融も可能であるのに対し，基本的に中小企業は銀行借入など間接金融が中心である。企業（法人）全体の資金余剰は大企業の影響である。

　最も資金不足が深刻化している部門は一般政府部門である。一般政府とは，中央政府，地方政府など政府部門の合計である。1990年代以降の不況で税収が減少した反面，景気対策として公共事業が実施されたことや，高齢化の影響もあり社会保障費が増加したこと，さらには2020年にはコロナ禍で給付金等が急増したこと等で，政府支出は増加してきた。この資金不足をまかなうため，政府は多額の公債（国債や地方債など）を発行してきた。中央銀行である日本銀行によって，ゼロ金利政策や量的緩和政策がとられ，公債の発行コスト（利払費）は抑制されたため，政府は容易に公債を発行できた。

　海外部門は資金不足になっているが，これは日本から海外へ差し引きで資金が流出していることを意味する。日本から海外へお金が流れる要因として，対外直接投資や対外証券投資がある。他方，海外から日本へお金が流れる要因として，対内直接投資や対内証券投資がある。近年，日本企業の対アメリカ，対アジアの直接投資は非常に増加してきた。また対外証券投資も急増してきた。日本国内の金利が2000年以降ゼロに近づき，16年以降マイナスとなるなか，家計から海外の投資信託などへ資金が流れてきた。こうした日本から海外へ流れる資金が，海外から日本へ入る資金（海外企業の日本進出，外国人投資家の対日証券投資等）よりも多いため，海外は資金不足部門となってきた。以上のように，近年の日本の部門間資金循環は企業（非金融法人）が黒字，政府が大幅な赤字，家計は黒字，海外が赤字で日本から資金流出となってきた。

1.2　資金調達と資金運用

　本項では，金融は貸借だけではなく，株式などによる出資を含むことを説明する。すなわち，金融を貸借として理解するのではなく，資金調達と資金運用（出資を含む）として把握することが重要である。

　家計→金融機関→企業といった資金循環の場合，家計は銀行等に預金し，銀行等は企業に貸出する。家計にとって預金は金融資産だが，受け入れた銀行にとって預金は負債である。バランスシートとしては，銀行は負債（資金調達）としての預金と資産（資金運用）としての貸出を持つ。そして企業は借入を負

債とする。以上のように，資金が資産と負債により，貸借されている。この一連の流れを債権・債務関係とも呼ぶ。この場合，資金を貸す側は利子を得ることが貸す動機となる。また借りる側は利子を支払うことで，資金を調達し，一時的に資金繰りを可能とする。したがって，金融は基本的には貸借関係である。

　しかし，金融には出資する側面もある。株主は企業の株式を保有することで，企業の資本金に資金を出している。企業にとって負債は一定期間後に返済する必要があるが，株式は企業への出資として永久資本（株主資本または自己資本）であり，返済する必要はない。これは株式による直接金融である。

　近代株式会社の特質として，「所有と経営の分離」が挙げられる。資本主義の勃興期にあっては，企業の所有者としての株主と経営者としての社長が同一人物ということも多かった。しかし，企業規模が拡大し，株式によって広く社会的資金を調達する必要が生じると，株主＝所有者と経営者が分離することになる。株主は企業に株式購入で資金を出資し，経営者は株主から資金を受け入れ，経営に専念することになった。このように株主は株式資本に出資しており，企業からすれば株式でファイナンス（資金調達）しているが，これも金融にほかならない。出資としての金融では，利益分配として配当が発生する。金融は貸借（資産・負債）と同時に，出資（資本）も含む。

1.3　決済機能

　家計では電気や水道，電話などの公共料金は多くの場合，銀行の預金口座から引き落とされている。また，クレジット・カードで購入した場合，日本では通常1カ月後くらいに銀行の預金口座から引き落とされる。こうしたことを金融論では決済と呼ぶ。決済とは，最終的な支払（final payment）である，ともいえる。

　従来，決済は銀行にしかできなかった。たとえば，証券会社の口座で株式を購入していても，電気料金の最終的な引き落としはできない。また国債の投資信託（MMFなど）のように，預金に近い性格の資金を持っている場合にも，最終的には銀行の預金口座に振り込まれて決済される。コンビニエンス・ストアでの公共料金振込も，コンビニ自体が決済するのではなく，コンビニが銀行口座への振込を代行している。証券会社や保険会社，またクレジット・カード会社やコンビニには決済機能はなく，銀行が独占してきた。この点は，銀行が預

　クレジット・カードを申し込んだりすると，信用情報センターに記録が残り，返済状態についても情報が共有されている。スマートフォンなどを本人名義で購入し，本体料金を割賦販売（分割払い）にした場合，本人がローンを借りたことになる。このため，スマホ購入のローンも金融機関に信用情報として共有されている。万一，スマホ購入金を返済しない，あるいは延滞した場合，信用情報として残り（数年間），新規にローン等を借りようとした場合，金融機関から指摘される可能性がある。これはクレジット・カードについても同じである。学生時代からお金の管理が大切である。

金を集めるうえでも大きなメリットとなってきた。ただし，最近，法改正によって，PayPay や LINE Pay のような資金移動業者によって，送金（決済）が部分的に可能になってきている。

　決済にあたっては，手数料が発生することはあっても，利子が直接発生するわけではない。しかし，決済機能は金融の重要な構成要素である。これは，通貨が商品やサービスの販売に伴う支払の機能を持つためである。また銀行の預金口座から，公共料金やクレジット・カードの代金が引き落とされ，最終の支払がなされる。現金や預金が支払手段という機能を持っていることから，決済は金融の重要な構成要素である。

1.4　日本の金融構造

　日本の金融構造の特徴として，1970 年代頃，金融の二重構造，金利の歪み，資金偏在批判ということが，川口弘らによって指摘された。金融の二重構造とは，日本経済の二重構造論（日本経済は大企業と中小企業で構成されているという理論）に基づき，大（都市）銀行は大企業に集中融資し，信用金庫等の地域金融機関が中小企業に融資している，という議論であった。ここから，信用金庫は中小企業金融において不可欠といった信用金庫擁護論も展開された。

　次に，金利の歪みについてである。当時の日本銀行の政策金利は公定歩合（日本銀行の民間銀行への貸出金利）であったが，人為的低金利政策と呼ばれ，公定歩合は低く抑えられていた。本来，中央銀行は最後の貸し手であるから，公定歩合は民間銀行間での市場金利（コール金利）よりも高くあるはずである。しかし，実際には，公定歩合（5.8％前後）よりもコール金利（8.9％前後）が高

くなっており，金利が歪んでいた。金利の歪みは，金融の二重構造論と関連しており，都市銀行は低い貸出金利で大企業に貸し出したが，それは低い公定歩合によって可能になっていた。

　最後に，資金偏在批判である。当時，都市銀行は都市部での大企業に集中融資していたが，預金に不足していたため，コール市場で高い金利で資金調達する必要があった。他方，地方銀行は地方に有力な企業が少なく，貸出は少なかったが，預金が潤沢であったため，コール市場において余資を運用することが可能であった。これを都市銀行は資金偏在と呼んでいた。そして，都市銀行の資金偏在論は，当時の大蔵省による店舗規制の緩和要望となっていた。大蔵省銀行局は，銀行の支店など店舗新設を規制しており，都市銀行は地方部等での支店開設を自由にできなかった。これに対し，川口は，地銀がコール市場で資金の出し手となっているのは，コール金利が高く，有利な運用先であるからであって，地方部で資金需要が不足しているわけではない，と批判した。間接的に，都市銀行の店舗規制緩和も批判したのである。

　1970年代に論じられた，以上の3点の視点は，2020年代の今日にも，形を変えて存続していると考えられる。金融の二重構造に関しては，今日，都市銀行の貸出においても，中小企業向けと個人向けの合計は60％前後に達している。しかし，都市銀行の中小企業向け貸出は，圧倒的に都市圏に集中している。都市銀行による地方圏における中小企業向け貸出は少ない。地方圏での中小企業向け貸出は，地方銀行，第二地方銀行などの地域金融機関によって担われている。こうした図式で，今日も二重構造が存続している。

　資金偏在に関しては，今日，預金において都市銀行への集中が進んでいる。金利の歪みに関しては，短期プライムレートが11年間にわたり今日まで1.475％に据え置かれている一方で，実質的な貸出金利は0.5％以下にまで低下している。短期プライムレートは形骸化しており，こうして金利形成の歪みは続いている。今日の金融構造について，3で説明する。

2　銀行の機能とは何か

　本節では，銀行の歴史的形成史，銀行業の本質，銀行業の受動性に関して説明する。

2.1　銀行の歴史的形成史

イギリスなどでは，銀行は貨幣を預かる機関として出発した。近代の貨幣は最初，金あるいは銀などの貴金属であった。しかし，金などを大量に手元に保有することは，貯蔵などでコストがかかるし，盗難リスクもある。このため，金匠（ゴールドスミス）という業者が発生した。金匠は当初，人々の余剰分の金を預かるという役割を果たした。

しかし，支払（決済）のたびごとに，金匠から金を引き出して受け渡しをすることは手間がかかる。そこで，金匠が金を預かっている預り証（手形，金匠が支払人）を発行すれば，預り証で支払うことができる。金匠が発行する金の預り証が普及し，やがて銀行券として使用されるようになった。

銀行券が普及すると，どうしても金を引き出す必要があるときだけ，金を引き出す。このため，金匠のもとには金が大量に集まることとなり，滞留する。金匠は滞留する金を貸出に使うことができるようになる（第4章2.2「信用創造の理論」参照）。また貸出に伴って，利子を受け取ることができるようになる。イギリスでも日本でも中央銀行制度が確立される以前には，複数の民間銀行が銀行券を発行していた。

銀行券の発行は，金の裏付けが信用の基礎であったから，銀行券の発行量と銀行の準備としての金量の間に一定の関係が必要であった。こうした関係を背景として，金（もしくは銀）本位制度といった貨幣制度が成立する。金本位制度が成立すると，民間銀行は銀行券の発行権を取り上げられ，銀行券の発券は中央銀行に集中した。

中央銀行制度と銀行券の発券集中によって，銀行制度への信頼が形成されてくると，銀行券を引き出さないでも，預金口座間での振替決済が可能となる。こうして当座預金という振替決済ができる預金が形成されてくる。したがって，銀行の形成に伴って，通貨（貨幣）は金銀などの貴金属から，銀行券，そして当座預金へと発達してきた。

なお，日本において銀行の形成は，主として明治政府による国立銀行条例によるところが大きい。現在のみずほフィナンシャルグループと三菱UFJフィナンシャル・グループの主要な骨格は，国立銀行条例によって始まった。つまり，政府主導による，上からの銀行設立である。しかし，三井住友フィナンシャルグループの母体の1つである三井銀行は，1673年に開業した三井越後

屋呉服店が源流となっている。三井越後屋呉服店は呉服業を営みつつ，両替商を兼営して，金融業に進出した。両替商には，小判等が滞留し，貸出が可能になる。したがって，日本においても，上からの銀行設立だけでなく，市場経済の発展から銀行が形成された面もある。

2.2　銀行業の本質

　銀行業は，大きく商業銀行と投資銀行に区分されてきた。商業銀行は，預金受入，貸出，為替（決済）という，3つの本質的機能を持っている。預金口座は，預金引き落し等の決済機能と結びついており，商業銀行しか持てなかった。また貸出は，貸出先の預金口座に預金を設定（創造）することで実行される。預金があって初めて貸出ができるのではなく，預金を設定（創造）することで，貸出するのであって，銀行貸出の結果として銀行預金が増加する。また決済機能は為替業務とも呼ばれ，従来は銀行しか持っていなかった。

　すでに述べたように，間接金融を担う金融機関としては，銀行のほかに，保険会社もある。しかし，保険会社は，集めた保険料を，貸出に回すだけであり，銀行のような信用創造（預金の新規設定）機能はない。また直接金融に関与する金融機関としては証券会社があり，MMFのような預金類似商品を販売するが，MMFは投資信託であり，預金とは異なる。証券会社との証券取引でも，決済は預金口座でなされる。金融仲介機関として，銀行，保険，証券会社等を同一視する考えもあるが，以上のように銀行とは違いがあり，同一視できない。

　投資銀行は，イギリスのマーチャント・バンクに始まり，アメリカでも発達した。マーチャント・バンクは，19世紀において手形引受業務や証券引受業務を主要な業務としていた。その後，今日では，M＆A（企業の合併・買収）のアドバイザリー業務，トレーディング業務（機関投資家などプロ投資家相手の証券売買や自己売買等），資産運用業務，証券化等を行っている。歴史的には，投資銀行は決済機能を持たなかったが，現在の投資銀行（ゴールドマン・サックス等）は銀行持株会社として商業銀行に区分されており，境界がほぼ消滅し，商業銀行と投資銀行は融合している。

2.3　銀行は受動的存在

銀行業の特殊性の1つは，預金受入や現金引出をコントロールできないこと

である。預金者が銀行に預金口座を開設し，さらに預金を増やそうとした場合，犯罪関係等で拒絶する場合を除けば，銀行は預金を受け入れることになる。銀行に預金が流入すれば，銀行は貸出や証券等で運用することになる。したがって，預金は銀行にとって原材料に近い性格を持っている。

製造業企業であれば，製品の製造や販売の状況をみて，原材料の仕入れをコントロールする。製造業企業にとって，原材料を中心とした在庫管理は重要な課題である。しかし，銀行業は，預金者の預金を受け入れるので，そもそも原材料などの在庫を管理できないのである。現在，都市銀行や地方銀行ともに，日本の銀行の多くは，こうした預金超過に悩んでいる。

また，預金者は必要に応じて，銀行預金から現金を引き出す。ゴールデンウィークやクリスマス・年末年始休暇前になると，預金者は多くの現金を引き出す。このとき，民間銀行は受動的に現金を準備し，不足する場合には，中央銀行当座預金から現金を引き出す。現金引出についても，銀行は受動的に対応し，能動的に現金供給するわけではない。

民間銀行に預金が流入し，貸出等が伸びないと，民間銀行は中央銀行の当座預金（準備預金が中心）に資金を積み上げる。民間銀行にとって，中央銀行当座預金は資金運用の1つである。これは，中央銀行にとっても，民間銀行からの預金を受け入れざるえないことを意味している。実際，現在，日欧の中央銀行当座預金には，民間銀行からの資金が積み上がっていて，過去最高水準になっている。日銀当座預金残高は2021年末現在，517兆円に達した。中央銀行がマイナス金利を課しても，中央銀行当座預金は積み上がっている。

以上のように，民間の銀行，中央銀行はともに預金受入に関し，受動的な立場にあり，能動的な行動はとれない。この点は，中央銀行の金融政策を考える場合にも重要な視点であって，中央銀行がマネーストック（主要な部分は預金）を増やそうとしても，受動的な立場からになる。なお，伝統的な銀行業の特殊性に関する議論については第14章でも説明する。

3　現代日本の銀行業務

本節では，日本における銀行のコア業務である，預金受入，貸出，決済業務に関し，最近の動向を説明する。預金受入と貸出に関しては，業態別（都市銀

行，地方銀行等）の特徴に注目する。最後に，現代日本の銀行信用が対政府信用を中心としていることを説明する。

3.1　預金業務

　1960年代から70年代にかけては，預金においても，貸出においても，都市銀行のシェアが低下した。預金等残高構成比における都銀のシェアは，55年には33.1％であったが，73年には22％まで低下した。また貸出においても，都銀のシェアは同じ期間で30.5％から23.6％まで低下した。

　他方，今日においては，預金において都銀の著しいシェア上昇がみられる。図1-2は，業態別の預貯金シェアを示している。第1に，最大の特徴は，大手銀行（都銀のほか，信託銀行等を含む）のシェアが継続的に上昇していることであり，1998年3月における24.4％から，2021年3月には36.5％にまで，12ポイントの上昇となっている。大手銀行のシェアが12ポイント上昇した要因としては，まず相続の影響が考えられる。相続が地方で発生すると，多くはゆうちょ銀行から預貯金が引き出され，相続人が住む都市部の都市銀行等に預金されるとみられる。これに加え，都市部で高所得者が増加していること，大企業での内部留保が銀行預金に流入していること，大手銀行が国債引受において信用創造（預金創造，第2, 4章参照）してきたことが挙げられる。今日，銀行預金残高は約900兆円あるが，うち法人の預金が約310兆円ある。とくに1億円以上の高額預金では法人の比率が高い。コロナ禍により，大企業を含む，企業が手元流動性を高めたことも影響していよう。

　第2に，図1-2における，ゆうちょ銀行のシェアは，1998年3月における24.1％から，2021年3月には13.1％まで，やはり11ポイント低下した。結果として，ゆうちょ銀行のシェアが大手銀行にシフトしたことになる。こうしたゆうちょ銀行のシェア低下は，地方部での相続の影響に加え，金利面での優位性がなくなってきたことも一因であろう。90年前後まで，郵貯の定額貯金金利は3〜4％程度あったが，現在は0.002％と都市銀行との差はない。

　第3に，地方銀行のシェアは1998年3月における約17％から，2021年3月には約21％と上昇した。地方銀行でのシェア上昇は，横浜銀行や福岡銀行，京都銀行のような都市圏での大手地方銀行の預金が増加した結果とみられる。このほか，第二地銀のシェアは，わずかながら低下したが，信用金庫のシェア

図1-2　業態別預貯金シェア（3月末残高）

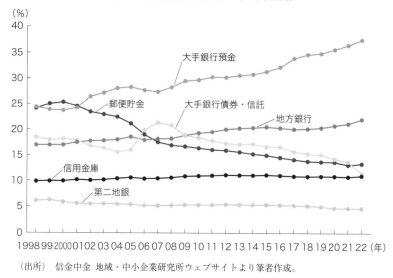

（出所）　信金中金　地域・中小企業研究所ウェブサイトより筆者作成。

は微増となった。

　表1-1は，業態別に預金の構成をみたものである。これによると，業態間で預金の構成には，かなりの差異がある。要求払預金は，流動性預金であり，出入金に制約がないものである。要求払預金は当座預金と普通預金からなる。当座預金は決済専用預金であり，付利されない。したがって，銀行の資金調達上のコストはゼロになる。他方，普通預金は付利されるので，わずかながらもコストが発生する。定期預金は一定期間資金が拘束されるので，銀行からすれば流動性の準備が不要である。しかし，その分，定期預金金利は相対的には高めになる。

　第1に，都銀の預金構成においては，要求払預金の比率が2011年度における60.5％から，21年度には74.6％へと上昇している。また要求払預金のなかでも，当座預金の比率が他の業態に比べて高く，11年度における8.5％から21年度には11.3％まで上昇している。日本においては，当座預金は伝統的に個人向けに開設されることはまれであり，ほとんどは企業（法人）向けである。したがって，都銀が最も法人取引が多いことの反映であろう。そして，この当座預金の構成比が高いことは，当座預金が無利子であることから，都銀の預金コ

表 1-1　業態別預金構成

都市銀行　　　　　　　　　　　　　　　地方銀行　　　　　　　　　（単位：％）

年　度	要求払預金			定　期	要求払預金			定　期
	計	当　座	普　通		計	当　座	普　通	
2011	60.5	8.5	49.0	35.2	53.5	4.0	47.6	44.6
2012	60.9	8.3	49.2	34.6	54.2	4.0	48.4	43.6
2013	61.5	8.1	50.0	33.6	55.1	3.9	49.6	42.6
2014	62.3	8.3	50.4	32.3	56.0	3.9	50.5	41.5
2015	64.8	8.8	52.3	29.8	57.0	4.0	51.4	40.5
2016	67.2	9.3	54.3	27.7	59.3	4.3	53.5	38.2
2017	69.4	9.9	56.0	25.9	61.6	4.5	55.6	36.1
2018	69.8	10.0	56.3	25.4	63.5	4.5	57.6	34.3
2019	71.3	10.7	57.7	23.8	64.8	4.3	59.2	33.0
2020	74.2	11.5	59.8	20.9	68.2	4.7	62.2	29.6
2021	74.6	11.3	60.2	20.4	69.7	4.6	63.8	28.0

第二地銀　　　　　　　　　　　　　　　信用金庫　　　　　　　　　（単位：％）

年　度	要求払預金			定　期	要求払預金			定　期
	計	当　座	普　通		計	当　座	普　通	
2011	44.4	3.5	39.2	54.3	34.4	2.2	30.5	65.1
2012	45.7	3.5	40.6	53.0	35	2.2	31.1	64.5
2013	46.7	3.3	41.6	51.9	35.8	2.2	31.8	63.8
2014	47.8	3.4	42.9	50.8	36.6	2.2	32.6	63.0
2015	49.2	3.5	44.2	49.5	37.3	2.2	33.4	62.3
2016	51.2	3.5	46.2	47.5	38.9	2.3	35.0	60.7
2017	53.6	3.8	48.4	45.3	40.5	2.4	36.5	59.2
2018	55.2	4.0	49.9	43.7	42.1	2.4	38.1	57.6
2019	57.9	4.0	52.5	40.7	43.8	2.4	39.8	55.8
2020	62.3	4.3	56.7	36.5	48.5	2.6	44.3	51.3
2021	64.2	4.2	58.6	34.6	50.1	2.6	46.0	49.7

（出所）　全国銀行協会『全国銀行財務諸表分析』，信金中金『信用金庫概況』から筆者作成。

ストが低くなることを意味する。また，普通預金の構成比も 49％から 60.2％
へ上昇しているが，法人預金に起因する部分が大きい。預金者別預金（日本銀
行のデータ）のうち，10 億円以上の預金の増加が著しく，その多くは法人によ
る預金である。

　他方，都銀における定期預金の構成比は低く，2011 年度における 35.2％か
ら，21 年度には 20.4％へ低下した。定期預金金利は相対的には高く，定期預
金新規受入平均金利（300 万～ 1000 万円未満，3 カ月～ 6 カ月未満，2021 年）は

0.234％となっている。したがって，都銀は定期預金の比率が低く，当座預金の比率が高く，他の業態に比べ，資金調達コストとしての預金金利は低くなる。

　第2に，地銀と第二地銀については，若干の差異はあるものの，おおむね同様の傾向が読み取れる。まず，要求払預金の構成比については，都銀ほどではないものの，比率が高く，しかも上昇している。地銀の要求払預金の比率は，2011年度における53.5％から，21年度には69.7％へ上昇した。要求払預金のうち，当座預金については，地銀も第二地銀もおおむね3〜4％であり，若干の上昇傾向にある。他方，普通預金については，都銀に準じて構成比率が高く，しかも上昇傾向にある。地銀の普通預金構成比は，11年度における47.6％から21年度には63.8％へ上昇した。一方，定期預金の構成比は，低下しているものの，都銀に比べ高い水準にある。20年度現在で，定期預金の構成比は，地銀で28.0％，第二地銀で34.6％であり，都銀の20.4％に比べ高い。地銀，第二地銀の預金コストが，都銀に比べ高くなる一因とみられる。第3に，信用金庫では要求払預金の比率が，上昇しているものの，他の業態に比べ最も低い。とりわけ，当座預金の構成比は2％台で推移しており，低くなっている。また普通預金の比率は上昇しているものの，21年度現在で46.0％であり，他の業態に比べて低い。他方，定期預金の構成比は，低下しているものの，2021年度に49.7％と高くなっている。個人，とりわけ高齢者による定期預金が多いと見られる。このため，信用金庫としては，定期預金の比率が高いことで，資金調達コストとしての預金コストが高くなる。信用金庫の貸出金利は，他の業態に比べ高くなっており，それは中小企業金融の小口性や割高な審査コスト，モニタリング・コスト（経営を監視する費用）によって説明されることが多いが，同時に資金調達面において定期預金の比率が高く預金金利が高めになっていることもあろう。預金金利など資金調達コストが高いので，貸出金利も高めに設定する必要がある。

　定期預金の残存期間別構成をみると，地域銀行（地方銀行と第二地銀，以下同じ）ほど，期間が長めの定期預金の構成比率が高い傾向にある。通常，期間が長い定期預金では，預金金利が高くなる。地銀，第二地銀，信用金庫では残存期間が長めの定期預金，あるいは預金金利が高い定期預金の比率が高くなっており，預金金利全体が高くなっている。

　1970年代の資金偏在は，主として地銀への預金偏在であった。しかし，今

日では，都銀への預金集中が著しく，都銀への資金偏在となっている。資金偏在のあり様は変わったが，資金偏在といった視点は重要といえよう。

3.2 貸 出 業 務

　業態別に貸出のシェアをみると，第1に都銀のシェアが傾向的に低下している。貸出における都銀のシェアは，1998年に39％であったが，2021年には33％まで低下した。また都銀を除く大手行（信託銀行等）のシェアも同じ期間に13.4％から9.7％へ低下している。第2に，地銀のシェアは，同じ期間で，25.2％から36.2％まで10ポイント以上上昇した。第3に，第二地銀と信用金庫のシェアはさほど変化しておらず，第二地銀は8〜9％前後，信用金庫は12％前後で推移している。したがって，都銀と大手行のシェア低下が，ほぼ地銀のシェア上昇にシフトしたことになる。

　貸出において，都銀のシェアが低下し，地銀のシェアが上昇してきた要因について検討する。企業規模別貸出残高（日本銀行）をみると，銀行全体の企業向け貸出の「中小企業向け」のシェアは，2000年に58.6％であったが，21年に61.3％となっている。一方，「大企業向け」のシェアは，00年に20.9％であったが，13年以降24％台で推移している。「中小企業向け」と「大企業向け」がそれぞれシェア上昇した一方で，「中堅企業向け」が00年における8.1％から，21年に1.9％まで低下した。貸出における都銀のシェア低下の要因として，従来は中堅企業向け貸出において都銀が強かったが，中堅企業向け貸出が減少するに伴い，都銀のシェア低下につながったとみられる。中堅企業向け貸出残高は，00年に44兆8703億円あったが，21年には11兆8981億円まで減少した。

　都市銀行でも，貸出における中小企業・個人向け比率は60％程度まで上昇しているが，都市銀行の中小企業向け貸出は都市部に集中しており，地方部では中小企業向け貸出は少ない。信用保証残高の都道府県別内訳からみると，都市銀行の貸出は，96％が都市圏（首都圏，京阪神圏等）に集中している。

　図1-3の業態別貸出シェアにおいて，信用金庫のシェアは，1998年以降2021年まで，12〜13％で安定している。都銀と信用金庫に関し，1店舗当たりの貸出残高では，同順で，776.9億円と100.4億円であり，8倍近い差がある。都銀と信金では，かなりの生産性格差がみられる。これは，基本的には規模の

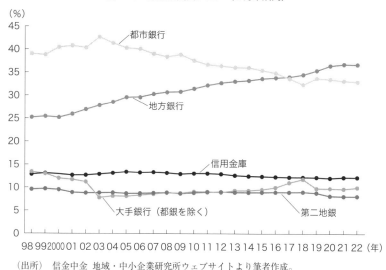

図1-3　業態別貸出シェア（3月末残高）

（出所）　信金中金　地域・中小企業研究所ウェブサイトより筆者作成。

ほか，システム化の程度の差が反映しているとみられる。

　貸出金の残存期間別構成比をみると，地域銀行ほど長期貸出の比率が高くなる傾向にある。都銀平均では，「1年以下」の貸出が29.2％であるが，地銀において17.4％，第二地銀において13％でしかない。逆に「7年超」については，地銀において42.1％，第二地銀においては49.6％と高くなっている。簡潔にいえば，都銀では短期の貸出が中心であり，地銀と第二地銀では長期の貸出の比率が高い。これは個人の住宅ローンの比率が反映していると推測されるが，通常，長期貸出金利は短期貸出金利よりも高めになる。このため，都銀よりも，地銀と第二地銀で貸出利回りが高くなる一因とみられる。貸出金利回りは，都銀が最も低く，信用金庫が最も高いが，ともにほぼパラレルに低下している。

　預金が都銀に集中する一方，貸出では都銀のシェアが低下してきたため，預貸率については業態間でかなりの差異が発生している。第1に，都銀を中心とする大手銀行の預貸率（貸出残高÷預金残高）低下は著しく，1998年に118％であったが，2020年には54.9％まで低下した。都銀など大手銀行の預貸率は，ここ20年間で半減した。第2に，地方銀行の預貸率は98年に81.6％であったが，20年に79.2％であり，おおむね横ばいで推移している。一部の地方銀行

がアパートローンなど不動産関係融資に注力していることも一因であろう。第3に，第二地銀と信用金庫については，預貸率は低下している。第二地銀の預貸率は同じ期間で86.6％から79％へ低下し，信用金庫は71.5％から50％まで低下した。第二地銀では7ポイントの低下にとどまるが，信用金庫では20ポイント近い低下である。

3.3　決済業務

　今日，銀行の決済業務としては，手形交換制度，内国為替制度，外国為替円決済制度，信用情報，マルチペイメント等がある。決済業務は利子が付くものではないが，振込等によって銀行は手数料を得ており，金利収入が低下するなかで，重要性を高めてきた。銀行の決済業務は，日銀ネット，全銀システム，そして各銀行の勘定系システムなど，コンピューター・システムそのものであり，銀行のデジタル化に深く関連している。第11章でも説明するが，本項では概略を示すこととする。

　手形は，買い手（手形振出人）が売り手（手形受取人）に交付する，一定期間後の振出人による代金支払を約束した証書である。振出人は期日までに取引銀行の当座預金口座（振出人）に入金する。振出人の取引銀行は，受取人の取引銀行宛に送金して，決済する。しかし，すべての手形決済で個別に決済すると，手間とコストが大きい。そこで，銀行は手形交換所に手形を持ち寄り，手形交換尻（他行宛支払と自行宛受取の差額）だけを決済する。そのとき，銀行間の決済には，中央銀行当座預金が利用される。中央銀行にある民間銀行の当座預金で，預金振替により決済される。

　次に，内国為替制度とは，国内預金取扱金融機関（銀行のほか，農協等を含む1195機関）の間で，振込等に関する為替通知の授受と決済を行う制度であり，その中核は全国銀行データ通信システム（全銀システム）である。全銀システムはオンライン処理システムとして1973年に発足した（第11章参照）。

　外国為替円決済制度は，外国為替市場における売買に伴う円代金の支払や円建仕向送金等の外国為替取引に伴う銀行間での円資金の決済制度である。いわば外国為替取引に伴う円建決済を銀行（外国銀行，信用金庫を含む197行）間で集中的に行っている。決済は日銀ネットを利用して，オンライン処理されている。

表1-2 マネタリーサーベイ（Ｍ3）の構成要因

（単位：億円）

年	国内信用（計）	対政府信用	対金融機関信用	対民間信用
2010	11,589,934	3,750,902	2,106,339	5,157,001
2011	11,692,886	4,012,090	1,963,842	5,108,788
2012	12,079,590	4,189,454	2,054,923	5,198,108
2013	12,615,682	4,556,058	1,977,736	5,428,105
2014	13,195,652	4,904,042	2,086,982	5,530,727
2015	13,721,158	5,115,458	2,287,156	5,636,952
2016	14,568,057	5,562,436	2,535,911	5,760,731
2017	15,171,440	5,653,714	2,804,018	5,984,210
2018	15,425,547	5,703,246	2,956,355	6,014,638
2019	15,980,087	5,806,616	3,186,723	6,203,441
2020	17,010,128	6,072,504	3,520,756	6,592,774
2021	17,433,876	6,097,358	3,771,289	6,706,183
2022	17,556,361	6,520,940	3,510,867	6,664,920

（注）　暦年ベース，年末。22 年は 7 月末現在。
（出所）　日本銀行ウェブサイトから筆者作成。

3.4　現代日本の銀行信用

　銀行の貸出は，銀行信用とも呼ばれる。銀行信用は中央銀行信用を基軸とし
て，民間銀行の与信が構成する。日本銀行が作成するマネタリーサーベイとい
う統計があり，マネーストック統計のＭ3の変動を金融機関等の資産・負債
の変化と関連づけて捉えることができる。表1-2 が，マネタリーサーベイを
示している。日本銀行と預金取扱機関（民間銀行以外を含む）の貸借対照表を統
合したものと考えられる。表1-2 において，「国内信用（計）」とは，日銀と
預金取扱機関が国内経済主体（政府，金融機関，企業・個人）に対し供与してい
る信用である。2022 年現在で，約 1756 兆円に達する。この国内信用（計）の
内訳としては，対政府信用が約 652 兆円，対金融機関が約 351 兆円，対民間信
用（企業・家計向け）が約 666 兆円である。10 年末現在でみると，対政府信用
が約 375 兆円，対民間信用が約 516 兆円であったから，対政府信用が急増し，
対民間信用（企業や家計向けの貸出）は緩やかな増加にとどまっていることがわ
かる。現代日本の銀行信用は，対政府が膨張し，企業や家計向けの与信に匹敵
する規模となっている。都市銀行などが信用創造によって国債を引き受け，ま
た日本銀行も国債買切オペによって中央銀行信用を拡張しているためである。

● 練 習 問 題
1 銀行の歴史的形成について説明しなさい。
2 銀行業の本質的機能と受動性について説明しなさい。
3 最近の預金業務に関し，業態別に特徴を説明しなさい。

● 文 献 案 内
1 川波洋一・上川孝夫編［2016］『現代金融論（新版）』有斐閣
　　現代の金融構造を説明した入門テキスト。
2 代田純［2016］『誰でもわかる金融論』学文社
　　金融の全体像を説明した入門テキスト。
3 代田純［2017］『日本国債の膨張と崩壊──日本の財政金融政策』文眞堂
　　今日の国債累積を，金融構造との関連において歴史的に説明している。

● 引用・参考文献
川口弘［1979］『減速成長下の金融機関』日本経済評論社
川口弘編著［1975］『セミナー経済学教室　6　現代金融論』日本評論社
全国銀行協会『決済統計年報』各年版

第2章　通貨と銀行

地域に生きる預金取扱機関の取り組み（北海道中川郡美深町
にて。著者撮影）

学習の課題

1　信用創造を理解する。

2　資金循環と銀行との関わりを理解する。

3　デジタル通貨の基本と現状を理解する。

1　通貨と指標

　本節では，通貨形態や通貨指標および関連する用語を理解し，通貨の実態と
その供給チャネルについて学び，通貨供給において要となる銀行が持つ機能を
解説する。また中央銀行が一方的に通貨量をコントロールすることが難しい理
由についても学ぶ。

1.1　通貨形態と通貨指標

　現代の通貨形態は大きく預金通貨と現金通貨に区別されるが，預金を現金を
銀行に預け入れたものと認識することは，歴史的経緯としてはともかく，現代
における通貨供給の理論的側面からすると必ずしも適切とはいえない。むしろ，

預金が引き出されることによって現金が流通するからである。こうした認識は，通貨供給をコントロールする中央銀行の金融政策を正しく捉えるためにもとくに重要である。

　今日では，預金と現金のほかにも，通貨として認識されうる形態が誕生しているが，通貨そのものと通貨の支払指図ツールとを分けて認識することが肝要である。確かに支払手段としてクレジット・カードはきわめて便利で有用であるが，これは通貨そのものではなく，実際の決済はクレジット・カード利用者の預金の引き落としがなされてはじめて完了する。電子マネーも同様に，決済ツールではあるものの，最終的には電子マネーサービスを提供する業者の預金が振り替えられることで完了する点に留意しなければならない。

　日本の通貨指標として，現在，「M 1」「M 3」「広義流動性」などの指標が用いられている。これらの範囲は，表 2-1 を参照されたい。M 1 は現金と流動性預金との合計で，ゆうちょ銀行や信用組合などを含めた預金取扱機関すべての預金ないし貯金を含む。ここでいう補助貨幣とは貨幣法に定義されている「貨幣」であり，日本政府発行の硬貨を指す。これに準通貨と譲渡性預金（CD）を合わせると M 3 となる。準通貨とは，定期性預金と呼ばれる定期預金や信用金庫などが提供する定期積金であり，CD とは，定期預金の一種である。譲渡性預金証書は CD 市場で売却することができるもので，預金というよりは債券のように扱われ，預金保険の対象でもない。

　従来，広く利用されてきた M 2 については，表 2-1 では掲載していない。現在でも M 2 という指標自体は日本銀行によって公表されているが，流動性預金のうち，ゆうちょ銀行や一部の系統金融機関預貯金が含まれておらず，統計上，継続性の観点から公表されているにすぎず，2021 年度末で 110 兆円を超える流動性預金を保有するゆうちょ銀行の預金残高を無視することはできない。なお，ゆうちょ銀行では貯金という名称が用いられているが，これは伝統的に郵便貯金の時代から用いられてきた名称をそのまま利用しているだけで，現在，定義上は預金である。また，郵政民営化法施行令にて，ゆうちょ銀行の預金受入は 1300 万円を上限としている。

　M 3 は，M 1 に定期預金や定期積金および CD を加えた指標であるが，定期預金等の金利水準が流動性預金のそれとほぼ同水準の現状では，今日の一般的な通貨指標としては M 3 を用いることが現実的である。

表 2-1　通貨指標としてのマネーストック統計

指標		カテゴリー	具体例
M 1		現金	日本銀行券，補助貨幣（硬貨）
		流動性預金	当座預金，普通預金，貯蓄預金，通知預金，別段預金，納税準備預金
M 3		準通貨・CD	定期預金，定期積金，譲渡性預金
	広義流動性		金銭の信託，投資信託（公募・私募），金融債，金融機関発行普通社債，金融機関発行 CP（コマーシャル・ペーパー），国債および FB（政府短期証券），外国債券

（出所）　日本銀行調査統計局「『マネーサプライ統計』の見直し方針」などの資料をもとに筆者作成。

　広義流動性とは，M 3 に「金銭の信託」や「投資信託」などを含めたものであるが，金融資産のうち現金ないし預金に換えやすいかどうかが通貨らしさとして重要である。ただし，どこまでを通貨らしさと呼ぶにふさわしいのか，また投資信託などの資産も結局どこかの預金として計上されるため，それらの重複分などを考えると，広義流動性の指標に対しては論議の余地は小さくない。

　なお，日本では通貨の一般的指標として 1967 年より「マネーサプライ統計」が用いられてきたが，郵政民営化などの状況に対応するため，それまで「M 2＋CD」に含まれていなかったゆうちょ銀行の預金や，信用組合，労働金庫，農業協同組合などの貯金を「M 1」に含めるなどの変更を行って，2008 年 6 月より「マネーストック統計」という名称が用いられるようになった。従来の「M 2＋CD」に代わり現在では「M 3」が代表的な指標として用いられる。従来のマネーサプライ統計では証券会社，短資会社，非居住者による保有分が含まれていたが，マネーストック統計ではそれらは除外された。

　預金の保有者が金融機関であるかどうかの区別を無視すれば，細かな通貨指標をみるよりは，大枠としては預金取扱機関の負債としての預金ないし貯金残高に現金流通高を加えたものを通貨として認識できる。

　通貨指標との関わりにおいていえば，何を通貨と捉えるかという側面が大きく，たとえば，証券会社が提供する証券総合口座の多くは，MRF（Money Reserve Fund）という比較的元本割れしにくいとされる投資信託で運用されており，一部には公共料金の引落サービスが可能なものもみられる。利用者からすれば銀行の普通預金の感覚で利用できるが，MRF はあくまで投資信託であ

り，これを通貨と呼ぶにはなじまない。通貨指標としては，預金残高と現金流通高が基本であると認識すればよい。

次に，マネーストック，ベースマネー，超過準備について，それらの論理的な関わりを理解してほしい。民間主体に保有される通貨量をマネーストックと呼ぶものとして，これとの対比で通貨の基礎的な位置づけとしてベースマネーが挙げられることがある。このベースマネーは，マネタリーベースないしハイパワードマネーとして呼ばれる場合もあり，その定義は，「日本銀行券発行高」＋「補助貨幣（硬貨）流通高」＋「日銀当座預金残高」である。

マネーストックをベースマネーで除した値は貨幣乗数ないし信用乗数と呼ばれるが，この値はマネーストック残高とベースマネー残高の結果であって，ベースマネーを供給すれば，その貨幣乗数倍だけマネーストック残高が実現するというわけではない。

日本の場合，法定通貨（リーガル・テンダー）は，日本銀行が発券する銀行券（日本銀行券発行高）に，政府が発行する補助貨幣（貨幣流通高）を加えた残高をさすが，これらは民間主体が現金保有の必要分に応じて預金解約によって引き出してくることでそれらの流通が実現するのであり，中央銀行の金融政策によって意図的にコントロールできるベースマネーは，日本銀行当座預金のみである。

通貨供給に関わる政策的な論議を大枠として捉えると，ベースマネーの供給がマネーストックを増大させるとする考え方と，マネーストックの増大が預金準備高としての日銀当座預金を追加的に必要とさせるとの考え方に大別することができる。前者は外生的貨幣供給理論に，後者は内生的貨幣供給理論にそれぞれ立脚しているといっても差し支えない。

昨今の量的・質的金融緩和政策を実行しても，ベースマネーの急増によりマネーストックの急拡大が実現しているわけではない。また，日銀当座預金が所要準備額を超過する部分を超過準備額と呼んでいる。

1.2　通貨の供給チャネル

前項において，通貨は預金通貨と現金通貨の統計であると述べたが，預金通貨を先に表記した理由を含めて，通貨の供給チャネルを学習することが重要である。一般的に，中央銀行がベースマネーを供給することで，そこから貨幣乗

数を乗じたものがマネーストックであると考えられることがあるが，貨幣乗数とは事後的に算出される結果としての乗数であって，それは一定ではない。

　現実的に，われわれ公衆が中央銀行から直接現金の供給を受けることはなく，マクロ的には必ず銀行預金の解約によってでしか現金通貨を手にすることはない。企業や個人が現金を銀行に預け入れることで銀行預金が増加すると考えても，その現金はもともとどこかの銀行預金が解約されて銀行の窓口やATMから出てきたものにすぎない。なお，ここでいう銀行とは信用金庫や信用組合，農業協同組合などを含む預金取扱機関の総称として用いている。

公衆の保有現金の増加＝公衆の預金残高減少

　それでは，どのように通貨が供給されて純増するのであろうか。まず，企業や個人を中心として，それらの資金需要が起点となって銀行借入を希望する。銀行は融資依頼に際して審査を行い，晴れて融資が実行されれば，借り手の銀行口座に借入資金が入金される。ここで重要な点は，誰かが銀行に預け入れたマネーを銀行が仲介して又貸ししているわけではなく，銀行は融資の実行に際して自らのバランスシート上の資産の部に貸出債権を，負債の部に借り手の預金債務をそれぞれ新たに設定して創造する。このときに銀行が借り手の預金残高を増やすことを貸記（たいき）と呼ぶ。

　図2-1は，融資実行と返済時の銀行のバランスシートの動きを表したものである。バランスシートとは貸借対照表とも呼ばれ，「B/S」と表記される。左側は借方（かりかた）と呼ばれ当該企業のある一時点の資産が示され，右側は貸方（かしかた）と呼ばれ当該企業のある一時点の負債と純資産（資本金等）が示される。誰かの資産は誰かの負債としてリンクしており，銀行にとっての資産である貸出は借り手にとっては借入金という負債であり，預金者は自らの預金を資産と認識するが，これは銀行にとってみれば負債である。

　この図からは，銀行貸出によって新しい預金通貨が生み出され，その分，銀行のバランスシートが大きくなることが理解できる。借り手が銀行に返済する際，借り手の銀行預金残高が引き落とされることで預金が消滅し，その分，銀行のバランスシートは縮小する。

　融資等の与信は銀行以外でも行うことができるし，保険会社や消費者金融業者などのノンバンクも，企業や個人に対して貸付を実行しており，さらにはあ

図2-1　銀行貸出と返済の銀行バランスシート

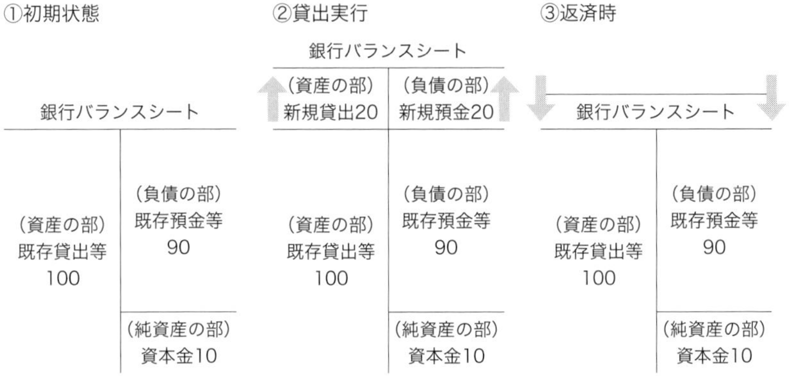

①初期状態　　　　　②貸出実行　　　　　③返済時

銀行バランスシート

↑（資産の部）新規貸出20	（負債の部）新規預金20 ↑

| 銀行バランスシート | | ｜ 銀行バランスシート ↓ |

①初期状態
銀行バランスシート

（資産の部）既存貸出等100	（負債の部）既存預金等90
	（純資産の部）資本金10

②貸出実行
銀行バランスシート

（資産の部）既存貸出等100	（負債の部）既存預金等90
	（純資産の部）資本金10

③返済時
銀行バランスシート

（資産の部）既存貸出等100	（負債の部）既存預金等90
	（純資産の部）資本金10

（出所）　近廣［2016］をもとに加筆して筆者作成。

る企業が別の企業に貸付を行うことは珍しいことではない。

　しかし，銀行以外がいくら誰かに貸付を実行したとしても，預金通貨がマクロ的に増加することはない。なぜなら銀行以外の主体は，自らが保有する預金通貨を貸付先に振り込むが，その際，銀行の預金名義が貸し手から借り手へと書き換わるだけであり，預金残高は変化しない。これに対して，銀行が貸出を実行する際には，借り手の預金口座に新たな預金通貨を創造することで銀行にとっての負債を増加させるのであり，金融機関のなかでも預金を創造することの可能な銀行は，通貨の供給チャネルの観点からは特別な存在なのである。銀行論あるいは貨幣金融論の世界において，信用とは現金支払約束を意味するものとして，その場合の信用はいつでも現金に換えられる預金をさす。

　通貨の供給チャネルとして，企業や個人などの銀行借入需要が起点となり，銀行貸出が実行されると，預金通貨がマクロ的に増加する。預金を創造するという意味で，市中銀行は信用創造機関であり，通貨供給の担い手であることが理解できる。銀行の信用創造は銀行バランスシートの深呼吸のようなものであり，息を吸い込む（借入需要に応じる）と預金通貨が発生し，吐く（返済を受ける）と預金通貨は消滅する。中央銀行の金融政策は，こうした民間銀行の信用創造を背後から間接的かつ受動的にコントロールする。

　銀行が預金者から預金として受け入れた現金を，現金のまま貸出先に貸し出すことを前提とする説明は現実的ではない。通貨供給のメカニズムを重視すれ

ば，預金通貨の設定が先にあって，それを解約して引き出したものが現金通貨であることが理解できる。したがって，預金通貨が通貨のプライマリ形態，現金通貨は通貨のセカンダリ形態であると解釈できる。

2 資金循環と銀行

本節では，資金循環の捉え方を，金融資産と金融負債の持ち手の連関として捉え，信用創造機関である預金取扱機関，すなわち市中銀行と中央銀行の総体である銀行システムの信用供与によって通貨が供給される側面を重視し，銀行が資金循環の要に位置することを解説する。

2.1 資金循環の実態

資金循環とは，国内の金融資産と金融負債の持ち手を確認して帳尻を合わせるためのものである。循環という用語を強調しすぎると，現金が世の中を転々と移動するイメージになってしまうが，そうではない。簿記原理に従えば，誰かの資産は誰かの負債であり，資金循環の考え方は，どのような金融資産を誰がどれだけ保有し，一方の金融負債を誰がどれだけ抱えているのかを捉えるためのものである。

資金循環統計はフローを表す「金融取引表」，ストックを表す「金融資産・負債残高表」，金融資産と金融負債の時価評価の変動分を示す「調整表」の3つからなる。資金循環のフローとは，一定期間の金融取引による増減が示されるもので，たとえば家計が10の借入を受け7の借入を返済した場合，差額の3の増加と表される。資金循環のストックとは，金融資産と金融負債の期末残高を示すものであり，どの部門の資産がどの部門の負債にリンクするのかが理解できる。前期末のストックに当期のフローが加算減算されたものである。しかし，たとえば証券のように市場価格が変動する金融商品は時価評価されるため，前期末のストックに当期のフローを加味しても当期末のストックと一致しないケースが存在する。その差額を説明するために調整表が用いられている。

2.2 資金循環統計

前項では，銀行貸出による貨幣供給の観点を重視しつつ資金循環の捉え方を

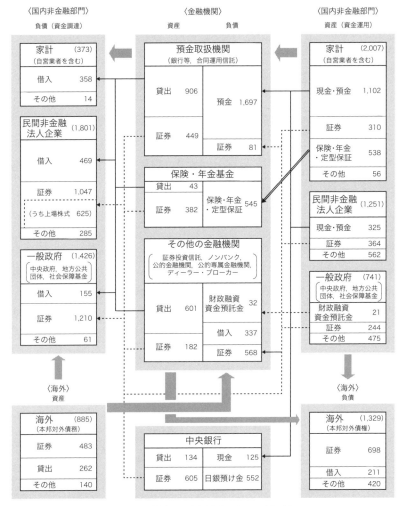

図 2-2　部門別の金融資産・負債残高（2022 年 6 月末，単位：兆円）

〈国内非金融部門〉
負債（資金調達）

〈金融機関〉
資産　　　　負債

〈国内非金融部門〉
資産（資金運用）

家計 （373）
（自営業者を含む）

借入　358

その他　14

民間非金融
法人企業 （1,801）

借入　469

証券　1,047

（うち上場株式　625）

その他　285

一般政府 （1,426）
中央政府，地方公共
団体，社会保障基金

借入　155

証券　1,210

その他　61

〈海外〉
資産

海外 （885）
（本邦対外債務）

証券　483

貸出　262

その他　140

預金取扱機関
（銀行等，合同運用信託）

貸出　906

預金　1,697

証券　449

証券　81

保険・年金基金

貸出　43

証券　382

保険・年金
・定型保証　545

その他の金融機関
証券投資信託，ノンバンク，
公的金融機関，公的専属金融機関，
ディーラー・ブローカー

貸出　601

財政融資
資金預託金　32

借入　337

証券　182

証券　568

中央銀行

貸出　134

現金　125

証券　605

日銀預け金　552

家計 （2,007）
（自営業者を含む）

現金・預金　1,102

証券　310

保険・年金
・定型保証　538

その他　56

民間非金融
法人企業 （1,251）

現金・預金　325

証券　364

その他　562

一般政府 （741）
中央政府，地方公共
団体，社会保障基金

財政融資
資金預託金　21

証券　244

その他　475

〈海外〉
負債

海外 （1,329）
（本邦対外債権）

証券　698

借入　211

その他　420

（注）　1　主要部門，主要項目を抜粋して資金循環のイメージを示している。
　　　　2　貸出（借入）には，「日銀貸出金」「コール・手形」「民間金融機関貸出」「公的金
　　　　融機関貸出」「非金融部門貸出金」「割賦債権」「現先・債券貸借取引」が含まれる。
　　　　3　証券には，「株式等・投資信託受益証券」および「債務証券」（「国債・財投債」
　　　　「金融債」「事業債」「信託受益権」等）が含まれる（本邦対外債権のうち証券につい
　　　　ては，「対外証券投資」）。
　　　　4　その他には，合計と他の表示項目の差額を計上している。

（出所）　日本銀行調査統計局「参考図表　2022 年第 2 四半期の資金循環（速報）」2022 年，
　　　　より引用。

学習したが，本項では実際のデータをもとに日本の現状について解説する。

　資金循環統計は，国内非金融部門（家計・民間非金融法人企業・一般政府），金融機関，海外が保有する資産（資金運用）と負債（資金調達）を金融商品ごとに示す統計で，日本銀行が四半期ごとに公表しているが，統計の制約上，世の中のすべての資産と負債を網羅しているわけではない。なお，金融資産と金融負債が資金循環統計の範疇であり，土地や建物などの資産などは含まれないことから，企業のバランスシートの大きさが反映されているわけではない。

　金融資産を保有する経済主体の分類については，国民経済計算（2009年に国連で合意された国民経済計算に関わる基準「2008年版国民勘定体系（08SNA）」）の分類に従って定められている。図2-2は，22年度第1四半期（22年1〜3月）の資金循環を部門別に表している。また，資金循環統計の一般政府とは，中央政府に限らず，地方公共団体や社会保障基金も含まれる。

　図2-2の国内非金融部門の負債（資金調達）側の借入および海外部門の借入を合計すると1193兆円である一方で，金融機関の貸出の合計は1550兆円であり一致していない。これはストックでみた場合の不一致であり，金融機関間および国際非金融部門間あるいはそれら相互の重複分が存在するからである。同様に，金融機関の負債である預金残高と中央銀行の負債である現金の合計は1822兆円である一方，国内非金融部門である家計と民間非金融法人企業が保有する預金と現金の合計は1427兆円であり，これも預金保有者の重複分や海外部門による保有が存在するためである。

　図2-2からは読み取れないが，各部門における金融資産と金融負債フローでみた場合には差額が生じないように統計が構成されている。

2.3　銀行経営の主要指標——預貸率

　通貨を供給する銀行の機能との関連で，預貸率という主要な指標が存在するが，日本では趨勢的に低下の一途をたどっている。本項では預貸率が変動する要因をマクロ的に検討しその要因について解説する。

　預貸率とは銀行の預金残高と貸出残高の比率であり，貸出残高を預金残高で除して求められる。個別銀行の状況を示す主要な指標であるが，日本の銀行は1990年代以降，おおむねこの指標が低下している。

$$預貸率 = 銀行の貸出資産残高 \div 銀行の預金負債残高$$

　預貸率の議論においては，個別銀行の預貸率と，国民経済をマクロ的に捉えた場合のそれとに分けることが重要である。第1節で学んだように，通貨は銀行貸出の際の預金創造によって供給されるものであり，マクロ的にみた場合に，銀行は預金を集めて貸出に向けているとはいえない。しかし個別銀行としては負債側にある預金の存在によって貸出ができると考えることは，銀行経営の観点からは差し支えない。銀行経営においては，バランスシートの資産と負債の管理（Asset Liability Management：ALM）が重要であり，せっかく貸出によって創造した預金負債が流出してしまえば，当該銀行の日本銀行当座預金残高（資産）と預金残高（負債）が減少するため，預金準備額に不足が生じ，他の顧客から預金を獲得するかコール市場で他の銀行から借り入れることで預金準備としての日本銀行当座預金を確保しなければならなくなる。

　預貸率低下という現象について，その要因として預金は集まるのに貸出先がみつからないからであるとか，銀行の金融仲介機能が低下したことなどがよく指摘されているが，マクロ金融の観点からすればその説明は正しくない。なぜならば，銀行貸出は銀行のバランスシート上の資産の部の貸出資産と負債の部の預金負債が両建で拡大し，また返済を受けると両建で縮小するため，銀行貸出が活発であるかどうかは，預貸率を大きく変動させるものではないからである。

　預貸率が低下する要因は2点挙げることができる。第1点は，銀行の不良債権処理，より正確にいえば不良債権の直接償却による。銀行の資産である貸出の勘定科目が減少する一方で，銀行の負債である顧客の預金残高は減少しない，あるいは預金は銀行の都合で勝手に減少ないし消滅させられないことから，定義上の預貸率が低下するのである。銀行が多額の不良債権を抱えていると「目詰まり」を起こし資金仲介機能が果たせなくなるとして不良債権処理を加速されればさせるほど預貸率は低下する。この要因による預貸率低下は，とくに，1990年代に入ってからバブル経済の産物である不良債権処理が多額に及んだ時期に顕著であった。

　預貸率低下の第2の要因は，市中銀行が国債を消化ないし保有することによる。こちらの要因の方が，マクロ経済的には大きな意味を持っている。図2-

図 2-3　銀市中銀行が国債を購入する際のバランスシート

市中銀行

①国債購入前

日銀当座預金	100	預金	1100
貸出	1000		
その他資産	100		
		資本金	100

②国債購入時

日銀当座預金	50	預金	1100
国債	50		
貸出	1000		
その他資産	100	資本金	100

③政府支出時

日銀当座預金	100	預金	1150
国債	50		
貸出	1000		
その他資産	100	資本金	100

日本銀行

④国債購入前

国債	400	市中銀行預金	100
その他資産	100	政府預金	300
		資本金	100

⑤国債購入時

国債	400	市中銀行預金	50
その他資産	100	政府預金	350
		資本金	100

⑥政府支出時

国債	400	市中銀行預金	100
その他資産	100	政府預金	300
		資本金	100

（出所）　筆者作成。

3 は市中銀行が国債を消化することによる預貸率の動きを表したものである。結論からいえば，市中銀行の資産の部に国債が増加するとともに負債の部に預金が増加することで，定義上の預貸率が低下する。

　①は国債購入前の市中銀行のバランスシートを表しており，資産の部には日銀当座預金が 100，貸出が 1000，その他資産が 100 あり，負債の部には預金が 1100，純資産の部には資本金が 100 計上されている。預金 1100 に対して貸出が 1000 であることから，このときの預貸率は約 91％である。次に，②市中銀行が新規国債を 50 ほど購入する場合，その代金は市中銀行が日本銀行に保有している当座預金（日銀当座預金）が政府預金に振り替えられる。このときは，市中銀行としては資産の部にある日銀当座預金が 50 だけ減少する代わりに，国債が 50 増加し，これは資産と資産の交換であるからバランスシートの大きさは不変である。最後に，③政府の起債によって政府預金が 50 増加するが，これを公共事業費などの支払に充てる。政府が民間企業に代金を支払う場合，政府小切手を振り出して民間企業に渡し，小切手を受け取った民間企業は取引銀行に小切手を持ち込むことで民間企業の当座預金に振り込まれる。このとき，市中銀行は民間企業の当座預金を 50 貸記することでその残高を増加させ，市中銀行が民間企業から受け入れた小切手を中央銀行に持ち込むと，日銀当座預金が 50 ほど増加する。ここで重要な点は，③の時点で市中銀行のバランスシートが 50 ほど純増することである。このとき，預金 1150 に対して貸出は 1000 であることから，約 91％であった市中銀行の預貸率は約 87％に低下する

ことが理解できる。

　一連の取引を日本銀行のバランスシート上の動きでみると，④市中銀行が国債を購入する前は，日本銀行の負債の部に市中銀行当座預金が100，政府預金が300計上されている。⑤市中銀行が国債を50ほど購入する際，日本銀行は市中銀行当座預金を50減少させ，政府預金を50増加させる。これは日本銀行の負債と負債を交換するものである。⑥政府が民間企業に支出すると，日本銀行の負債の部に計上する政府預金が50ほど市中銀行の日本銀行当座預金に振り替えられる。

　市中銀行が新規国債を購入し政府が支出しても，日本銀行のバランスシートは増減しないが，市中銀行は国債購入分だけバランスシートが拡大することが理解できる。

　財政法第5条では，日本銀行が公債の引受ないし政府に対する貸出を行ってはならないとの規定がみられるが，これは中央銀行である日本銀行が公債の直接引受や政府に対する直接貸出を行うと財政が節度を失い，マネーストックの増大を回避するためといわれている。しかし，本節で学習してきたように，市中銀行が国債を購入することでもマネーストックは増大する。日本では市中銀行が国債を引き受ける国債引受シンジケート団（シ団）制度が明治時代に始まって以来，日本では市中銀行が新発国債を引き受けてきた高度成長期などに比べて市中銀行の貸出が鈍化する状態にあっても，マネーストックが趨勢的に増大する要因の1つは，市中銀行による国債引受であるといえる。

3　新しい通貨と銀行

　通貨は，金などの金属貨幣から，銀行券などの紙幣，そしてコンピューター上でシステム化された預金と進化してきた。現在，暗号資産（仮想通貨）が登場し，中央銀行デジタル通貨（CBDC）も現実化しつつある。通貨の歴史は新しい局面に入りつつある。

3.1　暗号資産と銀行
　暗号資産は以下で説明するように，かなり多様なものになっており，一概に定義することはできない。また，いわゆるステーブルコインも暗号資産に含ま

れるが，線引き（区分）は簡単ではない。ただし，ステーブルコインはなんらかの別の資産によって価値を裏付けられている。まず，現在の市場規模を確認することにしよう。

　国際通貨基金（IMF）が公表している，*Global Financial Stability Report* の2021 年 10 月号によると，世界の暗号資産（crypto asset）の時価総額は，20 年 1 月 1 日には 1916 億ドルであったが，21 年 5 月 12 日には 2 兆 6185 億ドルまで急増し，その後，21 年 7 月 20 日には 1 兆 2930 億ドルまで急減し，同年 9 月 23 日には再び 2 兆 275 億ドルまで回復している。これだけ時価総額の変化が激しいのは，価格の変動性（ボラティリティー）が激しいからである。21 年 9 月現在，ビットコインが 8294 億ドル（構成比 40.9%），イーサリアムが 3598 億ドル（同 17.7%）を占めており，ステーブルコインは 1186 億ドル（同 5.8%）にすぎない。暗号資産の 6 割近くをビットコインなど価格変動性が激しいものが占め，ステーブルコインは 5 ～ 6% 程度である。ただし，ステーブルコインの時価総額は 1 年間で 6 倍以上に急増している。

　2021 年現在，世界には約 1 万種類の暗号資産が存在するといわれている。このうち，ステーブルコインは約 70 種類程度とみられ，ステーブルコイン以外の，価格変動性が激しい暗号資産の数がはるかに多い。また，ここに名前を挙げた暗号資産とステーブルコインは市場シェアが高いもので，全体の暗号資産数のごく一部である。

　次に，ステーブルコインの内訳をみると，テザー（Tether）が 690 億ドル（構成比 57.4%），USD コインが 300 億ドル（同 25.3%），バイナンス USD が 130 億ドル（同 11%），Dai が 63 億ドル（同 5.3%）となっており，テザーと USD コインで 8 割以上のシェアを占めている。

　暗号資産は，従来型の裏付資産を持たないもの（ビットコインなど）とステーブルコインの大きく 2 つに分けることができる。ただし，ステーブルコインにも，複数の類型がある。ステーブルコインは，担保型と無担保型の大きく 2 つに分けられる。さらに担保型は，法定通貨担保型と暗号資産担保型に分けられる。法定通貨担保型では，ステーブルコイン発行量と同等の裏付資産（預金，短期国債等）を担保として保有する。現在，中心になっているテザーと USD コインはいずれも法定通貨担保型である。次に，暗号資産担保型では，ステーブルコイン発行量以上の価値（通常 150% 以上）の暗号資産を担保として保有する。

Dai が暗号資産担保型である。

　他方，無担保型では，暗号資産の供給量をアルゴリズム（コンピューター・システムによる計算処理）で調整することで，価格安定を図ろうとする。無担保型はステーブルコインと呼ばれていても，担保がないうえ，供給が不安定になりやすく，実態としてはビットコインなどに近い。無担保型ステーブルコインとして 2022 年 4 月まで首位であった，テラ USD（22 年 4 月現在，時価総額約 175 億ドル，ステーブルコイン中第 3 位）が同年 5 月に暴落した。テラ USD は，価格が 1 米ドルにペッグ（固定）されていたが，それは他の暗号資産（ルナ）との裁定取引に依拠しており，ルナの暴落によりテラ USD も暴落した。22 年現在，日米欧において，監督当局による暗号資産とステーブルコインへの監督規制が検討されているが，逆にいえば，従来は実質的に規制されていなかった。

　主要なステーブルコインの裏付資産をみると多様である（前掲 IMF 報告書による）。法定通貨担保型であるテザーは，34％が現金金，57％が短期社債・譲渡性預金，USD コインは 92％が現預金となっている。他方，暗号資産担保型の Dai では，57％がイーサリアム，28％が USD コインとなっている。このように，同じ担保型ステーブルコインといっても，裏付資産にはかなりの差異がある。

　2021 年 11 月にアメリカで公表された，「ステーブルコインに関する報告書」（*Report on STABLECOINS*）では，①ステーブルコインの裏付資産に関し，どのような資産を保有すべきか，またその開示についても統一的な基準がない。②裏付資産が適切に保護されているか，チェックがない。③法定通貨への償還日数についても，即時償還から 1 週間後など条件が異なる，といった問題点を指摘している。しかし，よりいっそう注目されることは，適切に規制・監督すれば，ステーブルコインが広く普及していくと評価していることである。アメリカの同報告書では，ステーブルコインの発行体を預金取扱機関に限定する，連邦（国）レベルで仲介者に関する規制導入を検討する，としている。EU では，欧州委員会が 20 年 9 月に「暗号資産市場規制案」を公表し，ステーブルコインの発行体は当局の承認を必要とし，信用機関・電子マネー事業者に限定した。こうした欧米の規制導入を受け，日本でも 22 年 6 月に資金決済法が改正され，ステーブルコインの発行体を銀行・資金移動業者に限定することになった。日米欧の先進国では，ステーブルコインの発行体を銀行等に限定する方向である。

バーゼル銀行監督委員会（事務局は国際決済銀行〔BIS〕）は，2022年6月，銀行が暗号資産を保有する際の自己資本比率規制に関する第2次案を公表した。同委員会は暗号資産を，価格変動リスクが小さい「グループ1」（ステーブルコイン等）と，その他の「グループ2」に分類した。グループ1については，2.5％の資本賦課追加としたが，グループ2については自己資本算出上のリスク・ウェイトを1250％と厳しい判断を示した。

3.2　民間デジタル通貨の動向

　ステーブルコインは規制されつつ，今後紆余曲折を経て，漸次的に通貨に近づくとみられる。ステーブルコインが世界的に注目される契機は，2019年6月にFacebook社（現Meta社）が発表したLibra（リブラ）構想であった。リブラ構想では，米ドル，ユーロ，日本円といった主要法定通貨等からなる通貨バスケットを裏付資産とし，それに連動するステーブルコインとしてリブラを流通させるとした。リブラの裏付資産のなかに，米国債や日本国債が含まれるならば，実質的に中央銀行と変わらないことを意味していた。Facebook社は，リブラによって，国際送金を容易にし，金融排除（新興国や開発途上国等で銀行口座を持てない人が多いこと）を改善できるとした。

　しかし，リブラ構想には各国中央銀行や国際機関から批判や懸念が相次いだ。第1に，本人確認が不十分で，マネー・ロンダリングとなる可能性である。第2に，Facebookがリブラによる個人情報を本人の同意を得ないまま活用する可能性である。第3に，リブラの運営主体である「カリブラ」の本部がスイスにおかれるためである。スイスは伝統的に，国際金融面で秘密保持の傾向が強い。こうした批判もあり，Facebook社は社名をMetaに変更し，リブラもディエム（Diem）となった。しかし，規制が強化されたことで，銀行等以外のステーブルコイン発行は難しくなっている。むしろ，旧Facebook社のリブラ構想は，中央銀行デジタル通貨の導入を促進したことに意義があったと考えられる。ただし，同社はメタバース（仮想空間）分野を強化するとしており，今後の動向が注目される。

　中央銀行デジタル通貨は次項で扱うこととし，民間銀行によるデジタル通貨に触れておこう。すでに，銀行預金はコンピューター上でシステム化されており，デジタル技術で高度化しやすい。日本においても複数の民間デジタル通貨

構想があるが，「デジタル通貨フォーラム」には３大メガバンクのほか，NTT
や JR など大企業約 80 社が参加している。同フォーラムは，デジタル通貨
DCJPY を予定している。発行主体は銀行である。DCJPY は円と完全に連動す
るデジタル通貨であり，決済用預金として設計されている。DCJPY では，利
用者が民間銀行に保有する預金口座から預金を引き落とし，同額の DCJPY を
利用者がプラットフォーム上に持つ口座に記帳することで発行される。現金と
の交換はせず，預金のみと交換される。

　DCJPY は，共通領域アプリと付加領域アプリからなる，２層構造デジタ
ル・プラットフォームである。共通領域は，残高の記録や他の利用者への送金
などの機能である。他方，付加領域では，多様なプログラムの書き込みが可能
である。たとえば電力料金を支払う場合，クリーン電力を選んで買う，といっ
たプログラムが可能である。地域銀行も発行できるとされており，現金コスト
（ATM 等）削減も期待されている。2022 年 4 月に企業決済の実証実験が実施さ
れた。

3.3　中央銀行デジタル通貨（CBDC）

　2019 年に Facebook がリブラ構想を表明したことで，各国中央銀行による中
央銀行デジタル通貨（CBDC）への取り組みが促進された。22 年 5 月に BIS が
公表した，世界の中央銀行 81 行を対象とした調査によると，約 90％が CBDC
に関し調査・実験をしており，62％が実証実験をし，26％がパイロット実験
（消費者，店舗が参加）をしている。また 25％の中央銀行が 1 ～ 3 年以内に発行
する可能性があると回答した。

　他方，2022 年までにパイロット実験を行った国は，カンボジア，バハマ，
ジャマイカ，そして中国等であり，多くは開発途上国である。一方，日米欧の
中央銀行はいずれも慎重な姿勢を示し，スウェーデン中央銀行も当初よりも
ペースダウンしている。これは，CBDC が設計次第により，従来の金融政策
等に影響を与える可能性が懸念されているとみられる。

　2022 年現在，CBDC に関しては，その設計（デザイン）が重要な問題になっ
ている。まず，従来の中央銀行通貨である現金と中央銀行当座預金の特徴を確
認しておこう。表 2-2 が示すように，現金は 24 時間 365 日利用可能であり，
匿名性もあり，対面での支払（移転）も可能である。しかし，現金は利子が発

表 2-2　中央銀行通貨の特徴

	現存する中央銀行通貨		中央銀行デジタル通貨		
	現金	中央銀行当座預金	リテール目的		ホールセール目的
			トークン型	口座型	トークン型
利用可能性	○	×	○	✓	✓
匿名性	○	×	✓	×	✓
対面移転	○	×	✓	×	✓
利子付き	×	✓	✓	✓	✓
上　限	×	×	✓	✓	✓

（注）　○は現存する特徴，✓は可能である，×は不可能。
（出所）　国際決済銀行（BIS），CPMI, *Central Bank Digital Currencies*, March 2018, 6 頁。

生しないし，保有の上限もない。次に，中央銀行当座預金は，銀行間決済に利用されるため，利用時間に制限があり，匿名性はなく，対面での支払はできない（システム決済）。ただし，付利（マイナス含む）されており，残高に上限はない。

　CBDC の設計の主要な論点として，第 1 点は，直接発行型（1 層型）か，間接発行型（2 層型）か，という問題である。直接発行の場合，中央銀行が直接発行する。従来，中央銀行券は，中央銀行が発行するものの，民間銀行経由で引き出されており，重大な変更を意味する。間接発行の場合，民間銀行経由となるが，従来の民間銀行預金との競合が起こる可能性が懸念されている。

　第 2 点は，トークン型か，口座型か，という問題である。トークン型は，データ自体に金銭的価値がある。ブロックチェーン技術（分散型台帳技術）を応用し，帳簿も共同で管理することで可能になる。口座型では各人の保有残高は口座で管理され，民間銀行の預金口座に類似している。中央銀行等が中央で集中管理するため，匿名性はなく，対面支払では完結しない。

　第 3 点は，オフライン決済の機能をつけるか，否か，という問題である。災害時に，ネット環境がダウンした場合等に，オフラインでも支払えることは重要である。また関連して，スマホ以外のカード型デバイスを導入するか，も問題になる。スマホを使い切れない高齢者等対策が念頭に置かれている。

　第 4 点として，すでに触れたが，匿名性，換言すれば個人情報やプライバシー保護の問題がある。後述するように，中国のデジタル人民元では中央銀行が取引情報をみることが可能になっている。

以上のような基本設計に関連して，CBDC を導入した場合の影響が議論されている。第 1 に，従来の金融システムや金融政策に影響するのではないか，という見方がある。基本設計の第 1 点とも関連するが，間接発行された CBDC は，民間銀行預金と競合する面があり，預金から CBDC へのシフトが発生すると，民間銀行のバランスシートは縮小する可能性がある。第 2 に，第 1 点を防ぐために，CBDC の保有や取引に上限を設けることが検討されている。バハマでは，個人に小口では 500 バハマドル，中口では 5000 バハマドルといった保有上限がある。第 3 に，CBDC では理論上付利することが可能で（表 2-2）あり，現金からの急激なシフトが起こりうる。また逆に，金融政策として利用可能といった見方もある。

　従来，各国で実験された CBDC は，いずれも間接発行型で，付利はないという共通性がある。ただし，口座型かトークン型か，またオフライン機能の有無は分かれている。中国では 2020 年以来 CBDC のパイロット・テストが実施されているが，その特徴として，①リテールの決済手段であり，スマホアプリのウォレットで残高を管理する。基本的に口座型。②間接発行型であり，中国人民銀行が発行し，指定銀行等を通じて供給される。③オフライン決済の機能がある。近距離無線通信技術を利用し，スマホ相互でも直接決済できる。④中央集権型で管理され，ブロックチェーンが使用されている。⑤付利はない。あくまで現金の代替である，といった点が挙げられる。すでに深圳等で実験され，上海など主要都市（21 都市，2022 年 4 月現在）に拡大され，スターバックス，マクドナルド等米系企業も参加している。

　スウェーデンの中央銀行であるリクスバンクは，2017 年 3 月に CBDC である e-krona 構想を公表した。当初は 18 年 3 月までに導入の是非を判断するとされたが，22 年 8 月現在，まだ判断されていない。同行が 20 年 2 月に発表したレポートでは，e-krona の基本設計はトークン型・間接発行，リテールで決済可能と読み取れる。スウェーデンではキャッシュレス化が進み，現金発行額が減少するにつれ，シニョレッジ（通貨発行益）が減少する傾向があり，このためリクスバンクが CBDC の導入に慎重になっているという見方がある。

● 章 末 問 題
1　MRF などの投資信託が通貨と呼べるかどうか説明しなさい。
2　通貨供給のメカニズムを銀行機能から説明しなさい。
3　仮想通貨とステーブルコインについて説明しなさい。

● 文 献 案 内
1　磯野薫［2022］『金融マトリックス――国債と銀行の運命』きんざい
　　　資金循環統計に対する丁寧な解説をもとにして，政府債務である国債残高
　膨張の金融経済的位置づけを考える視座を与えてくれている。
2　古川顕［2020］『貨幣論の革新者たち』ナカニシヤ出版
　　　貨幣についての理解を，先人たちの研究者がどのように捉えてきたかを学
　ぶうえで明快に整理された良書である。
3　中島真志 [2020]『仮想通貨 vs. 中央銀行――「デジタル通貨」の次なる覇
　者』新潮社
　　　旧 Facebook によるリブラから，CBDC までをわかりやすく解説している。

● 引用・参考文献
勝田佳裕［2022］「リクスバンクによる CBDC の検討」『大阪経大論集』第 73 巻第
　　2 号，21 ～ 42 頁
白川方明［2008］『現代の金融政策――理論と実際』日本経済新聞出版社
谷口栄治［2022］「ステーブルコインに対する規制強化に向けた動きと今後の論点」
　　『日本総研 Research Focus』No.2021-046，1 ～ 16 頁
近廣昌志［2009］「国債発行の市中消化に関する考察――内生的貨幣供給理論の見
　　地から」『企業研究』第 15 号，141 ～ 159 頁
近廣昌志［2011］「預貸率低下の要因分析――銀行原理に基づく視点から」『商学論
　　纂』第 52 巻第 5・6 号，361 ～ 382 頁
近廣昌志［2016］「管理通貨制と中央銀行」川波洋一・上川孝夫編『現代金融論
　　（新版）』有斐閣
デジタル通貨フォーラム［2021］『"DCJPY" White Paper』1 ～ 29 頁
横山昭雄［1977］『現代の金融構造――新しい金融理論を求めて』日本経済新聞社
Committee on Payments and Market Infrastructures Markets Committee［2018］
　　Central Bank Digital Currencies, BIS.
IMF［2021］*Global Financial Stability Report: COVID-19, Crypto, and Climate:
　　Navigating Challenging Transitions*, IMF.

第3章　中央銀行と民間銀行

日本銀行の東門扉に施された装飾。2頭のライオンが抱える「めだま」は，日本銀行のシンボルマークであり，「日」という漢字の古代書体の一種である（著者撮影）

学習の課題
1　中央銀行の目標と機能を理解する。
2　中央銀行の歴史的変遷を把握し，その目標や機能がどのように変化してきたのかを掴む。
3　現代の中央銀行による新しい政策の仕組みについて学ぶ。

1　中央銀行の目標と機能

　第1節では，日本銀行（以下，「日銀」）を念頭に，中央銀行の目標と機能について検討する。

1.1　中央銀行の目標と基本機能

　多くの国で，中央銀行は金融・銀行システムにおいて中心的な役割を果たしている。日本では日銀，アメリカでは連邦準備制度理事会（FRB），そして，ユーロ地域では欧州中央銀行（ECB）が中央銀行にあたる。

　中央銀行はさまざまな目標を持っている。現行の日本銀行法は，日銀の目的として，「銀行券を発行するとともに，通貨及び金融の調整を行うこと」，およ

び，「銀行その他の金融機関の間で行われる資金決済の円滑の確保を図り，もって信用秩序の維持に資すること」を掲げている。さらに，通貨および金融の調節の理念として，「物価の安定を図ることを通じて国民経済の健全な発展に資すること」が掲げられている。つまり日銀は，銀行券発行や通貨・金融の調整を手段として，①物価の安定，②信用秩序の維持，そして，③国民経済の健全な発展（経済成長）という3つの目標を掲げている，と整理できる。

　世界各国・各地域の中央銀行が掲げる目標も，その表現が異なるとしても，日銀が掲げる目標と重なっていると考えてよい。ただし，これらの目標はときに矛盾することから，中央銀行が掲げる目標の重点は歴史とともに変化してきた。この点は第2節で検討しよう。

　現在，主要な中央銀行の最優先目標は物価の安定であり，その代表的な指標は消費者物価（消費者が購入する財・サービスの価格）である。地価や株価などの資産価格も広くは物価に含まれることがある。また，自国通貨と他国の通貨との交換比率である為替相場も，広くは物価に含まれるが，中央銀行（だけ）ではなく財務省の管轄である国も多い。

　一般に中央銀行には，①発券銀行，②銀行の銀行，そして，③政府の銀行という3つの機能がある。以下，主に日銀の機能を念頭に，それぞれの機能について具体的に検討しよう。その際，図3-1に示される日銀のバランスシートの模式図を適宜参照しよう。

1.2　「発券銀行」としての中央銀行

　中央銀行の第1の機能は，「発券銀行」，つまり，銀行券を独占的に発行する機能である。

　日銀による銀行券発行は次のように行われる（第2章も参照）。家計や企業などの民間主体は，民間銀行に保有する預金の一部または全額を解約し，銀行窓口やATMから銀行券を手にする。しかし，民間銀行は銀行券を自ら増刷することはできない。そのため，民間銀行は，日銀に保有する当座預金（後述）の一部を解約して銀行券を引き出し，銀行窓口やATMに準備している。つまり，銀行券は「日銀→民間銀行→家計・企業」という経路で供給されるが，日銀が一方的に銀行券を発行することはできない。日本では，2022年時点で約120兆円分の銀行券が流通している。

図 3-1 日本銀行のバランスシートの模式図

資　産		負債・純資産
国債	A-1　長期国債	LC-1　発行銀行券
	A-2　短期国債	LC-2　日銀当座預金
A-3　貸出金		
A-4　外貨準備		LC-3　政府預金
A-5　その他		LC-4　その他

(注)　資産と負債・純資産に関する各項目の割合は，2012 年末時点で
の日銀のバランスシートに合わせた。「政府預金」は政府の余裕資
金も併せて計算した。
(出所)　日本銀行「財政金融経済統計月報」第 732 号より筆者作成。

　銀行券がさまざまな経済主体に受け入れられ，経済取引に利用されている
（通用している）根拠は，法定通貨（リーガル・テンダー）であること，つまり，
法律によって強制通用力（額面価値で決済の最終手段として認められる効力）を与
えられていることである。しかし，それだけではない。かつての金本位制では，
銀行券の価値は金によって裏付けられていた（2.1 参照）。これに対し，金の裏
付けがなくなった現代の管理通貨制では，中央銀行の負債にあたる銀行券の価
値は，中央銀行が保有する資産（主に国債）によって担保されている（図 3-1
の LC-1，A-1・A-2）。

　ところで，日本銀行券のうち 1 万円札の生産コストは約 20 円である。しか
し，現在の管理通貨制のもとでは，その差額である約 9980 円は，日銀の通貨
発行益（シニョレッジ）にはならない。銀行券の発行は，日銀の負債側で発行
銀行券を増加させるが，同額の日銀当座預金を減少させるからである（図 3-1
の LC-1・LC-2）。ただし，日銀は，国債を中心とする資産から金利を得る一方，
その主な負債である発行銀行券は無利子であり，当座預金は多くの場合無利子
または低利子であることから，その金利差分の収益（利鞘）を獲得できる。こ
の収益は，日銀が獲得する（広義の）シニョレッジと呼ばれることがある。

1.3 「銀行の銀行」としての中央銀行

中央銀行の第2の機能は，「銀行の銀行」である。この機能について，①決済システムの運営，②金融政策の実施，そして③「最後の貸し手」機能という3つに分けて考えてみよう。

①決済システムの運営

中央銀行が「銀行の銀行」と呼ばれる直接的な理由は，中央銀行が民間銀行[1]から当座預金を受け入れていることである（図3-1のLC-2）。一般に，民間銀行が中央銀行に保有している当座預金は，民間決済システムにおける最終的な決済手段となっている。中央銀行による公開市場操作（後述）も，中央銀行当座預金を経由して行われる。なお，日本では，資金や国債に関する決済システムとして，日銀が「日銀ネット」を運営している（第11章参照）。

ところで，中央銀行の当座預金が決済手段として安定的に機能するためには，民間銀行は決済に必要な最低限の当座預金を常に維持する必要がある。このための制度が準備預金制度である。準備預金制度のもとでは，民間銀行は，家計や企業から受け入れた預金等の債務の一定割合（預金準備率）以上の金額（所要準備）を，中央銀行の当座預金に積む必要がある。日本では，民間銀行が日銀に保有する当座預金（日銀当預）が一時的に不足した場合，民間銀行はコール市場と呼ばれる短期金融市場を通して，余裕資金を持つ他の銀行から資金を借り入れ，翌営業日に返済することが一般的である。

②金融政策の実施

現在，中央銀行の最優先目標は物価安定であり，この目標を達成するために，中央銀行は各種金融政策を用いる。以下では，伝統的な金融政策について説明し，近年登場した非伝統的金融政策は本章第3節で検討する。

金融政策の基本的な手段は，公開市場操作（通称「オペ」）を通じて，コール市場の金利（コールレート）を誘導することである。公開市場操作とは，中央銀行が民間銀行との間で，国債を中心とする債券や手形等を売買することである。とくに中央銀行が債券や手形等を購入することを「買オペ」，逆に売却することを「売オペ」と呼ぶ。また，公開市場操作には，中央銀行が国債等を購入し満期保有する「買切オペ」（逆は「売切オペ」）と，中央銀行が国債等を売買し，一定期間後に逆向きの取引を行う「現先（レポ）オペ」がある。

たとえば，日銀が買オペを行う場合，日銀は民間銀行から債券や手形等を購

入し，その代金を民間銀行の日銀当預に振り込む。こうして民間銀行が保有する日銀当預の残高が十分に確保されれば，コール市場での資金需要が低下し，コールレートは低下する。売オペの場合は逆になる。

　加えて，日銀は短期金利を一定の範囲内に維持するために2つの制度を設けている。1つは，日銀が比較的高金利で民間銀行に短期資金を貸し出す補完貸付制度（2001年3月導入）である。もう1つは，民間銀行が保有する当座預金のうち，所要準備を超える残高（超過準備）に比較的低い金利を支払う補完当座預金制度（08年10月導入）であり，3.2で説明するマイナス金利政策とも関連している。これらの制度により，資金不足の銀行は補完貸付制度よりも高い金利ではコール市場で資金調達を行わなくなると同時に，余裕資金を持つ銀行は補完預金制度よりも低い金利ではコール市場で資金を運用しなくなる。したがって，理論上，コールレートは，補完貸付制度の金利を上限，補完当座預金制度の金利を下限として動くことになる。このような制度は一般に「コリドー」（回廊）と呼ばれ，ECBでも1999年の設立当初から採用されている。

　さて，日銀の政策を通してコールレートが変動すれば，それに伴って他のさまざまな金融市場でも同じ方向に金利が変動する（図3-2）。これによって家計や企業による資金貸借や消費・投資行動に変化が生じれば，物価の変動が生じるだろう。たとえば，コールレートの低下に伴って銀行の貸出金利が低下し，家計による住宅購入や企業による設備投資が促されれば，物価に上昇圧力がかかることになる。このような波及経路を通して，日銀による金融政策は，物価へと間接的に影響を及ぼすことが想定されている。

　③「最後の貸し手（Lender of Last Resort）」機能

「最後の貸し手」機能とは，パニック時に健全な銀行が一時的に資金不足に陥った場合，十分な担保と高金利を条件として，中央銀行がためらわずに民間銀行に資金を供給する機能である。この機能は，W. バジョットがその著作『ロンバード街』（1873年刊）で主張したものである（なお，本項②で説明した中央銀行による日常的な金融調節も，広くは「最後の貸し手」機能と呼ばれることがある）。

　中央銀行による「最後の貸し手」機能は，中央銀行の目標の1つである信用秩序の維持（1.1参照）において不可欠である。たとえば，ある銀行の経営状況への疑念などを契機として，預金者が当該銀行から預金を現金として引き出

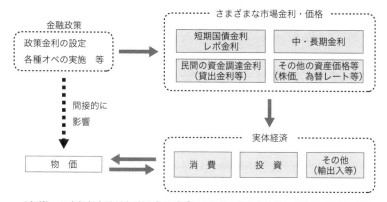

図 3-2 金融政策の波及経路

金融政策
政策金利の設定
各種オペの実施 等

間接的に
影響

物 価

さまざまな市場金利・価格
短期国債金利 レポ金利
中・長期金利
民間の資金調達金利（貸出金利等）
その他の資産価格等（株価，為替レート等）

実体経済
消 費
投 資
その他（輸出入等）

（出所） 日本銀行金融研究所編［2011］『日本銀行の機能と業務』有斐閣，14 頁の図に
　　筆者が一部加筆。

す，または他行へと移す事態が続けば，当該銀行の中央銀行当座預金が不足し，
銀行間決済や現金引出に応じることができなくなる。これにより当該銀行が破
産した場合，当該銀行と取引関係にある企業や銀行の資金繰りが行き詰まるな
どして，危機が連鎖する可能性がある（システミック・リスク）。この事態を避
けるために，中央銀行は「最後の貸し手」機能を果たす必要があるのである。

　なお，日銀の場合，日本銀行特別融資（日銀特融）が「最後の貸し手」機能
に該当する。

1.4 「政府の銀行」としての中央銀行

①「政府の銀行」と中央銀行の独立性

　中央銀行の第 3 の機能は，「政府の銀行」である。中央銀行は，「銀行の銀
行」として民間銀行の当座預金口座を設けるだけではなく，「政府の銀行」と
して政府の預金口座をも設けている（図 3-1 の LC-3）。このことを基礎として，
中央銀行は，年金等の支給などの政府による支払（財政支出）や税や社会保障
料の徴収（財政収入）など，国庫金（政府の資金）の管理を担っている。加えて，
中央銀行は，国債の発行や元本・利子の支払に関する事務など，国債に関する
業務も担っている。

　他方，中央銀行は，政府と密接な関係を持つと同時に，政府からの独立性を

求められる存在でもある。現在の中央銀行の最優先目標は物価安定であるが，政府が中央銀行に景気刺激や財政ファイナンスを強制すれば，物価安定目標の優先度が下がる可能性があるためである。これに関連して，日本では，日銀が保有する長期国債の額を銀行券発行額までに抑える「銀行券ルール」が2001年に設定された（ただし，3.2でみるように，現在は停止されている）。

②外国為替市場介入

最後に，外国為替市場介入（為替介入）について検討しよう。外国為替市場とは，異なる通貨が交換される市場であり，通貨間の交換比率を為替相場と呼ぶ。たとえば，円とドルの為替相場は「1ドル＝100円」などと表現され，この相場を基準とした場合，「1ドル＝120円」は円安・ドル高，「1ドル＝80円」は円高・ドル安と呼ばれる。為替相場の変動は各通貨に対する需要と供給によって決定されるが，そのような需要と供給は国際貿易に伴う支払決済や国際的な資金移動などによって決定される。逆に，為替相場の極端な変動は，日本の国際的な取引に深刻な影響を及ぼす可能性がある。

為替相場に過度な変動が生じた場合，通貨当局は為替介入を行うことがある。主要国・地域では，為替介入の決定権は，財務省または中央銀行（あるいはその両方）が保持し，直接的な介入は中央銀行によって行われている。日本の場合，財務大臣が為替介入を決定し，その指示を受けて日銀が実際に介入を行う仕組みとなっており，介入は政府（外国為替特別会計）の資金を通して行われる。そのため，本章では為替介入を「政府の銀行」機能の1つとして説明するものとした。

たとえば，財務大臣が円高・ドル安を是正するための為替介入（円売・ドル買介入）を決定し，日銀に介入を指示したとしよう。この場合，まず介入のための円資金が国内の金融市場で調達される。次いで，外国為替市場でこの円が売却され，ドルが購入される。このとき，政府が保有するドル建ての外貨準備が増加する。逆に，円買・ドル売介入の場合には，政府が保有するドル資金が売却され，円が購入される。

2　中央銀行の成立と変容

第2節では，日銀だけでなく主要国の中央銀行にも視野を広げつつ，中央銀

行の目標や機能の歴史的変遷を検討する。

2.1　中央銀行の成立と国際金本位制の確立

　現存する中央銀行のなかで最古のものは，スウェーデンのリクスバンク（1668 年設立）であり，イギリスのイングランド銀行（1694 年設立）がそれに次ぐ。

　古くから存在する中央銀行は，中央銀行の諸機能を設立後徐々に獲得した。たとえば，イングランド銀行は，政府貸出を担うある種の「政府の銀行」として設立されたが，同時に，利益の獲得を目的とする民間銀行でもあった。他方，同行による「発券機能」の独占は，1833 年にイングランド銀行券が法定通貨と規定されたことや，1844 年に発券機能がイングランド銀行に集中されたことにより実現した。そして，イングランド銀行券が金とともに他の民間銀行にとっての現金準備となった結果，民間銀行はイングランド銀行に口座を開設するようになった（「銀行の銀行」）。最後に，19 世紀半ばに発生した一連の恐慌により，危機に陥った民間銀行を救済する必要性が認識され，紆余曲折を経つつも，イングランド銀行の金融政策や「最後の貸し手」機能が発展することになった。なお，1882 年 6 月に設立された日銀の場合，すでに発展していた外国の中央銀行を参考に設計されたことから，当初から中央銀行の諸機能が備わっていた。

　中央銀行がその諸機能を確立することと並行して，通貨制度として金本位制が確立されていった。金本位制とは，さまざまな商品の価値を金で表現するとともに，通貨 1 単位を一定量の金に固定することで物価の安定化を図る制度である。19 世紀初頭にはイギリスで金本位制が確立され，1870 年代以降，イギリス以外の主要国も金本位制に移行した。日本での金本位制の確立は 1897 年である。そして，各国が金本位制のもとで自国通貨に関して金の公定価格を定めたことで，金を介して，各国通貨の交換比率である「為替平価」が成立するようになった。国際金本位制の確立である。

　他方，国際金本位制は，各国の金融政策に一定の制約を課すものであった。金本位制を維持するためには，通貨当局は金準備を確保する必要がある。そのため，通貨当局が保有する金準備が減少した場合，金利を引き上げて国際的な資金流入を促進する政策が求められた。このように，金本位制の維持（物価・

為替相場の安定）は，景気対策等の目標よりも優先される傾向があった。

2.2　国際金本位制の崩壊

20世紀初め，国際金本位制は動揺・崩壊し，中央銀行による金融政策にも変化が現れた。

第1次世界大戦に伴う金本位制の停止とその後の復帰を経て，1929年の世界恐慌により金本位制は再び危機に陥った。同年10月にニューヨーク証券取引所で株価が大暴落したことを契機として，アメリカは深刻な不況に陥り，この不況はヨーロッパや日本など世界各国に波及した。当初，イギリスやアメリカなどでは金本位制を維持することが優先され，高金利政策が実施されたが，国内の不況が悪化したことで市民からの強い反発を招いた。

このような不況と市民からの反発を背景として，主要国は1931〜36年に金本位制を離脱（日本は31年に離脱）し，管理通貨制に移行した。そして，不況に対応するために，各国政府は公共事業や雇用政策などの積極的な政策を実施した。このような政策は，アメリカではニュー・ディール政策と呼ばれた。つまり，世界恐慌によって主要国中央銀行による金融政策は大きく転換し，物価や為替相場の安定よりも景気安定や完全雇用が優先されるようになったのである。

さらに，大恐慌の主要な原因がアメリカの株式市場への投機資金の流入であったことから，アメリカを含む主要国は金融に対する規制・監督制度を強化した（第6章参照）。これにより実現した金融市場の安定は，第2次世界大戦後の円滑な金融政策運営を支えることになる。

2.3　第2次世界大戦後の金融政策と「埋め込まれた自由主義」

第2次世界大戦後，世界恐慌後の政府による介入政策の経験から，主要国では有効需要の管理を中心とするケインズ政策が主流となった。その結果，金融政策が掲げる目標の比重も，物価安定よりも完全雇用や経済成長に置かれた。

戦後から1960年代まで，戦後復興の必要性，家電や化学製品などの多くの新商品の登場，そして，生産性の伸びと並行した賃金上昇などにより，旺盛な需要が存在するなかで，ケインズ的な金融・財政政策がこれを下支えすることを通して，主要国は高度経済成長を実現した。加えて，世界恐慌後の厳格な金

融規制・監督体制により，金融システムが相対的に安定した時期が続いたことで，金融政策の円滑な運営も確保された。

　さらに，戦後のブレトン・ウッズ体制のもとでは，ドルの価値は金1オンス＝35ドルに固定され，アメリカ以外の国の通貨はドルとの交換レートを固定されることになった（日本の場合，1ドル＝360円）。この固定相場制のもとで国際貿易の自由化が促進される一方，国際的な資金移動に対する規制が容認・実施された（「埋め込まれた自由主義」）。こうして，国際的な資金移動による攪乱を回避することにより，国内の金融政策は自律性を確保することが可能になった。ただし，固定相場制の維持に必要な外貨準備が枯渇しそうになると，各国は国内の政策金利を上昇させることで国内需要を抑制し，輸入を抑える必要が生じるなど，金融政策に対する一定の制約は存在した（「国際収支の天井」）。

2.4　1970年代のスタグフレーションとマネタリズムの台頭

　ケインズ政策のもとでは，好況（失業率の低下）と物価上昇，および，不況（失業率の上昇）と物価下落はセットで生じることが経験的に知られていた。しかし，図3-3にみられるように，1970年代には先進諸国で不況と物価上昇が同時進行した。この現象は，スタグネーション（不況）とインフレーション（物価上昇）という2つの用語を組み合わせ，「スタグフレーション」と呼ばれた。

　この不況下の物価上昇は，オイルショック（1973年）以降の石油価格高騰とそれに伴う賃上げによるコスト上昇を企業が商品価格に転化する形で，累積的に生じたものと考えられる。しかし，1.3で確認したように，中央銀行は金融政策を通じて間接的に企業の設備投資や家計の消費に働きかけることができるのみである。そのため，中央銀行による金融政策は，当時のインフレにうまく対処することができなかった。

　そして，ケインズ政策を批判する形で台頭したのが，マネタリズムである。マネタリストは，貨幣数量説（第4章参照）に依拠し，中央銀行による裁量的で過度な資金供給が物価上昇の原因であること，そして，中央銀行による金利の引き下げは長期的には失業率を下げる効果を持たないことを主張した。このような認識から，マネタリストは，マネーサプライ（第2章参照）の増加率を経済成長率に合わせて一定に抑制することを主張した（k%ルール）。実際，

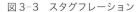

図 3-3　スタグフレーション

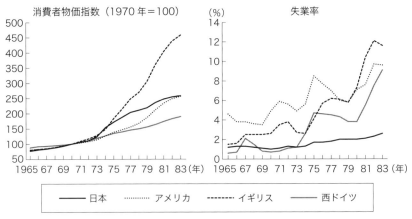

(出所)　経済企画庁『世界経済白書（年次世界経済報告）』各年版（原資料は国連統計月報）．日本の失業率については総務省「労働力調査」より筆者作成。

1970 年代半ばには，主要な中央銀行は金融政策の中間目標を金利からマネーサプライへと変更した。

　しかし，通貨の機能を果たすさまざまな金融商品が当時登場していたこともあり，現実にマネーサプライを定義・計測することは困難であった。そもそも，マネーサプライの量は民間銀行による信用創造（預金創造）の結果である（第 2 章参照）から，中央銀行がマネーサプライの量を正確に調整すること自体，現実的ではなかったとも考えられる。結局，1980 年代末までに主要な中央銀行は，中間目標をマネーサプライから金利に戻した。

　ただし，中央銀行が掲げる目標にはマネタリズムの影響が残された。ニュージーランド（1989 年）を嚆矢として，多くの中央銀行がインフレ目標を政策目標として明確に掲げるようになり，中央銀行が物価目標に集中するために「中央銀行の独立性」がより重視されるようになった。このような経緯から，現在の多くの中央銀行は，物価安定を最優先目標としているのである。

　加えて，1970 年代以降，金融政策を巡る環境は大きく変化した。71 年にアメリカが金とドルの交換を停止し（ニクソン・ショック），73 年までに主要国は変動相場制に移行した。その後，市場原理を重視する新自由主義グローバリズムの台頭も相まって，各国で資本移動規制の撤廃や金融規制の緩和が進められ

た。その結果，各国の中央銀行は，国際的な資金移動や各種金融市場の動向に
配慮しつつ，金融政策を運営することを余儀なくされていくのである。

3　現代の中央銀行と非伝統的金融政策

　第3節では，再び日銀を念頭に置きつつ，現代の中央銀行による非伝統的金
融政策と新たな役割について検討する。

3.1　デフレーションの発生
　中央銀行を巡る大きな環境変化は，物価低迷（デフレーション，デフレ）とい
う現象の発生である（図3-4）。日本の消費者物価は，1991年のバブル崩壊以
降低迷し，90年代半ば以降たびたびマイナスに陥った。さらに，2008年9月
に生じたリーマン・ショックとその後の世界経済の停滞により，欧米でも消費
者物価が低迷している。
　中央銀行の最優先目標は物価安定であり，その意味は従来インフレへの対処
であった。しかし，主要国・地域で消費者物価が低迷するなかで，とくに日本
では物価下落への対処が政策課題として前面に出てきたのである。なお，2020
年後半以降，欧米諸国では物価上昇率が上昇し，2022年3月時点で日本でも
遅れて物価が上昇しつつある。この物価上昇は，新型コロナの感染拡大に伴う
経済の低滞とその後の回復，ロシアによるウクライナ侵攻などにより，需給バ
ランスが崩れたことに起因している。

3.2　非伝統的金融政策の仕組み
　物価低迷に対応するために，日本では他の主要国に先んじて，従来の金融政
策とは異なる非伝統的金融政策が実施されてきた。具体的には，コールレート
の金利を実質ゼロとするゼロ金利政策（1999年2月に初めて導入），日銀当預の
残高を増加させる量的緩和政策（01年3月〜06年3月），そして，2022年3月
時点でも継続されている「量的・質的金融緩和」（13年4月〜）がこれにあたる。
以下，「量的・質的金融緩和」に焦点を絞り，詳しく検討する。
　日銀による「量的・質的金融緩和」は，「デフレ脱却」，具体的には消費者物
価上昇率2%の実現を掲げた。その主な手段は各種金融資産を民間銀行等から

図3-4 主要国・地域における消費者物価上昇率の推移（前年同月比）

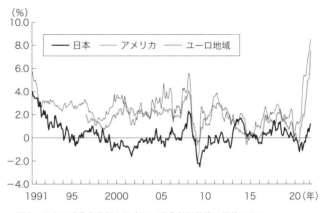

（注）　日本の消費者物価上昇率は，消費税調整後の数値である。
（出所）　総務省「消費者物価指数」，Bureau of Labor Statistics "Consumer Price Indexes," ECB "Inflation rate（HICP）" より筆者作成。

買い入れることで，マネタリーベース（第2章参照）を年間60 〜 70兆円増加させることであった。買い入れる資産の大部分は国債であり，当初は年間50兆円の買入が行われた（2014年10月に年間80兆円に拡大）。これに伴い，「銀行券ルール」（1.4参照）は2013年4月に正式に停止された。さらに，日銀は上場投資信託（ETF）と不動産投資信託（J-REIT）を通して間接的に株式と不動産への投資を開始し，その年間購入額は数回引き上げられた。

　実際，2013年以降日銀のバランスシートにおける資産は，長期国債を中心に急拡大した。負債側では民間銀行が保有する当座預金が増加し，マネタリーベース増加の主因となっている（図3-5上）。さらに，日銀によるETFやJ-REITの保有も急増していることがわかる（図3-5下）。

　日銀による資産買入は，次の3つの経路を通じて物価上昇につながるとされた。第1に，各種金融資産の購入による長期金利の低下は，銀行による企業貸出の増加を促す。第2に，日銀が長期国債を購入することで，金融機関や投資家は国債以外の株式等のリスク資産へと投資を活発に行うようになる（ポートフォリオ・リバランス効果）。そして第3に，「デフレ脱却」を掲げ，実際にマネタリーベースを増加させることで，経済主体の予想物価上昇率が高まる。

　しかし，日銀による資産買入れの活発化後も，物価上昇率は2%に届かない

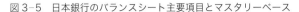

図3-5　日本銀行のバランスシート主要項目とマスタリーベース

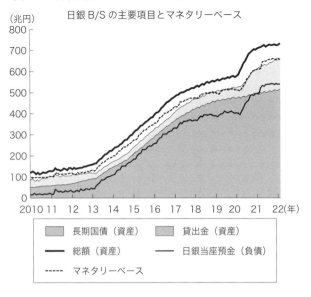

日銀 B/S の主要項目とマネタリーベース

(兆円)

凡例:
- 長期国債（資産）
- 貸出金（資産）
- 総額（資産）
- 日銀当座預金（負債）
- マネタリーベース

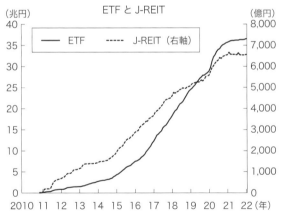

ETF と J-REIT

(兆円)　　　　　　　　　　　　　　　　　(億円)

- ETF
- J-REIT（右軸）

（出所）　日本銀行ウェブサイト「日本銀行関連統計」の「日本銀行勘
　　　　定」「マネタリーベース」より筆者作成。

状況が続いた（図3-4）。そのため，日銀は2016年に政策枠組みを大きく変更
し，政策目標の比重を「量」から「金利」へと再び移していく。

　まず，短期金利については，2016年1月にマイナス金利政策が導入された。
その具体的な枠組みとして，補完当座預金制度（1.3参照）を見直し，①基礎

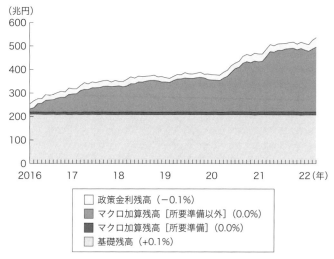

図3-6　日銀当座預金残高の内訳

(兆円)

政策金利残高（−0.1%）
マクロ加算残高［所要準備以外］（0.0%）
マクロ加算残高［所要準備］（0.0%）
基礎残高（+0.1%）

（出所）　日本銀行ウェブサイト「日本銀行関連統計」の「業態別の日銀当座
　　　預金残高」より筆者作成。

残高（金利：＋0.1%），②マクロ加算残高（金利：0%），③政策金利残高（金利：
−0.1%）という3層構造とした。①基礎残高はマイナス金利政策導入以前に民
間銀行が積み上げた超過準備の残高（2015年の準備預金の預入期間［積み期間］の
平均残高）にあたる金額，②マクロ加算残高は所要準備と日銀が裁量的に定め
た金額などから構成され，③政策金利残高は「①−②」として計算される。そ
のねらいは，残高の一部（政策金利残高）にマイナス金利を適用することで，
金利全般にさらなる下押し圧力をかけることであった。

　実際の日銀当座預金残高の内訳（図3-6）をみると，当座預金残高の増加に
合わせてマクロ加算残高が調整されており，マイナス金利が適用される残高は
ほとんどの期間で全体の5～10%程度にとどまっている。日銀当座預金への
マイナス金利の適用は，民間銀行の経営状況に負の影響を及ぼす（第7章も参
照）ため，その適用範囲は裁量的に限定されているのである。

　他方，長期金利（10年物国債利回り）については，2016年9月以降，0%程度
という操作目標が設定された。その手段は，日銀が指定する利回りで国債を無
制限に買入れる「指値オペ」である。日銀が指値オペを行うことにより，長期
金利の上昇が抑制されることが期待される[2]。このように，国債買入の目標が

マネタリーベースの拡大から長期金利の操作へと移ったことで，日銀が保有する長期国債の増加ペースは2020年初頭まで低下した（図3-5上）。

　最後に，新型コロナの感染拡大への日銀の対応策をみておこう。日銀は，企業の資金繰り支援のために，コマーシャル・ペーパー（CP）や社債等の買入を増加させると同時に，CPや社債等を担保として民間銀行に資金供給を行う「新型コロナ対応金融支援特別オペ」（コロナオペ）を導入した。コロナオペ利用残高に相当する当座預金に0.1％の付利がなされると同時に，利用残高の倍額がマクロ加算残高に加算されるため，マイナス金利負担が軽減される点で民間銀行にもメリットがある。ほかにも，米ドル資金供給オペや，国債，ETF，そしてJ-REITのさらなる買入が打ち出された。なお，2021年3月以降，国債利回りの変動幅は±0.25％とされ，ETFとJ-REITの買入は継続されたが，必要に応じて実施されるものとされた。

3.3　非伝統的金融政策の効果

　では，日銀による非伝統的金融政策が日本経済に及ぼした影響を検討しよう。

　まず，銀行貸出の残高は，2013年1月から19年12月までの7年間に，421兆円から511兆円へと約1.2倍になった。しかし，この間に日銀当座預金が約9.1倍になったことを踏まえれば，その効果は限定的であるといえるだろう。日本の企業は全体として内部留保を蓄積しており，設備投資等のための借入需要は小さいことから，活発な借入にはつながらなかったと考えられる。

　実際，日本の消費者物価は，2022年初めの時点では目標とされた2％に届いていなかった（図3-4）。そもそも日本の物価低迷は，人口減少や雇用環境の悪化（非正規雇用の増加や賃金の低迷）による需要停滞，技術革新によるコスト低下，安価な輸入品の増加などから生じていると考えられる。これらの要因は，中央銀行による金融政策だけでは根本的な解消が望めないものである。

　他方，日銀による「量的・質的金融緩和」は，各種金融市場に大きな影響を及ぼした。日銀が長期国債を大規模に購入したことにより，国債市場では長期金利の低下傾向が加速した。また，株式市場では，投資家の期待が先行する形で，日銀による政策の直前から株価が上昇に転じた。外国為替市場でも，少なくとも日銀による金融緩和の開始直後には，明確に円安に転じた。

　このような結果をみれば，日銀の本来のねらいは，「デフレ脱却」というよ

り，国債市場や株式市場の下支えや円安誘導であったようにすら思われる。とくに，国債市場の下支えについては，政府による国債発行直後に民間銀行から日銀が国債を購入していることも含め，「財政ファイナンス」との批判もあり，日銀の「独立性」も疑問視されている。また，国債や株式の発行総額に占める日銀の保有割合も高まっており，金融市場に深刻な歪みをもたらしている。

最後に，日銀による新型コロナ対応は，企業の資金繰りを支える役割を果たし，2022年3月にはCPと社債の買入増額は終了した。ただし，中小企業向けのコロナオペは，2022年3月時点でも継続されている。

3.4　非伝統的金融政策の出口政策

最後に，非伝統的金融政策を混乱なく終結させ，金融政策を正常化するための政策（出口政策）について触れておこう。2022年3月時点では日銀は出口政策を開始していない[3]が，ここではとくに懸念される事項を3つ挙げておこう。

第1に，日銀によるバランスシートの縮小が金融市場に及ぼす影響である。日銀が保有国債を売却する場合，長期金利が上昇し，いずれは政府の利払費が増加するだろう。国債を売却せずに満期償還を待つとしても，その平均残存期間は約9年（2022年初頭時点）と長い。また，満期のないETFやJ-REITはいずれ売却が必要になり，株式市場や不動産市場に影響が及ぶ可能性がある。金融市場に混乱を引き起こさずに日銀がバランスシートを縮小できるかが1つの焦点である。

第2に，日銀による金利の引き上げが日銀の収益や政府の財政負担に及ぼす影響である。政策金利の引き上げは，下限金利である補完当座預金制度への適用金利の引き上げを伴うだろう。これは日銀が民間銀行の当座預金に対して支払う金利の上昇を意味する。しかし，日銀が保有する資産の大部分は低金利（多くは固定金利）の国債であるため，日銀が獲得する「シニョレッジ」（1.2参照）が減少し，場合によっては「逆鞘」に陥る可能性がある。また，政策金利の引き上げに伴い長期金利が上昇すれば，いずれ政府の利払費も増加するだろう。

第3に，出口政策が為替相場に及ぼす影響である。主要中央銀行が出口政策を進める過程で，日本と主要国（とくにアメリカ）との間で金利差が広がれば，国際的な資金移動が引き起こされ，為替相場が大幅に変動する恐れがある。実

際，2022年3月時点で，欧米がインフレ懸念から段階的な金融引き締めに転じる一方，日銀は金融緩和を継続していることから，大幅な円安が進んだ。

いずれにせよ，日銀による出口政策は，文字どおり「綱渡り」であり，経済になんらの混乱を引き起こさずに完遂することには困難が予想される。

3.5　中央銀行に求められる新たな役割——グリーン（気候変動対応）オペ

近年，中央銀行に求められる役割はますます拡大している。その1つは，中央銀行デジタル通貨（CBDC）の発行に向けた取り組みであり，この点についてはすでに第2章で詳しく検討された。本章の最後に，もう1つの新しい役割であるグリーンオペについて触れておこう。

グリーンオペとは，中央銀行によるグリーン・ボンドの買入や，グリーン関連投資を行った民間銀行への資金供与などをさす。グリーン・ボンドとは地球環境の改善に向けた経済活動に必要な資金を企業等が調達するために発行する債券である。2015年に合意されたパリ協定（2020年以降の温室効果ガス削減に向けた国際的な枠組み）を受け，グリーン・ボンドの発行を促進するための枠組みの整備と併せて，中央銀行によるグリーンオペに向けた検討が各国で進められている。

日本はグリーンオペを先行的に導入した国の1つである。日銀は2021年12月に初めてグリーンオペを実施した。グリーンオペにより，グリーン関連の投資を行った民間銀行は，日銀から金利0％で長期資金を借り入れることができるだけでなく，利用残高の2倍の額がマクロ加算残高に加算され，マイナス金利負担が軽減される。つまり，日銀によるグリーンオペは，民間銀行の負担軽減策としての側面も持っている。

このように，グリーンオペは，金融政策を通してグリーン関連の企業や産業へと資源を再配分することを目的としている。しかし，資源の再配分は本来，財政政策によって実施されるべきものでもある。そのような観点からはグリーンオペは批判の対象にもなるだろう。

〈注〉
1) 本章では「民間銀行」という表現を採用したが，銀行や信用金庫などに限らず，証券会社や短資会社も日銀に当座預金口座を保有している。
2) 2022年3月，長期金利の上昇圧力に対応するために，日銀は一定期間内に連続で指値オペを実施する「連続指値オペ」を初めて実施した。
3) 日本では2022年4月に物価上昇率が目標の2％を超えた。しかし，日本経済が新型コロナの感染拡大に伴う停滞からの回復途上であることや，物価上昇の主因が資源価格の高騰であることなどから，本書執筆時点で日銀は金融緩和の継続を決めた。

● 練 習 問 題
1 中央銀行の3つの機能について，それぞれの内容について説明しなさい。
2 中央銀行の重点目標が時期によってどのように変化したのかを説明しなさい。
3 日本銀行の「量的・質的金融緩和」の特徴を整理し，その結果について説明しなさい。

● 文 献 案 内
1 日本銀行金融研究所編［2011］『日本銀行の機能と業務』有斐閣
　　　日本銀行の機能と業務について，比較的平易な言葉で詳細に説明されている。本章第1節の内容をより深める際に参考になる。
2 春井久志［2013］『中央銀行の経済分析――セントラル・バンキングの歴史・理論・政策』東洋経済新報社
　　　中央銀行について幅広い視点から検討した著作。とくに，本章第2節で扱った中央銀行の歴史について，理論的な視点も踏まえて理解する際に参考になる。
3 翁邦雄［2022］『人の心に働きかける経済政策』岩波新書
　　　幅広い経済政策を扱っているが，中央銀行による近年の金融政策にも詳しい。本章第3節の内容をより詳しく理解する際に参考になる。

● 引用・参考文献
金井雄一［2006］「金融政策の歴史的転回と現代の金融政策」信用理論研究学会編『現代金融と信用理論』大月書店
上川孝夫［2015］『国際金融史――国際金本位制から世界金融危機まで』日本経済評論社
近廣昌志［2013］「管理通貨制と中央銀行」川波洋一・上川孝夫編『現代金融論（新版）』有斐閣

第4章　銀行と通貨理論

欧州中央銀行（ECB）のなかで，金融緩和に批判的な
立場をとるドイツ連邦銀行。本店はフランクフルトに
あり，貨幣博物館が隣接されている（著者撮影）

学習の課題

1　通貨学派と銀行学派，外生的貨幣供給と内生的貨幣供給を理解する。
2　ケインズ貨幣理論と信用創造理論を理解する。
3　現代貨幣理論（MMT）と国債発行を理解する。

1　通貨学派と銀行学派

　19世紀にイギリスで，中央銀行であるイングランド銀行が発券集中制度を
開始するときに，通貨学派と銀行学派が金準備等をめぐって論争した。この論
争には，貨幣供給をめぐる外生説と内生説が関わっていた。この問題は現代に
おいても，繰り返し現れている。

1.1　ピール条例と発券制度

　イングランド銀行は1694年に設立され，イングランド銀行券を発行した
が，初期の民間銀行（金匠，第1章参照）による銀行券も同時に流通していた。

表 4-1　発券制度の分類

分　類			銀　行
一部正貨準備制度	保証準備発行直接制限制度		1844 年　イングランド銀行（保証発行限度 1400 万ポンド）
	保証準備発行間接制限制度	屈伸制限制度	1875 年　ドイツ・ライヒスバンク
			1888 年　日本銀行
			1928 年　イングランド銀行
		比例準備制度	1913 年　アメリカ連邦準備制度 40%，1945 年 25%
			1924 年　ドイツ・ライヒスバンク 40%
			1928 年　フランス銀行
最高発行額制限制度	最高発行額直接制限制度		1871 ～ 1928 年　フランス銀行
	最高発行額間接制限制度		1941 年以降　日本銀行
			1948 ～ 17 年　ドイツ・レンダー（ブンデス）バンク
法律上無規定			1957 年以降　ドイツ・ブンデスバンク

（出所）　鈴木［1966］108 頁より筆者作成。

　しかし，1833 年には，イングランド銀行券のみが法貨としての地位を与えら
れ，さらに 44 年にはピール条例（銀行法）によるイングランド銀行の発券集中
制度が成立した。ピール条例により，イングランド銀行以外の民間銀行は，当
時の流通高以上の銀行券発券を制限された。
　当時のイングランド銀行による発券制度は，保証準備発行直接制限制度と呼
ばれ，イングランド銀行券は，限度額 1400 万ポンドまで国債で保証準備発行
できるが，それ以上は全額金準備を必要とするものであった。この制度が形成
されるにあたり，銀行券の発券は，正貨（金準備）に対し，どこまで許容され
るか，という問題があり，通貨学派と銀行学派の間で論争された。
　中央銀行の発券制度には，表 4-1 が示すように，大きく分けて，一部正貨
準備制度，最高発行額制限制度，法律上無規定がある。1844 年のイギリス・
ピール条例は，最も古典的であり，国債による保証準備（金ではなく国債が裏付
け）は 1400 万ポンドまでしか認めなかった。すなわち，1400 万ポンドを超え
る銀行券発券は，全額金準備を必要とした。このほか，保証準備発行間接制限
制度があり，屈伸制限制度と比例準備制度に分かれる。屈伸制限制度は制限外
発行を認め，1888 ～ 1941 年の日本銀行や 1928 年以降のイングランド銀行が

該当する。比例準備制度は銀行券発行高に対し，一定比率の金準備を義務づけ
る制度である。アメリカの中央銀行にあたる連邦準備制度は1913年に始まっ
たが，40％の金準備を義務づけた。このように，金本位制で銀行券が正貨
（金）と併存する場合，どの程度まで銀行券の発行を認めるか，という問題が
あった。

1.2 通貨学派と貨幣数量説

イギリスでは，ピール条例により，保証準備発行直接制限制度となったが，
これは通貨学派の影響である。通貨学派は D. リカードの貨幣理論の影響を受
けており，貨幣数量説に立っていた。このほか，S. J. L. オーバーストーンな
どが属した。通貨学派は，銀行券の過剰発行が通貨価値の低下と物価騰貴をも
たらすと考えた。しかし，正貨である金貨のみが流通する場合には，過剰と
なって減価しても，海外においては価値が高いため，海外に流出する。逆に，
金貨が減少すれば，国内で価値が上昇するから，海外から金が流入する。つま
り，金貨であれば，数量の増減によって価値変動が発生しても，海外との流出
入が発生して，自動的に調整される。このため，通貨学派は純粋金属通貨（金
貨のみ流通）が理想的であると考えた。銀行券が並んで流通する制度であれば，
銀行券の発行量は金貨と一致させる必要がある。すなわち，通貨学派は本来，
銀行券には100％の金準備が必要という立場であった。通貨学派は，イングラ
ンド銀行は通貨や貨幣量をコントロールできるという考えであり，これを外生
的貨幣供給説と呼ぶ。経済取引や金融市場の外部から，中央銀行が貨幣を供給
できるという考えである。

通貨学派は，セイ法則と貨幣数量説に基づいていた。セイ法則は，「供給は
それ自体の需要を創り出す」という命題で知られる。しかし，その意味すると
ころはより広く，J. B. セイは，貨幣市場においても，貨幣を流通手段として
のみとらえ，需給は常に一致すると考えた。つまり，K. マルクスは貨幣に価
値保蔵機能を認め，蓄蔵貨幣があることを論じ，J. M. ケインズは流動性選好
によって現金保有が強まると論じたが，セイはこれらを認めなかった。した
がって，セイは貨幣も需給が常に一致すると考えた。セイにおいては，生産す
れば販売されるので，生産者は極大算出水準まで生産し，完全雇用が常に達成
されることになる。また，セイは貨幣数量説であったから，貨幣量が物価動向

を規定するとした。貨幣量が増加すれば，銀行券の減価などによって，物価は上昇するから，銀行券は可能なかぎり金準備を必要とするとセイや通貨学派は考えた。

古典的な貨幣数量説はI. フィッシャーの交換方程式として知られ，以下の式で表される。M＝貨幣量，V＝貨幣の流通速度，P＝物価水準，T＝商品取引量として，

$$MV = PT$$

この式は，第1に，Mの増減はPT＝取引総額の増減とは独立していると仮定している。このことは，経済取引と貨幣量が独立していることを意味し，貨幣の外生性と呼ぶ。第2に，Vは一定であるとされる。貨幣数量説では，貨幣は流通手段，支払手段としてのみ使用されるとしている。マルクスの蓄蔵貨幣機能や，ケインズの現金保有動機は欠落している。第3に，T＝商品取引量も一定であり，常に完全雇用にあり，景気変動は存在しない。

そのうえで，VとTが一定であるから，Mの変動は自動的にPの変動をもたらす。すなわち，貨幣量の変化が物価の変化をもたらすこととなる。しかし，こうした通貨学派の考えは，預金通貨を無視しているとして，銀行学派の批判を浴びることとなった。

1.3 銀行学派

他方，銀行学派はT. トゥーク，J. S. ミルなどが中心であった。その主要な主張は以下のようであった。①支払手段は銀行券だけではなく，手形・預金・帳簿振替など多様である。したがって，銀行券発券量だけを調節しても有効ではない。②銀行券の増減は，物価変動の原因ではなく，物価変動の結果である。商品取引の増減によって，物価が変動し，そのために銀行券など通貨量が変動する。これは，経済取引の結果として貨幣量が決まることを意味し，内生的貨幣供給説となる。③金と銀行券の兌換が維持されているかぎり，銀行券の過剰発行はありえない。市中取引において，銀行券は不要となれば，中央銀行に還流する。また，銀行券の価値が低下し，その信用が減退することになれば，銀行券は金に兌換されるので，やはり還流する。④政府紙幣と銀行券は異なる。政府紙幣は金準備などの裏付けなしに，政府が強制通用力だけをもって発行す

る紙幣である。銀行券と異なり、政府紙幣は還流しない。⑤通貨学派は、$V =$ 貨幣の流通速度が一定であるとしたが、銀行学派はこれも批判した。銀行学派によれば、貨幣の一部は流通手段・支払手段として機能するが、他の部分は蓄蔵貨幣として遊休している。貨幣ストックには、活動している貨幣と遊休している貨幣があり、両者の間で流通速度は異なる。遊休している貨幣が増加すれば、貨幣の流通速度は遅くなり、M を増加させても、P の変化とはならない。

　銀行学派によれば、銀行券の価値および信用を維持するためには、兌換が維持されればよいので、銀行券発券にイングランド銀行の裁量を認めてよく、通貨学派がいうように銀行券発券量を厳格に規制する必要はない、と主張した。銀行学派は、イングランド銀行は通貨量をコントロールできないし、銀行券発券量だけを調整しても限界がある、また物価が変動した結果として通貨量が変動する、とした。

1.4　マネーサプライ論争

　貨幣供給をめぐる外生説と内生説の対立は、19 世紀イギリスで通貨学派と銀行学派の論争でみられたが、その後、たびたび再生産されている。最近の日本でも、日銀の金融政策をめぐり、同様の論争が展開されている。一例として、2000 年前後において、岩田・翁論争と呼ばれる論争があった。

　岩田規久男（学習院大学教授〔当時〕、その後日銀副総裁）は、以下のように主張していた。日本経済の停滞の主因はデフレ（物価下落）であり、デフレをまず止める必要がある。デフレを止めるために、インフレ目標（物価上昇率の目標）を設定するべきである（インフレーション・ターゲティング）。インフレ目標を達成するためには、長期国債買オペを大増額するべきである。金融政策のレジーム（枠組み）を金利から、マネーサプライ（通貨供給量、M2＋CD など）の源泉であるマネタリーベースに変更すべきである。岩田はおおむね以上のような主張をして、日銀が買オペを増額させ、マネタリーベースを量的に拡大すれば、マネーサプライも増加し、物価も上昇するとした。まず、日銀がマネタリーベースを拡大させれば、信用乗数は安定的なので、マネーサプライを伸ばすことができるとしている点で外生的貨幣供給説に立つことは明らかであろう。また、デフレは物価下落であるが、マネタリーな現象であり、金融政策によって克服可能としている点も注目される。イギリスの通貨学派も貨幣数量説に

よっていたが，現代のリフレ派（金融緩和，とりわけ量的緩和によって物価を上昇させることが可能という立場）の根拠も貨幣数量説にあり，マネタリーベースの拡大はマネーサプライ（現在はマネーストック）増加を通じて，物価を上昇させると考える。

　他方，翁邦雄（日本銀行金融研究所〔当時〕，その後京都大学教授等）は，岩田を中心としたリフレ派に反論した。主要な主張は，以下である。①日本銀行を含む各国の中央銀行は，マネタリーベースではなく，短期金利を操作目標としてオペレーションを行っている。②信用乗数の安定性を期待することは無理がある。③マネタリーベースを増加させるために超過準備を一方的に供給すると，コール金利はゼロまで低下し，金利機能が阻害される。④超過準備をつくるオペレーションは，通貨供給量を増加させず，たんに信用乗数を低下させるだけである。翁は，マネタリーベースをコントロールしても，通貨供給量（マネーサプライ）を増減させることはできないとしており，内生的貨幣供給説に立つものと評価できる。

　岩田・翁論争において，岩田は，信用乗数は一定であるから，マネタリーベースを増やせば，マネーストックを増加させることが可能とした。他方，翁は，信用乗数は安定的ではないから，マネタリーベースを増加させても，マネーストックの増加にはつながらないとした。つまり，信用乗数の安定・非安定性が主要論点であった。

　図4-1は，2003年以降のマネーストック（M3），マネタリーベース，信用乗数の関係を示している。これによると，マネタリーベースは06年末には約90.5兆円であったが，21年末には約657兆円まで，約7倍増加した。とりわけ14年以降，マネタリーベースの増加が著しいが，アベノミクスと量的緩和の拡大に起因している。他方，M3は06年末には約1026兆円であったが，21年末には約1531兆円と，約1.5倍増加にとどまる。M3などマネーストック残高は，民間銀行の貸出（信用創造）による預金設定の結果によって決まるから，民間銀行が貸出等を増やさなければ，マネーストック残高は増加しない。このため，信用乗数は，06年には11.3であったが，21年には2.3まで著しく低下した。こうして，翁による議論に優位性があることは，理論的にも実証的にも明らかである。

　リフレ派が2022年に至るまで，金融緩和にこだわる背景に，日本の物価上

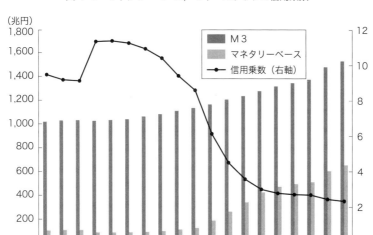

図4-1 マネタリーベース，マネーストックと信用乗数

(出所) 日本銀行ウェブサイトから筆者作成。

昇率が2％未満であり，デフレであるという理解がある。これは，もともと，ケインズ派であったA. W. フィリップスによるフィリップス曲線によって，物価上昇率と失業率はトレード・オフ（逆相関）であり，物価上昇率が低ければデフレとされたことに起因する。フィリップス曲線は，マネタリストのM. フリードマンによって期待修正フィリップス曲線として引き継がれ，今日に至る。しかし，今日では非正規雇用の増加によって，失業率がゼロ近辺まで低下しても，賃金上昇率は低く，物価の上昇は起こりにくくなっている。

2　ケインズ貨幣理論と信用創造理論

20世紀に入り，貨幣信用理論の顕著な発展がみられた。第1次世界大戦（1914～18年）を契機として，欧米主要国の財政規模は急拡大し，国債の市中累積が始まり，通貨制度においても金本位制を離脱し，管理通貨制度へ移行したことが背景になっている。ケインズは国債と現金の資産選択として貨幣需要論を展開し，C. A. フィリップスは金準備に制約されない管理通貨制度を背景として信用創造論を論じた。主として，ケインズは貨幣需要に着目し，フィ

リップスは貨幣供給に関し信用創造理論を提起した。

2.1　ケインズ貨幣理論

ケインズは『雇用・利子および貨幣の一般理論』を 1936 年に出版した。1929 年の世界恐慌後に書かれており，同書は不況の処方箋といった性格を持つ。ケインズ理論は，まず有効需要の原理である。有効需要は消費と投資からなる。消費は景気循環を通じて，比較的安定しており，大きく変動するものではない。また限界消費性向（所得が 1 増えたとき，消費される比率）は 1 よりも小さく，所得水準が上昇するにつれ，限界消費性向は低下する。したがって，有効需要は主として投資によって変動する。

では，投資はどのように決まるのか。ケインズは，資本の限界効率と利子率によって決まるという。資本の限界効率とは，企業家の予想利潤率である。投資の限界効率が利子率よりも高ければ，仮に企業家が資金を借り入れて投資した場合でも，採算がとれるので，企業家は投資する。しかし，資本の限界効率が利子率を下回れば，企業家が借り入れて投資すれば，採算がとれない。したがって，企業家は投資しない。投資不足になると，経済は不均衡になり，雇用も減少し，失業が発生する。

次に，利子率は需給により決定されるとケインズはいう。貨幣の需要として，ケインズは取引動機，予備的動機，投機的動機があるとする。取引動機は，異なる 2 時点間で支出を円滑にするための貨幣需要である。さらに取引動機は，家計による所得動機と，企業による営業動機に区分される。企業の営業動機は，企業が売上高回収の時間的間隔の間で発生する支出のための現金需要となる。所得動機とは，家計が異なる時点で，支出を円滑にするための現金需要である。次に，予備的動機は不測の支出に備える現金需要であり，企業と家計に共通している。取引動機も予備的動機も，国民所得が増加すると，同時に増加する。これに対し，投機的動機は証券形態の資産保有との関連での貨幣需要であり，利子率によって左右される。

ケインズの投機的需要を理解するためには，まず債券投資における債券価格と利回りの関係を理解する必要がある。債券には，現金で支払われる金利がある。これをクーポンとも呼ぶが，クーポン（利札）として毎年現金で支払われるからである。しかし，債券は証券であるから，価格は変動する。額面 100 円

として，債券価格は98円，あるいは101円となる。同時に，債券は原則として，満期には額面100円で償還される。したがって，98円で債券を購入した場合，98円という購入価格と100円の額面との差額が償還差益となる。債券の利回りは，現金による金利（クーポン）に償還差益を加えたものである。また，利回りは常に年利で表示されるので，残存期間（債券購入から満期償還までの年数）で償還差益を除す必要がある。債券利回りは以下の式（単純な単利とする）になる。

債券利回り＝{現金金利額＋(償還差益額÷残存期間)}÷購入価格

　例として，額面100円，現金金利（クーポン）年5円，残存期間2年，発行価格98円とすると，{5円＋(100－98)÷2}÷98＝利回り6.12％となる。この式が意味することは，債券価格が上昇すると，額面100円との差額である償還差益が小さくなるので，利回りが低下することである。逆に，債券価格が低下すると，償還差益が大きくなり，利回りが上昇することである。つまり，債券価格と利回りは逆相関である。

　債券価格が上昇して，利回りが低下すると，資産保有者は一段の債券価格上昇による値上がり益（資本利得）を期待し，現金から債券へ乗り換えようとする。逆に，債券価格が低下して，利回りが上昇すると，資産保有者は債券価格低下による値下り損（資本損失）を予想し，債券から現金へ乗り換えようとする。ケインズの投機的需要はこうした関係に基づいている。

　ケインズによると，利子率（利回り）が低下するにつれ，最初のうちは，資産保有者が債券値上がり期待から，現金を債券に移そうとする。しかし，一段と利子率が低下すると，資産保有者は，自分の相場観に基づき，債券相場が過熱していると判断し，債券から現金へと転換しようとする。ここに現金需要が高まり，投機的需要となる。この因果関係は，金利低下→債券価格上昇→債券価格低下予想→現金選好とも示すことができる。利子率が極限まで低下すると，貨幣需要は無限大となり，こうした状態をケインズは流動性の罠と呼んだ。

　ケインズは，以上のように，貨幣需要として，取引動機，予備的動機，投機的動機を挙げ，流動性選好と呼んだ。利子率は需給によって決まるが，貨幣需要が流動性選好により強まり，貨幣供給が不足するなら，利子率は上昇する。このため，利子率が資本の限界効率を超え，投資が不足し，有効需要の不足か

ら，不均衡となり失業が発生する。したがって，ケインズ理論の政策としては，低金利政策により，民間企業の設備投資を促進すると同時に，政府部門が公共投資によって投資を追加することであった。

2.2　信用創造の理論

受動的な預金受入を超えて，新たな預金設定による貸出を信用創造と呼ぶ。現金通貨を基礎として，銀行組織はどれだけの預金通貨を造出できるか，ということが問題になる。19世紀後半，スコットランドの H. D. マクロードは著書（*The Theory of Credit*, 1890）のなかで，銀行は預かった預金の数倍の貸出を行うことができると主張した。さらに，20世紀に入り，C. A. フィリップス，J. H. ロジャースにより，信用創造論は基礎づけられた。

フィリップスは，*Bank Credit* という著書を1920年に出版し，銀行の信用創造を論じた。フィリップスの信用創造論は，以下の式で知られる。本源的預金残高（預金者が最初に銀行に預ける預金）の増加分を C，銀行組織全体の信用拡張限界を x，必要な法定準備率を r とするとき，

$$x = C(1-r)/r$$

この式が意味するところは，銀行に本源的預金が流入すると，法定準備率分を残して，残りは貸出に回すことが可能となる。貸し出された資金（派生的預金）は引き出され，全体としての銀行組織に還流する。そして，銀行は，その預金をもとに，再び貸し出せるので，銀行の信用創造が繰り返せる，ということである。したがって，本源的預金残高増加分 C を100とし，法定準備率を10％（0.1）とすれば，100の本源的預金は900の派生的預金を生み出すことになる。

しかし，フィリップスの信用創造式の問題点として，第1に，銀行は本源的預金100のうち，90を貸し出す，という非現実性がある。現実の銀行は，100の預金のうち，90を貸し出すということはありえない。第2に，r＝準備率としているが，法定準備率以外の現金準備を無視している。現実の銀行は，中央銀行への法定準備に加え，自行での現金準備を持つ。第3に，実際には，定期預金や当座預金など，預金間で準備率は異なる。第4に，預金から引き出された現金の一部は，市中に滞留し，銀行組織に還流しない。この部分は，ロ

ジャースによって，漏出率として重視された。

　Pを漏出率として修正した信用創造式をフィリップス゠ロジャース式と呼ぶ。

$$x = C(1-r)/\{p + r(1-p)\}$$

　漏出率を20％とし，他は同じとしても，100の本源的預金は321の派生的預金を生み出すことになる。しかし，フィリップス゠ロジャース式にあっても，フィリップス式に関する問題点の第1点から第3点は引き続き妥当する。なお，フィリップスやロジャースの式は，個別銀行の信用創造ではなく，銀行組織全体の信用創造を論じている。

　以上の説明では，伝統的な説明として，本源的預金を出発点としてきた。しかし，今日のように預金決済システムが発達してくると，本源的預金も派生的預金となっている。換言すれば，本源的預金は存在しない。

　個別銀行の立場からは，預金者が預ける預金は本源的預金と認識される。しかし，個別銀行の本源的預金とは，他の銀行の預金からの引出であり，もとは派生的預金である。企業Kに勤めるビジネスパーソンの給与が，銀行Aの預金口座に振り込まれたとき，それは企業Kが銀行Bで持っていた法人口座からの振込である。したがって，銀行組織全体からすれば，本源的預金ではない。銀行組織全体からすれば，信用創造による派生的預金にほかならない。強いていえば，中央銀行による預金創造（買オペ等による）だけが，民間銀行による預金ではないという意味で，本源的預金となる。

　日銀は「日銀当座預金増減要因と金融調節」を公表している。増減要因は，銀行券要因と財政等要因からなる。銀行券要因は，現金として民間銀行が当座預金から引き出すことで減少要因となる。財政等要因は，国債発行等により当座預金から政府預金に振り替えられることで減少要因となる。国債償還は，逆に増加要因となる。表4-2が示すように，2020年の場合，当座預金増減要因で銀行券要因は約4.2兆円の減少要因であったが，財政等要因は約7.3兆円の減少要因であった。14年以降，ほぼ同様の構造になっている。こうした国債発行による当座預金の減少に対し，日銀は日銀買切オペを中心として，日銀信用を供給している。日銀信用の供給（日銀当座預金の創出）が，今日における本源的預金といえる。

表 4-2 日銀当座預金増減要因

(単位：億円)

年	銀行券要因	財政等要因		資金過不足
		計	国債〔1年超〕発行	
2010	− 46,508	10,263	− 103,699	− 36,245
2011	− 45,360	63,443	− 106,935	18,083
2012	− 49,233	61,045	− 106,255	11,812
2013	− 54,966	− 10,822	− 110,989	− 65,788
2014	− 52,995	− 27,910	− 116,571	− 80,905
2015	− 52,708	1,164	− 109,908	− 51,544
2016	− 50,313	− 973	− 108,099	− 51,286
2017	− 47,430	− 45,340	− 106,413	− 92,770
2018	− 47,989	− 50,027	− 105,657	− 98,016
2019	− 49,884	− 62,722	− 99,409	− 112,606
2020	− 42,320	− 73,073	− 119,800	− 115,393
2021	− 43,114	− 3,651	− 118,125	− 46,765
2022	− 1,611	− 89,730	− 125,095	− 91,341

（注）　暦年，年末ベース。2022 年は 7 月実績。
（出所）　日本銀行ホームページから作成。

3　現代貨幣理論と国債発行

　今日，L. R. レイや，S. ケルトンらによって，現代貨幣理論（MMT）が提唱され，かなりの影響力を持っている。とりわけ日本では国債残高が膨張しており，MMT が受け入れられる素地がある。しかし，MMT には問題が多い。

3.1　現代貨幣理論とは何か

　もともとレイはポスト・ケインジアンであったから，預金は銀行の信用供与で創造されるとして，内生的貨幣供給説に近い立場であった。しかし，MMT は，自国通貨建の国債は，どれだけ発行してもデフォルトの心配はないと主張し，政府・中央銀行は自由に貨幣を投入できるという外生的貨幣供給説になっている。ケルトンは，福祉（国民皆保険）や教育（大学無償化）の拡充を訴える，B. サンダース（2016 年，20 年大統領選民主党予備選候補者，民主党では最左派）の政策顧問でもあり，「大きな政府」の理論的支柱となっている。したがって，MMT は純粋アカデミズムの理論というよりも，政治的色彩が強いものである。日本でも，左派政党は年金引き上げ，医療費本人負担軽減，教育無償化を掲げ

ており，大きな政府への志向が強く，MMT が受け入れられる素地は十分にある。

　ケルトンは，『財政赤字の神話──MMT 入門』において，おおむね以下のように述べている（ケルトン［2022］）。日本は景気後退期に入り，しかもすでに先進国で最も多くの借金を抱えているのに，政府はどうやって巨額の支出をまかなうのか，と思うかもしれない。ケルトンによると，日本政府の銀行，つまり日銀が貨幣を創造するというのがその答えである。政府による財政政策を後押しするために，日銀は日本国債（およびその他の金融資産）を大量に買い入れ，金利を過去最低水準に維持してきた。そのおかげで政府は調達コストを気にすることなく，資金を必要なだけ確保できる。日本にそれが可能なのは高いレベルの「通貨主権」があるからである。日本政府は主権通貨（円）の「発行者」であるため，コロナ危機からの景気回復を支えるのに必要な財政支援策をすべて「まかなえる」だろうか，と心配する必要はまったくない。

　財政赤字と政府債務を制約要因として扱ってはならない。支出そのものが過剰にならないかぎり，財政赤字と政府債務は高水準にとどまっても増加してもかまわないし，それがマイナスの影響を引き起こすことはない。この MMT の中核となる考え方を日本ほど立証してきた国はない。以上がケルトンの主張である。

　また，ケルトンによれば，以下の 6 点は，財政赤字の神話であり，打ち砕くべきである。第 1 点は，政府の収支は家計と同じように考えるべきだ，という考えである。政府は家計や企業とはまったく違う。政府は米ドルなど主権通貨を発行できるからだ。第 2 点は，財政赤字は支出過剰の表れという考えである。財政赤字は誰かの黒字になっている。第 3 点は，財政赤字は将来世代への負担であるという考えである。政府債務の対 GDP 比率が最も高かったのは，第 2 次大戦後直後で 120％であった。しかし，この時期に中産階級が生まれ，世帯の実質平均所得が急増し，次の世代は高い税率に悩まされることなく，生活水準は高まった。第 4 点は，財政赤字は民間投資のクラウディング・アウトにつながり，長期的成長を損なうという考えである。現実には逆であり，財政赤字は民間の貯蓄を増やし，民間投資を呼び込む効果がある。第 5 点は，財政赤字によってアメリカの諸外国への依存度が高まる，という主張である。中国や日本が大量の米国債を保有すると，アメリカに対して影響力を持つ，とも主張さ

れる。こうした見方は，主権通貨の無理解に基づいており，アメリカは即座に債務を返済できる。第6点は，政府の給付金制度が長期的に財政危機を招くという説である。アメリカ政府は今後もずっと将来の債務を履行できる。なぜなら，資金が尽きることなどありえないからである。

　MMTの概要をみると，決して新しい理論ではなく，従来の学説でもいわれてきたことが多い。第1点に関しては，日本銀行を広義の政府部門と考え，政府財政と中央銀行の統合勘定でバランスシートを作成することは目新しくない。しかし，その場合であっても，政府紙幣と中央銀行券は区別されるが，MMTは政府紙幣と中央銀行券を同一視している。政府紙幣は，政府が発行し強制通用させるが，中央銀行券は中央銀行が発行し，金や国債等の見合い資産を持っている。第2点に関して，財政赤字は誰かの黒字になるという議論は，「夫婦のポケット」論に近い。「夫婦のポケット」論とは，公債発行に伴う負担は，購買力を移転させているものであり，夫婦間でのお金のやり取りのようなもの，という議論である。第3点に関して，財政赤字は将来世代の所得を増加させたという議論は，E. D. ドーマーによるフィスカル・ポリシー政策である。ドーマーは，国債発行による財政支出（フィスカル・ポリシー）は国民経済水準を引き上げ，生産力効果を持つ，という。第4点に関して，財政赤字は民間の貯蓄を増やし，民間投資を呼び込む，という議論であるが，もともとケインズの主張である。ケインズは，過剰な貯蓄（流動性選好の帰結）を公債によって政府部門に移し，政府の購買力として投下することで，民間部門で追加的に購買力を喚起し，遊休している現実資本を活性化できる，と考えた。

　以上のように，MMTは新しい理論とはいいがたい。以下では，現代日本の国債発行と日本銀行の関係をみることで，現実はMMTが主張するほど単純ではないことを明らかにする。

3.2　現代日本の国債発行と日本銀行

　MMTによれば，政府は国債発行で（無条件に）貨幣収入を得られる，としている。しかし，実際には，発行価格，利回り，発行年限等で国債は市場の影響を受ける。政府が自由に国債を発行できるわけではない。例を挙げると，1998年11月〜99年2月に，「運用部ショック」と呼ばれる事態が生まれ，長期金利は0.7%から2.5%に上昇（国債価格は下落）した。財政投融資制度におい

て，旧大蔵省の資金運用部がそれまで国債を引き受けていたが，財政投融資改革で資金運用部が引き受けないこととなり，市場の不安が高まった。

　アベノミクス（2013年）以降の国債発行額は新規財源債だけで年間40兆円に近づき，このほかに借換債が年間100兆円以上発行されてきた。また2020年度以降は，コロナ対策のために，新規財源債は112兆円を超えた。こうした日本の現実は，まさにMMTが思い描くシナリオといえるかもしれない。しかし日本の国債発行が，一見すると順調に消化されてきた背景には，日本銀行の買切オペとコスト負担があるからである。換言すれば，日銀が国債を高値で買い取ることで持続できてきた。

　政府・財務省が国債発行後，即座に日銀が国債買切オペを実施することは，一般に日銀トレードと呼ばれてきた。これは，本来，国債発行後直後に日銀が買い取るので，限りなく日銀引受に等しい。日銀引受は財政法によって禁じられており，そもそも禁じ手である。戦後の日本では，第2次世界大戦時に，国債の日銀引受が激しいインフレを招いたことの反省から，財政法で日銀引受を禁じた。1967年に日銀オペが開始された時も，「1年ルール」を定め，発行後1年を経過しない国債はオペ対象外とした。さらに2002年に，日銀オペのルールを緩和したが，「直近2銘柄を除く」ルールとして，発行後即座の買切オペを避けてきた。また12年（黒田総裁の前任である白川総裁）までは，「日銀券ルール」と呼ばれるルールがあり，日銀の国債保有額は日銀券残高以下にするとされていた。しかし，アベノミクスの開始と黒田総裁の就任によって，これらのルールはすべて棚上げされ，発行後直後の国債も買切オペの対象となり，買取額も急増した。この日銀トレードにおいては，民間銀行等から日銀は高値で国債を買い取っている。一般に，日銀は買切オペに際し，購入する国債の年限（残存期間）と募集額等を提示する。これに対し，民間銀行等が希望する価格（つまり利回り），金額等を入札し，低い価格で入札した順に，日銀が購入する。しかし，市場実勢よりも，民間銀行等は高めの価格（低い利回り）で入札するため，日銀の購入平均価格は高めになる。表4-3が示すように，日銀の購入平均価格（簿価÷額面で算出）はおおむね102円台で推移している。債券は基本的に額面100円で償還されるので，日銀が高値で購入してきたことは明らかである。

　簿価は，基本的には購入価格であるが，日銀の場合，やや複雑である。日銀

表 4-3　日本銀行による保有国債の価格

(単位：億円，円)

年　　度	2016	2017	2018	2019	2020	2021
簿　　価	4,177,115	4,483,261	4,699,539	4,859,181	5,321,653	5,261,737
額　　面	4,082,700	4,381,724	4,590,595	4,740,807	5,204,218	5,153,141
時　　価	4,273,429	4,590,281	4,859,898	4,993,620	5,415,966	5,305,471
差　　額 （時価−簿価）	96,314	107,020	160,359	134,439	94,313	43,734
差　　額 （簿価−額面）	94,415	101,537	108,944	118,374	117,435	108,596
購入平均価格	102.3126	102.3173	102.3732	102.4969	102.2565	102.1074

（出所）　日本銀行ウェブサイト等から作成。

の国債に関わる会計処理法は，償却原価法という方法である。この会計処理法では，当初 105 円で国債（満期 5 年）を購入した場合，満期までに，額面に簿価を近づけていることになる。つまり，購入した年の簿価は 105 円だが，1 年後は 104 円，2 年後は 103 円，3 年後は 102 円，4 年後は 101 円，そして 5 年後（満期）には 100 円となる。こうした償却原価法は生命保険会社等でも取られているが，保守的会計処理であり，少なくとも時価評価ではない。償却原価法で，国債の簿価が引き下げられていくことは，損失の発生を意味する。この損失は，日本銀行の国債受取利子から控除されており，損失控除後の国債受取利子だけが決算書で公表されている。この点は，後述する。

　銀行等が有価証券等を保有している場合，購入価格（簿価）を市場価格（時価）が上回る場合，含み益があるという。買った価格を，現在価格が上回るからである。逆に，簿価を時価が下回る場合，含み損があるという。買った価格より，現在価格が低下しているためである。表 4-3 において，差額（時価−簿価）をみると，2018 年度末に日銀の国債含み益は 16 兆円を超えていたが，21 年度末には 4 兆円台まで減少したことがわかる。18 年度には，長期国債 10 年物の新発利回りは −0.005％（年平均）まで低下（価格は高騰）したが，その後上昇し，22 年度末には 0.2％台に達している（価格は低下）。日銀は償却原価法を取るので，国債の時価は貸借対照表には表れない。しかし，22 年 9 月期決算において，日銀の保有国債は 8749 億円の含み損に転落した。日銀は金融緩和というスタンスを変えておらず（22 年現在），国債買切オペを継続しているが，海外投資家は，いずれ日銀が金融引き締めと利上げに動くと予想し，国債を売却しているためである。将来，日銀の保有する国債含み損が拡大すると，国民

表 4-4 日本銀行の利子関係収支

(単位：億円)

年　度	2009	2010	2011	2012	2013	2014	2015	2016	2017	2018	2019	2020
国庫から日銀への 国債利子 a	7,636	7,080	7,627	8,145	11,825	16,142	21,595	25,641	27,664	29,395	29,888	30,024
日銀の国債利子 b	5,995	6,225	6,199	6,225	8,057	10,440	12,875	11,869	12,211	12,839	11,960	10,867
差額（a−b）	1,641	855	1,428	1,920	3,768	5,702	8,720	13,772	15,453	16,556	17,928	19,157
補完当座預金利子	−	−	−	−	837	1,513	2,217	1,873	1,837	1,866	1,883	2,179
経常利益	3,665	542	5,361	11,317	12,805	17,137	7,626	10,953	12,288	20,009	16,376	19,764
当期剰余金	3,671	521	5,291	5,760	7,242	10,090	4,111	5,067	7,648	5,870	12,953	12,191

（出所）　日本銀行ウェブサイト等から作成。

は日銀の財務に懸念を持つようになり，円という通貨と国債の信認問題になる可能性がある。日銀の貸借対照表では，負債に円という通貨があり，資産に日本国債があり円を担保している。円という通貨と日本国債の信認は一体である。

　日銀は表 4-3 にあるように，102 円前後で購入し，満期保有し，額面 100 円で償還を受ける。このために，日銀には償還損失が発生している。この償還損失は，日銀の財務諸表等で公表されていない。ただし，日銀は政府から受け取る粗国債利子額から，償還損失を控除して，国債利子受取額として公表している。財務省対日銀収支（『財政金融統計月報』）により，財務省から日銀への粗国債利払額がわかるので，日銀の損益計算書における国債受取利子との差額が償還損失に該当する。

　表 4-4 は，国庫から日銀への国債利子と日銀の国債利子，そして両者の差額（a−b）を示している。日銀が保有する国債は，近年急増してきた（第 10 章参照）。量的増加が著しいため，国債金利は低下してきたものの，国庫から日銀へ支払われる国債利子は 2010 年度前後には 7000 億円台であったが，20 年度には 3 兆円を超えた。他方，日銀が決算で公表する国債利子は同じ期間で，6000 億円前後から約 1 兆円の増加にとどまっている。その差額が償還損（表 4-4 での「a−b」）であり，同じく 1000 億円程度から 2 兆円近くまで急増している。日銀の決算上での国債利子が伸び悩むことは，今後重要な意味を持つ。

　日銀は準備預金の一部に利子を支払っている（補完当座預金制度，第 3，7 章参照）。現在は 0.1％であり，表 4-4 が示すように，2020 年度で 2179 億円となっている。今後，欧米が利上げを進めるなか，日本も利上げすることになれば，補完当座預金金利も引き上げられる。仮に 0.5％に引き上げられると，利払額は現在の 5 倍となり，1 兆円を超える。日銀の当期剰余金は 20 年度で 1 兆

2191 億円であるから，ほぼ剰余金は消え，赤字に転落する可能性が出てくる。これに，表4-3で示したように，保有国債の含み損が加わると，日銀への信認はかなり揺らぐ可能性が否定できない。日銀への信認が揺らぐならば，円への信認，さらに担保としての日本国債への信認問題に発展する可能性がある。

　現代日本の国債発行と日銀を取り巻く環境は以上のように，薄氷を踏む状態であり，MMT が主張するように単純ではないのである。

●練習問題
1　通貨学派と銀行学派の考え方と違いについて説明しなさい。
2　ケインズの流動性選好説を説明しなさい。
3　日本において国債発行が日銀に与えている影響について論じなさい。

●文献案内
1　横山昭雄 [2015]『真説　経済・金融の仕組み──最近の政策論議，ここがオカシイ』日本評論社
　　　内生的貨幣供給説の立場から書かれた入門書。
2　翁邦雄 [2011]『ポスト・マネタリズムの金融政策』日本経済新聞出版社
　　　内生的貨幣供給説の立場から，外生的貨幣供給説を批判している。
3　斉藤美彦 [2006]『金融自由化と金融政策・銀行行動』日本経済評論社
　　　日本における内生的貨幣供給説の歴史をまとめている。

●引用・参考文献
岩田規久男編 [2003]『まずデフレをとめよ』日本経済新聞社
翁邦雄 [1993]『金融政策──中央銀行の視点と選択』東洋経済新報社
翁邦雄 [2011]『ポスト・マネタリズムの金融政策』日本経済新聞出版社
川口弘 [1966]『経済学全集17　金融論』筑摩書房
ケインズ，J. M.（塩野谷祐一訳）[1995]『雇用・利子および貨幣の一般理論』普及版，東洋経済新報社
ケルトン，S.（土方奈美訳）[2022]『財政赤字の神話──MMT 入門』早川書房（ハヤカワ文庫）
代田純 [1999]『現代イギリス財政論』勁草書房
代田純 [2012]『ユーロと国債デフォルト危機』税務経理協会
代田純 [2014]『ユーロ不安とアベノミクスの限界』税務経理協会
代田純 [2017]『日本国債の膨張と崩壊──日本の財政金融政策』文眞堂

代田純編著［2007］『日本の国債・地方債と公的金融』税務経理協会

鈴木武雄［1966］『近代財政金融（新訂版)』春秋社

西村閑也・深町郁彌・小林襄治・坂本正［1991］『現代貨幣信用論』名古屋大学出
　　版会

レイ，L. R.（島倉原監訳・鈴木正徳訳）［2019］『MMT——現代貨幣理論入門』東
　　洋経済新報社

Phillips, C. A.［1920］*Bank Credit: A Study of the Principles and Factors Underlying
Advances Made by Banks to Borrowers*, Macmillan.

第 II 部

銀行システムと銀行業の実際

第5章　銀行の基本業務

静岡銀行本店。フィンテックの導入や SDGs の達成に
取り組む企業への金融面での支援に積極的な地方銀行
の１つである（著者撮影）

学習の課題

1　銀行の金融仲介機能を理解する。
2　銀行の預金・貸出業務の現況を把握する。
3　デリバティブ取引と証券化の概要を学ぶ。

1　金融仲介機能

　銀行の機能には，金融仲介機能，信用創造機能，資金決済機能がある。これ
らは銀行の３大機能とも呼ばれ，預金業務，貸出業務，為替（決済）業務と深
く関わっている。金融仲介機能には，資産変換，情報生産，リスク負担などの
機能が含まれる。信用創造および資金決済についての説明は他章に譲ることと
し，本節では，金融仲介機能としての資産変換と情報生産について説明する。

1.1　資産変換

　銀行に預金する場合，預金者（企業や家計など）は銀行に対して預金という債

権を持ち，銀行は預金者に対して預金という債務を負う。その際，銀行が預金者に対してある金額の債務を負っていることを証明する証書，すなわち債務証書（この場合は預金通帳）が発行される。銀行が発行するこのような証書を間接証券と呼ぶ。一方，銀行が貸出を行う場合，銀行は借入者（企業や家計など）に対して貸出という債権を持ち，借入者は銀行に対して借入金という債務を負う。その際，借入者が銀行に対してある金額の債務を負っていることを証明する債務証書が発行される。借入者が発行するこのような証書を本源的証券ないしは直接証券と呼ぶ。債権者（貸し手）の側からみると，銀行は比較的ハイリスクである本源的証券を保有し，預金者は比較的ローリスクである間接証券を保有することになる。銀行は，ハイリスクの本源的証券をローリスクの間接証券に変換する機関とみることができる。

　預金者と借入者の資金貸借における期間や金額の大きさに対する選好の違いは何であろうか。一般的に，借入者はなるべく長期での資金調達を選好し，預金者はなるべく短期での資金運用を選好するとされる。また，借入者はなるべく大きな金額（大口）での資金調達を選好し，預金者はなるべく小さな金額（小口）での資金運用を選好するとされる。預金者が短期・小口での資金運用を選好するのは，流動性（現金への変換のしやすさ）を考慮してのことである。ここに，資金需要者である借入者と資金供給者である預金者それぞれの選好に違いが生じることになる。両者の間に銀行が入っていることで短期資金と長期資金のミスマッチが解消され（期間変換という），同時に小量の小口資金が大量の大口資金に変換される。こうした機能を銀行の資産変換機能と呼ぶ。

1.2　情報生産

　銀行は，貸出を実行する前には借り手となる企業や家計を審査（スクリーニング）し，問題がなければ貸出を実行する。貸出を実行した後には，銀行は借り手の行動をモニタリング（監視）する。審査やモニタリングを通じて，銀行は借り手に関する情報を蓄積する。このようなことを情報生産という。また，銀行による新規貸出の実行や既存貸出の継続はさまざまなチェックをクリアしたうえでなされているわけであるから，新規貸出が実行されたもしくは既存貸出が継続されたという事実は，それらの企業や家計が問題ない借り手であるという情報が世の中に生み出され，かつ共有されたということも意味すること に

なる。

　情報生産により，貸出の際における情報の非対称性が緩和される。情報の非対称性とは，一般的に，買い手は売り手ほど十分に商品等についての情報を知らないということをさす。情報の非対称性は市場の失敗の代表例でもあり，効率的な資源配分を阻害する要因となる。貸出の際における情報の非対称性とは，借り手は自身の財務状況や返済能力などについて十分に知っているが，貸し手はそれらを借り手ほど十分には知らないということをさす。情報の非対称性に起因して発生するものとしては，貸出実行前の逆選択と貸出実行後のモラル・ハザードが挙げられる。

　逆選択とは，リスクの低い（優良な）借り手ほど貸出市場から退出してしまい，リスクの高い（優良ではない）借り手が貸出市場に多く残ることで，貸し手が本来であれば取引したい相手と取引する選択ができなくなり，あまり取引したくない相手と取引する選択をせざるをえなくなってしまう現象のことである。これは，貸し手が借り手のことをよく知らないがために，貸し手が個々の借り手に対して同一の条件（たとえば金利）を提示するしかない場合に生じる。次にモラル・ハザードとは，貸出実行後に借り手が，貸し手との約束と異なる資金の使い方（浪費なども含む）や過度にリスクをとる経営行動に走るといった，貸し手に損害を与えかねない行為を行う可能性があるという問題である。逆選択やモラル・ハザードにより，場合によっては借り手と貸し手との間で必要な資金貸借が実現されない事態が発生することになる。

　中小企業等への貸出の際に，情報の非対称性はとくに顕著になる。これを緩和するのが審査やモニタリングを通じた情報生産であるが，この機能により銀行には金融仲介の役割を果たす代理人としてのコストが発生する。このようなコストはエージェンシー・コストと呼ばれ，貸出金利の根拠ともなる。銀行は預金者の代理人として，預金者の委任を受けて，貸出の前後に借り手を審査およびモニタリングしている。個々の預金者が個々の借り手の審査およびモニタリングをしようとすれば，莫大な時間とコストがかかる。銀行が代わりに審査およびモニタリングを行うことで，それらを節約することができる。

　銀行が貸出を実行する際には，規模の経済が働く。規模の経済とは，商品等の生産規模を大きくすることで1単位当たりの生産費用（平均費用）が減少し，収益性が高まることを意味する。自らが生み出した情報を活用し，まとまった

金額の貸出を幅広く行うことで，銀行は収益性を高めることができる。

　借り手についての情報生産を行うに際し，大きな役割を担うのがメインバンク（主要取引銀行）である。メインバンクとは，一般的に，企業からみて借入残高が最も大きい銀行のことであり，複数の銀行（貸し手）を代表する銀行をさす。企業とメインバンクとの間には借入残高が最も大きいことに加え，借入企業の株式を保有している（「株式持ち合い」というケースが多かった），借入企業に銀行従業員を出向させるなどの人的な関係がある，給与振り込みなどの幅広い取引も行っている，などの関係がある。日本の企業は，歴史的に特定の銀行と親密かつ重層的な関係を長期間にわたって継続的に築いてきた。ただし，企業と特定の銀行は暗黙の了解で互いにメインバンク関係にあることを認識してはいるものの，両者の間になんらかの契約が結ばれているというわけではない。

　メインバンクは，戦後の日本の企業金融において，主にガバナンス機能と救済機能を通じて大きな役割を果たしてきた。ガバナンス機能とは，前述した株式持ち合いや人的関係，長期継続的取引を通じて借り手企業の経営動向をチェックすることを意味する。救済機能とは，借り手企業が経営危機に陥った際に，倒産を回避するために資金供給などの救済活動を行うことを意味する。メインバンクは，複数の銀行（貸し手）を代表してガバナンス機能と救済機能を果たす役割を担ってきた。また，かつては借り手企業の社債のデフォルト（債務不履行）時にメインバンクがデフォルトした社債を買い取るという慣行があった。

　大企業と中小企業では，メインバンクとの関係性に違いがみられる。一部の大企業については，資金調達が直接金融へとシフトしていったことから銀行離れが進み，銀行によるモニタリング機能やガバナンス機能が以前に比べて低下したとされる。ただし，この点については，低下していないケースがみられるとの見解もある。一部の大企業の銀行離れを受けて，銀行は貸出先を中小企業へと振り向けていった。中小企業については，銀行によるモニタリング機能やガバナンス機能が引き続き大きな役割を果たしている。

　情報生産は，銀行経営にとって非常に重要である。リスクのある借り手に対して情報生産を適切に行うことができれば，借り手のリスクに見合った金利をつけることにより利鞘が確保できる。情報生産が適切に行われず，借り手のリスクに見合った金利を付けることができなければ，利鞘を確保することができ

ない。日本の銀行経営については，情報生産機能の低下により利鞘が縮小傾向にあり，そのことが利益低下の大きな要因となっていることが指摘されている。地域銀行（地方銀行＋第二地方銀行）をはじめとする地域金融機関が今後生き残っていけるかどうかは，情報生産の巧拙にかかっているといっても過言ではない。

2　預金と貸出の新動向

　経済構造の変化や技術の発展に伴って，銀行の預金業務や貸出業務に新たな動きがみられるようになってきている。本節では，預金業務および貸出業務の新動向について説明する。また，地球環境問題や人権問題と同様に金融においても重要なキーワードとなっている SDGs への取り組みについても説明する。

2.1　預 金 業 務

　趨勢的な金利低下局面で日本の銀行の利鞘は縮小傾向にあり，とくに総利益に占める資金利益の割合が高い地域銀行が経営面で厳しい状況に直面している。そのような銀行は，資金利益以外の利益である投資信託販売等の手数料などで利益を確保しようとしている。そのほかにも収入を増やすために，既存サービスにおける各種手数料（他行宛振込手数料や ATM 利用手数料など）の値上げを実施した銀行もある。今後は，これまで無料であったサービスに対して新規に手数料を徴収することを検討する銀行が増えてくると考えられる。すでに始まっている例としては，2022 年 1 月からゆうちょ銀行が同行の ATM での硬貨を伴う預入・払戻に対して新たに料金を徴収しはじめたことが挙げられる。これから始まる例としては，預金口座維持手数料の徴収などが挙げられる。

　預金口座維持手数料の徴収については，日本と海外では状況が異なる。日本の銀行の預金金利にはゼロという下限が存在し，マイナスにはならないため，超低金利の環境のもとでは資金運用金利（貸出金利等）の低下幅が資金調達金利（預金金利等）の低下幅より大きくなり，利鞘は縮小する。預金金利をマイナスにすることができれば利鞘は確保できるが，そのような状況は想定しにくい。利鞘を確保するために企業預金および個人預金に口座維持手数料を課すことは，日本の銀行にとって今後の検討課題となる。日本の銀行は，預金金利を

マイナスにして利鞘を確保する代わりに，各種手数料の値上げなどで利益の確保を図っている。

　海外に目を向けると，ヨーロッパではドイツをはじめとして銀行預金にマイナス金利が課されている例がある。実際には預金口座を維持するのに手数料がかかる仕組みとなっているが，預金残高が減るという意味で，実質的には銀行預金にマイナス金利が課されていることになる。当初は，預金口座維持手数料が課されていたのは企業預金に対してのみであったが，その後は大口の個人預金に対しても課されるようになり，さらには小口の個人預金に対しても課されるようになってきている。

　銀行のコスト削減の一環として紙の預金通帳を廃止するなどの動きがみられるが，これにはテクノロジーの発達が関係している。IT（情報技術）の発達により，デジタル形式の預金通帳も可能となった。紙媒体のものをデジタル形式へ変更することは，キャッシュレス化や中央銀行デジタル通貨（CBDC．第2章参照）の議論にもあてはまる。紙の預金通帳を廃止する動きについては，現在利用している紙の預金通帳を廃止する形と，そもそも預金口座の開設時から預金通帳を発行しない形がある。すべての銀行業務をパソコンやスマートフォン（スマホ）などを利用してインターネットを通じて行っているインターネット専業銀行（ネット銀行）は，後者の例である（第11章参照）。

　紙の預金通帳を利用中の既存の預金者に対して，銀行が新たに手数料を課すことはできない。預金口座開設時にそのような約束（契約）はなかったためである。そのようななか，既存の預金者に紙の預金通帳を手放すインセンティブを与えるため，各銀行は既存の顧客に対してオンライン預金通帳（ネット預金通帳やデジタル預金通帳などとも呼ばれる）への切り替えを促す呼びかけを積極的に行っている。その方策として，抽選で現金が当たるなどのキャンペーンを実施している銀行もある。一方で，預金口座の開設時から紙の預金通帳を発行しないタイプの預金口座が登場してきていることに伴い，紙の預金通帳を発行するタイプの預金口座の開設には手数料がかかるようになってきている。

　オンライン預金通帳の普及とともに銀行のATM台数は減少していくと考えられ，銀行のコスト削減につながる（第9章参照）。また，オンライン預金通帳の普及により，銀行は印紙税を削減することができる。これは広い意味でのコスト削減である。紙の預金通帳には1口座当たり年間200円の印紙税がかかっ

ており，銀行が負担している。これらのコストを削減することは，銀行にとって利益増加につながる。銀行経営には直接関係しないが，環境への配慮も，銀行がオンライン預金通帳を普及させる理由の1つである。

2.2 貸出業務

銀行の貸出は，手形割引，手形貸付，証書貸付，当座貸越の4つに分けられる。手形（約束手形）とは，一定期間後に振出人自身が受取人に対して一定金額の支払を約束した証書のことである。日本の銀行の貸出残高の約9割が証書貸付であることから，貸出は実質的に証書貸付となっているのが実状である。

手形割引とは，商取引に基づく商業手形（期間3カ月程度）の保有者が満期日前に資金が必要となった場合に，満期日までの利息を差し引いた金額で銀行にその手形を買い取ってもらう形（これを手形の割引という）で行われる貸出のことである。満期日に額面金額を受け取る代わりに，手形の保有者は手形の満期日前に資金を得ることができる。銀行の側からみると，この取引は手形の持参人に資金を融通する代価として利息を受け取る形となることから，貸出と同様の取引とみなされる。手形割引は，主に運転資金を融通するために利用される。

手形貸付とは，資金の借り手が銀行を受取人とする約束手形を発行し，銀行がその手形を割り引く形で行われる貸出のことである。手形を割り引く形での融資であることから，銀行には貸借上の権利（借り手に返済を求める権利）に加えて手形法上の権利（手形を振り出した借り手から支払を受ける権利）が発生することになる。手形貸付も主に運転資金を融通するために利用されるが，手形の満期日に書き換えを行うことで長期資金の融通として利用される（「ころがし」と呼ばれる）場合もある。

証書貸付とは，資金の借り手が銀行に借用証書を差し出し，それと引き換えに融資が行われる貸出のことである。企業の設備投資や個人の住宅ローン，地方公共団体に対する貸付などの長期の貸出は，一般的に証書貸付の形態で実行される。長期の貸出にはそれなりのリスクが伴うことから，従来は証書貸付は担保をとるのが一般的であったが，担保をとらない形式も増えてきている。

当座貸越（オーバードラフト）とは，支払人が銀行に保有する当座預金の残高を超えて払い出す場合でも，定期預金などを担保に，一定の金額および一定の期間であれば，支払が行われるように契約（当座貸越契約）しておく仕組みの

ことである。支払人が銀行に保有する当座預金の残高を超えて払い出された金額は，自動的に銀行による貸付となる。借入の際に書類作成の手間が省けることや印紙税が節約できることもあり，資金の出入りが激しい主体にとってとくにメリットが大きい仕組みである。

新しい形態の貸出も登場してきている。コミットメントライン契約，シンジケート・ローン，プロジェクト・ファイナンス，DIP（Debtor in Possession）ファイナンス，ABL（Asset Based Lending）が挙げられる。

コミットメントライン契約とは，企業と銀行との間であらかじめ融資枠（コミットメントライン）を設定しておき，その枠内であれば，契約期間中（通常は1年程度）はいつでもあらかじめ定められた金利で即座に融資が受けられる仕組みのことである。当座貸越と似ているが，コミットメント・フィー（手数料）が必要であること，担保が不要であること，中堅・大企業向けであること，などの点において当座貸越と異なる。

シンジケート・ローンとは，複数の金融機関（銀行など）がシンジケート団と呼ばれるグループを作り，アレンジャーと呼ばれる主幹事銀行の取りまとめにより，同一の契約書に基づいて（したがって同一の貸出条件）協調して行う貸出のことである。M&Aに必要な資金の調達や後述するプロジェクト・ファイナンスなど，比較的大型の案件において活用される手法である。もともとは大企業向けの融資形態であったが，中堅・中小企業向けの融資にも活用されるようになってきている。

プロジェクト・ファイナンスとは，融資先の信用力ではなく，プロジェクトの採算性に基づいて貸出を行う手法のことである。電力事業や通信事業，資源開発といった大型のプロジェクトを行う際に活用される。返済原資には，各プロジェクトが生み出すキャッシュフローが充てられる。同手法は，PFI（Private Finance Initiative）事業などでも活用が期待されている。PFIとは，公共施設などの建設・維持管理・運営において，民間の資金・技術・経営ノウハウを活用する手法のことである。PFIでは，国や地方公共団体が負担する事業コストを削減すると同時に，効率的で効果的な公共サービスが提供されることが期待されている。

DIPファイナンスとは，民事再生法や会社更生法に基づく再生や更生の手続き開始後に，当該企業に残った旧経営陣が経営再建を進めるにあたり必要とな

る資金を融資する手法のことである。同手法は，リスクの高い融資となることから主に日本政策投資銀行などの政府系の金融機関によって行われてきたが，同手法を活用しやすくするような制度の整備が進められてきたこともあって，民間の金融機関のなかに同手法を積極的に行う銀行などが徐々に増加してきている。事業再生支援には，PE ファンド（Private Equity Fund）によるものもある。PE ファンドとは，個人や企業，機関投資家などから資金を集め，それらを未公開企業の株式の取得に充て，役員派遣などを通じて対象企業の企業価値を高めた後に株式を売却することで利益を獲得する投資ファンドの総称である。ただし，PE ファンドは事業再生支援のみを行っているわけではない。

　ABL とは，企業が保有する債権（売掛金など）や動産（車両や工作機械など）といった事業資産を担保にして行われる融資のことである（詳しくは第 13 章）。機能的には，通常の担保をとる形で行われる融資と同じである。ABL は，とくに中小企業金融において注目される。中小企業のなかには，担保としての有効性が高い不動産（土地や建物など）をそもそも保有していない企業もあれば，不動産を保有していたとしても，それらが担保としての有効性が低いもののみである企業もある。そのような中小企業による ABL の利用は，中小企業金融の円滑化に資する。ただし一方で，資金調達の多様化の観点から，担保に頼らない資金調達手段を確保することも中小企業には求められる。

2.3　家計（個人）や中小企業への貸出

　銀行は，企業の銀行離れを埋め合わせる形で家計（個人）との関係を深めてきている。個人向け貸出としては，住宅ローンをはじめとして，自動車ローンや教育ローンのほか，消費者ローンやカードローンなどの各種ローンが挙げられる。これらのなかでメインとなっているのは，住宅ローンである。銀行による住宅ローンの提供は，収益チャネルの多様化をめざす意味合いで，1980 年代以降から増加したとされる。住宅ローンは証券化とも深く関わっており，住宅金融支援機構が日本全国 300 以上の金融機関と提携して扱うフラット 35 は，証券化を前提とした住宅ローン商品である。ただし，日本における住宅ローンの証券化の規模は，アメリカと比べるとかなり小さい。

　若年層を中心に，消費者ローンやカードローンも一般的となっている。テクノロジーの発展を受けて，ATM を利用する形態からパソコンやスマホを用い

てインターネットを通じて利用する形態へと変化してきている。銀行は消費者金融会社などと提携することで審査を簡略化することができており，申し込みから融資の実行までの流れが非常にスムーズになっている。ただし一方で，多重債務や自己破産などが社会問題化していることもあって，貸金業法や出資法の改正等も同時に進んでいる。

　銀行が家計（個人）との関係を深めてきている背景には，利益の確保があるとみられる。長期間にわたって低い経済成長率および超低金利が継続していることの影響もあって利鞘が縮小し，とくに企業向け貸出で利益を増加させることが難しくなっている。その傾向は，とくに地域銀行で顕著である。銀行の利益確保のチャネルとして，個人向け貸出や海外向け貸出などが挙げられる。

　企業向け貸出という場合の企業は大企業から中小企業までさまざまであるが，日本企業の99％以上（事業所ベース）は中小企業に該当するため，それら中小企業へいかに資金を円滑に回していくかということが日本経済の健全な発展にとって不可欠な要素となる。中小企業の資金調達の円滑化のための方策として，政府系金融機関および信用補完制度の活用が挙げられる。

　政府が全額出資している日本政策金融公庫（日本公庫）や政府と中小企業団体等が共同で出資する商工組合中央金庫（商工中金）などは，中小企業向けの貸出を行っている政府系金融機関である。中小企業庁が公表する『中小企業白書』の付属統計資料によれば，政府系金融機関の中小企業向け貸出残高および同残高の中小企業向け総貸出残高に占める割合は，2012年末時点では22.5兆円（9.2％）であったが，その後は減少（低下）傾向が続き，19年末時点では19.7兆円（6.8％）となっていた。20年末時点では，新型コロナウイルス流行の影響で29.5兆円（9.3％）へと増加（上昇）した。

　信用補完制度は，中小企業金融の円滑化のための制度であり，信用保証（第7章参照）と信用保険からなる。銀行などが貸出を行うに際し，公的機関である信用保証協会が債務保証を行う。これが信用保証である（図5-1）。信用保証協会は，中小企業や小規模事業者の資金調達の円滑化を目的として設立された公的な機関である。ただし，同協会による保証の範囲は，従来は原則として信用リスクの100％であったが，2007年以降は原則として信用リスクの80％へと縮小されている。信用保証上の債務保証に加え，公的金融機関である日本公庫が再保険を付与している。これが信用保険である。そのほかにも，通貨危

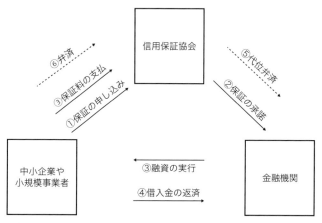

図5-1　信用保証制度の仕組みと流れ

（出所）　一般社団法人全国信用保証協会連合会の資料をもとに筆者作成。

機や金融危機，自然災害などの突発的な経済ショックへ対応するための時限的な保証制度などがある。

　中小企業や小規模事業者が借入金を返済できなくなった場合，信用保証協会が当事者に代わって銀行などへ返済する。これを代位弁済という（図5-1）。信用保証協会によって代位弁済されたものは，状況を鑑みつつ最終的には当事者が信用保証協会に対して返済する。中小企業庁が公表する資料によれば，信用保証協会（協会別の合計）の代位弁済率（代位弁済額÷保証債務残高）は，2014年度は1.8%，19年度は1.6%であったが，20年度に0.7%へと急低下した。これは，分母である保証債務残高（平均）が19年度の20.7兆円から20年度に新型コロナウイルス流行の影響で35兆円へと急増したことが主な要因であるが，分子である代位弁済額が3386億円から2430億円に減少したことも一因となっている。

2.4　SDGsへの取り組み

　持続可能な開発目標（SDGs）とは，2001年のミレニアム開発目標（MDGs）の後継として15年に国連で採択された国際目標のことである。MDGsは主に発展途上国向けの目標であったが，SDGsは先進国も含めた世界各国が取り組むべき普遍的な目標であり，日本も積極的に取り組んでいる。SDGsには，社

会・経済・環境という3つの側面から捉えることができる17のゴールがあり，その下に169のターゲットと231の指標がある。各国政府による取り組みだけではこれらの目標の達成は困難であるため，各企業および各投資家レベルでも目標達成へ向けての行動が求められている。

SDGsの達成を融資や投資といった金融面から支援しようとする動きのなかで注目されているのが，ESGファイナンスである。ESGファイナンスとは，環境（Environment）・社会（Social）・ガバナンス（Governance）の課題を解決するにあたり，企業等の財務情報に加えてさまざまな事柄を考慮した融資や投資のことである。各国の金融機関や投資ファンドは，より広い概念であるサステナブル・ファイナンスに積極的に取り組みはじめている。その理由としては，SDGsの達成に積極的に取り組んでいる企業等を金融面で支援することが，銀行をはじめとする金融機関や投資ファンドに対する社会や投資家からの評価の基準となることが挙げられる。

ESG投資が注目されるきっかけとなったのは，2006年に提唱された国連の責任投資原則（PRI）である。これは，機関投資家の投資行動にESGの視点を反映させることや，投資対象企業にESG課題の開示を求めることなどを定めた原則である。06年3月末時点では世界の63の機関が署名しているにすぎなかったが，14年3月末に署名機関は1251へと約20倍となり，21年3月末時点では3826（3404の投資家と422のサービス・プロバイダー）の機関が署名している。

国連のPRIの銀行版が，2019年に発足した国連の責任銀行原則（PRB）である。これは，銀行がSDGsおよび気候変動に関するパリ協定で示されている目標の達成に向けて事業戦略を定めて実践するといった，銀行として社会的な役割と責任を果たすための枠組みである。21年11月末時点において，世界では265機関が，日本では8機関が，それぞれ同原則に署名している。日本の8機関のなかには，滋賀銀行が唯一の地方銀行として名を連ねている。

ESG融資に関連して，サステナビリティ・リンク・ローン（SLL）を扱う銀行が増加している。SLLとは，借り手がSPTs（Sustainability Performance Targets）と呼ばれる社会の持続可能性に対する貢献度合いを測ることができる目標を設定し，その達成度合いに応じて金利などの貸出条件が変動する融資のことである。目標の達成度合いと有利な貸出条件がリンクしており，目標達成に

対するインセンティブが借り手に働く仕組みとなっている。

　融資以外での銀行による SDGs への取り組みについては，高齢者や障がい者が利便性の高い金融サービスを利用できるようにするべく，視覚障がい者への代読や自筆困難者への代筆に関する内部規定の整備，視覚障がい者対応 ATM の設置等の取り組みを行っている銀行もある。

3　銀行の関連業務

　銀行は，預金業務，貸出業務，為替（決済）業務のほか，証券業務（詳しくは第 10 章）や国際業務（詳しくは第 12 章）などの業務を行っている。それ以外にも，デリバティブ取引や証券化に銀行は深く関わっている。以下では，まず銀行が行っている証券業務と国際業務について簡単に触れ，次いで銀行が深く関わっているデリバティブ取引と証券化について説明する。

3.1　証券業務と国際業務

　銀行は，資金貸借市場に加えて証券市場にも関わるなかで，証券業務を行っている。証券業務とは有価証券の発行や売買に関わる業務のことであり，公社債等の引受（アンダーライティング）や売買（ディーリング）などをさす。第 2 次世界大戦後は，基本的に銀行による証券業務の兼営は禁止されていた。これを銀証分離という（第 6，10 章を参照）。その後の法律改正などにより，銀行にも多くの証券業務が認められるようになった。銀行が証券業務に関わることで証券市場はより発展し，銀行は収益チャネルの多様化を図ることができ，顧客は投資の選択肢の幅が広がることになる。

　邦銀の国際業務（第 12 章参照）は，従来は外国為替に関わる業務がメインであった。グローバル化の進展に伴う国際的な経済環境の変化により，邦銀の国際業務の幅は大きく広がってきている。1980 年代に問題となったアメリカをはじめとする各国との貿易摩擦への対応策として，日本企業はそれまで輸出先であった国での現地生産に切り替えはじめたが，そのような企業に金融サービスを提供するために邦銀も海外へと拠点を拡大し，オーバープレゼンスといわれるほどまでにその存在感を高めた。バブル崩壊後は不良債権問題への対応に追われていたことから邦銀の海外進出は停滞したが，世界金融危機後は欧米金

融機関の国際業務縮小の間隙を縫うようにして邦銀による国際業務は再度拡大した。グローバル化が高度に進展した現代においては，地域金融機関にとっても，国際業務は一般的な業務となっている。

3.2　デリバティブ取引

デリバティブ（金融派生商品）取引とは，もととなる商品（原資産という）の現物取引から派生して生じる各種取引をさす。原資産の現物取引に伴うリスクヘッジのほか，投機や裁定取引（アービトラージ）を目的として利用される。裁定取引とは，価格差を利用して利益を得ようとする取引のことである。先渡し（forward），先物（futures），オプション，スワップ，信用デリバティブが主なデリバティブである。これらのうち，信用デリバティブは信用リスクを売買するデリバティブであり，それ以外は市場リスク（価格変動リスク）を売買するデリバティブである。

先渡し取引とは，将来のある時点における取引価格や取引数量を現時点で決めて行う取引をさす。取引所取引ではなく，相対取引である。相対取引とは，取引条件を当事者間（1対1）で決める取引のことで，OTC（店頭）取引とも呼ばれる。したがって，先渡し取引はOTCデリバティブに該当する。先渡し取引として伝統的に知られているのは，為替予約である。為替予約では，輸出企業ないし輸入企業が為替変動リスクをヘッジするために銀行などの金融機関との間で契約を結ぶ。先渡し取引には，そのほかに金利先渡し取引（FRA）がある。これは，将来の特定期間の金利を現時点で決めておく取引のことであり，金利変動リスクをヘッジするために契約を結ぶ。

先物取引は，将来のある時点における取引価格や取引数量を現時点で決めて行う取引であるという点では先渡し取引と同じであるが，先渡し取引が相対取引であるのに対し，先物取引は取引所取引であるという点で異なる。主な先物取引として，通貨先物，債券先物，株式先物などが挙げられる。これらは金融先物であるが，原油などの商品先物もある。先物取引では，売買単位や受渡日などの取引条件が統一され，一定額の証拠金（マージン）があれば売買可能となる。証拠金とは，取引を保証するために投資家が清算機関（取引所など）にあらかじめ差し入れておく資金をさす。現物の資産を保有していない場合であっても，売りから取引に参加することができる点が先物取引の特徴である。

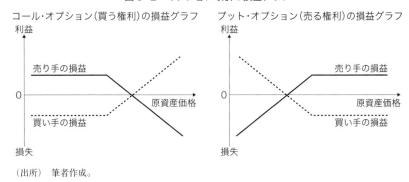

図5-2　オプション取引の損益グラフ

コール・オプション(買う権利)の損益グラフ　　プット・オプション(売る権利)の損益グラフ

（出所）　筆者作成。

先物取引は，リスクヘッジ手段のほか，キャピタル・ゲイン（資産等の売買差益）を得る手段としても利用される。

　オプション取引とは，株式や債券などを将来の権利行使日にあらかじめ決められた価格で買うもしくは売ることができる権利を売買する取引をさす。「権利を売買する」という点に特徴があり，①売る権利を買う，②売る権利を売る，③買う権利を買う，④買う権利を売る，の4種類がオプション取引にはある。買う権利（コール・オプション）か売る権利（プット・オプション）かにかかわらず，将来の権利行使日の取引時点では売り手と買い手が存在することになる。

　オプション取引におけるオプションの買い手と売り手が置かれる状況を，コール・オプションを例に説明する。まず，コール・オプションの買い手はオプション料（プレミアムという）を支払い，買う権利を購入する。相場が予想と逆の方向に動いた場合，コール・オプションの買い手は権利を放棄すればよい。権利を放棄することによる損失はオプション料に限定される。このオプション料はコール・オプションの売り手の利益となるため，コール・オプションの売り手は株式や債券を保有していない場合でも資金を得ることができる。相場が予想通りに動いた場合，コール・オプションの買い手は権利を行使する。コール・オプションの売り手は取引に応じる義務があるため，取引対象となる株式や債券の市場価格がいくらであろうとも必ずそれを確保しなければならず，したがってコール・オプションの売り手には損失が無限大となる可能性がある（図5-2）。先物取引と同様に，オプション取引もリスクヘッジの重要な手段となっている。

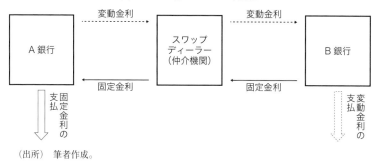

図5-3　金利スワップの取引例

変動金利

A 銀行

変動金利

スワップ
ディーラー
(仲介機関)

B 銀行

固定金利

固定金利

固定金利の支払

変動金利の支払

（出所）　筆者作成。

　スワップ取引とは，将来の異なるキャッシュフローを交換（スワップ）する取引をさす。相対（OTC）取引がメインである。スワップ取引には金利スワップと通貨スワップがあり，金利スワップは通常は元本の交換が行われないため，その市場規模をみる際には想定元本という概念が用いられる。

　金利スワップでは，主に固定金利と変動金利が交換される。資金の調達は固定金利で，運用は変動金利で行っているA銀行と，資金の調達は変動金利で，運用は固定金利で行っているB銀行があるとしよう。両銀行にはそれぞれ逆鞘による損失を被る可能性がある。A銀行は金利が低下した場合であり，B銀行は金利が上昇した場合である。ここで両銀行がともに金利変動リスクのヘッジを目的として互いの調達金利をスワップする契約を結ぶと，A銀行の固定金利をB銀行が支払うことになり，B銀行の変動金利をA銀行が支払うことになるため，最終的にA銀行は調達金利と運用金利の両方を変動金利にすることができ，B銀行は調達金利と運用金利の両方を固定金利にすることができる（図5-3）。

　通貨スワップでは，異なる通貨間における将来のキャッシュフロー（元本と利子）が交換される。資金の調達は円建で運用をドル建で行っている輸出企業Cと，資金の調達はドル建で運用を円建で行っている総合商社Dがあるとしよう。円高（ドル安）になると，輸出企業Cの円ベースでの売上は減少し，収益が減少する。円安（ドル高）になると，総合商社Dの円ベースでの利払費が増加し，収益が減少する。ここで両企業がともに為替変動リスクのヘッジを目的として互いの通貨建の元本と利子をスワップする契約を結ぶと，輸出企業Cの円建負債の元本と利子を総合商社Dが返済することになり，総合商社Dの

ドル建負債の元本と利子を輸出企業 C が返済することになるため，最終的に輸出企業 C は資産と負債の両方をドル建にすることができ，総合商社 D は資産と負債の両方を円建にすることができる。

　信用デリバティブとは，クレジット・デリバティブとも呼ばれ，信用リスクを売買する取引をさす。信用デリバティブにはいくつか種類があり，クレジット・デフォルト・スワップ（CDS）はその 1 つである。CDS は，簡単にいうと，債券のデフォルト・リスクを取引相手に保証してもらう保険商品である。投資家 E が F 国の国債を保有していたとして，F 国がデフォルトを起こし F 国債の元利払が滞るようなことがあれば，投資家 E には損失が発生する。そのようなリスクをヘッジするため，投資家 E は第三者である保険会社 G からデフォルト時における元利払の保証を目的として CDS を購入する。保険会社 G による保証はプロテクションと呼ばれ，投資家 E は保険会社 G に保証料（プレミアム）を支払う。F 国債のデフォルト・リスクが高まるほど CDS の保証料は高くなるため，CDS の保証料は債券のリスクを表す指標としての機能を果たす。

　デリバティブ取引は，銀行の資産変換機能の延長線上にあるものと考えられる。金融市場には，リスクとリターンに対してさまざまな選好を持った投資家が多数存在する。デリバティブ取引の活用により，個々の投資家が要望する細かなリスクとリターンの組み合わせを実現し提供することが可能となる。選好の違いを調整するという点で機能的に同じであることから，銀行にとってのデリバティブ取引は，資産変換機能を高度化させるものと捉えることができる。

3.3　証券化

　デリバティブと並ぶ重要な金融手法が，証券化（セキュリタイゼーション）である。証券化とは，銀行などの金融機関等が保有する貸出債権や売掛債権といった資産を，特別目的事業体（SPV）と呼ばれる別の主体にいったん移し（売却し），SPV がそれらの資産を担保に証券（債券）を発行して資金調達を行う仕組みのことである。証券化の対象となる資産としては，住宅ローンや商業用不動産のほか，リース料やクレジット，自動車ローンなどが挙げられる。これらの資産を担保に発行される証券の総称が資産担保証券（ABS）である。ABS の一種に，不動産担保証券（MBS）がある。MBS は，さらに住宅ローン

担保証券（RMBS）と商業用不動産担保証券（CMBS）に大きく分類されるが，MBS の大部分は RMBS である。債務担保証券（CDO）も ABS の一種である。CDO とは，その発行の担保となる資産が社債や企業向け貸出といったローン債権である証券のことである。

　世界金融危機以降，レバレッジド・ローンの残高が増加していることが指摘されている。レバレッジド・ローンとは，低格付け（投資不適格が多い）企業向けの貸出のことである。レバレッジド・ローンを担保に発行される証券もあり，ローン担保証券（CLO）と呼ばれる。日本では農林中央金庫（農林中金）やゆうちょ銀行を含む大手銀行を中心に CLO を多く保有していることが知られているが，CLO はややリスクの高い金融商品であるため，注意が必要であることが指摘されている（詳しくは第 10 章）。CLO は広い意味では CDO に含まれるが，CDO が債券等を担保とするのに対し，CLO は企業向け貸出のみを担保とするという点で両者は異なる。

　銀行は，オリジネーター，アレンジャー，投資家として証券化に関わっている。オリジネーターとは，証券化の対象となる資産（原資産）の当初の保有者のことである。住宅ローンの証券化を例に，証券化における銀行の 3 つの側面を確認しておこう。オリジネーターとして銀行はまず住宅ローンを家計に対し提供する。銀行はその住宅ローン債権を SPV に売却し，SPV はその住宅ローン債権を担保として証券（RMBS）を発行し，投資家に売却する。その過程で銀行は，証券会社や投資銀行と同様にアレンジャーとして関わる場合もある。投資家にとって投資しやすい RMBS にアレンジするというニュアンスである。銀行は投資家として RMBS を保有することもある。その RMBS は，自らがアレンジしたものである場合もあれば，そうでない場合もある。

　銀行による RMBS の保有については，自らが審査を行って組成した住宅ローンを SPV に売却し，RMBS の発行から売却までを自らがアレンジし，自らがアレンジした RMBS を自らが投資家として保有するケースもあったが，実際にはそのすべてを売却してしまうことがほとんどであった。この点については，次のようなことが問題となる。すなわち，銀行が，自らがオリジネーターとして組成した RMBS を全く保有しないとなれば，証券化の起点となる住宅ローンの提供の際に杜撰な審査が行われ，リスクの高い借り手に対して信用が供与される可能性が高くなる。リーマン・ショック時には，オリジネー

ターがリスクの高い債権を証券化し，その全額を投資家に販売することでリスクを転嫁していたことが問題となった。

　なお，銀行が投資家として証券化商品を保有する場合については，その証券化商品を組成したオリジネーター自身に対して原資産の5%を保持することを義務付け，それが守られない場合には，銀行のリスク・ウェイト（自己資本比率上の掛け目）を原則として3倍に引き上げるという規制（リスク・リテンション規制という）が導入されている。

● 練習問題
　1　情報生産機能の重要性を，銀行経営の視点から説明しなさい。
　2　経済構造の変化および技術の発展に伴って，預金業務と貸出業務がそれぞれどのように変化してきたのかを説明しなさい。
　3　オプション取引におけるオプションの買い手と売り手が置かれる状況を，プット・オプションを例に説明しなさい。

● 文献案内
　1　銀行経理問題研究会編［2016］『銀行経理の実務（第9版）』きんざい
　　　銀行の経理および会計実務を総合的に理解するための幅広い内容が詰まった大部の書籍である。
　2　中島真志［2015］『入門 企業金融論──基礎から学ぶ資金調達の仕組み』東洋経済新報社
　　　銀行借入や株式，社債など，企業の資金調達の仕組みを，数式を使わずにわかりやすく丁寧に解説している。
　3　藤波大三郎［2012］『はじめて学ぶ銀行論』創成社
　　　銀行論を学ぶにあたって重要となるポイントを絞って解説している。

● 引用・参考文献
島村髙嘉・中島真志［2020］『金融読本（第31版）』東洋経済新報社
代田純［2022］『デジタル化の金融論』学文社
代田純・小西宏美・深見泰孝編著［2021］『学問へのファーストステップ3 ファイナンス入門』ミネルヴァ書房
鈴木淑夫・岡部光明編［1996］『実践ゼミナール　日本の金融』東洋経済新報社
全国銀行協会企画部金融調査室編［2017］『図説 わが国の銀行（10訂版）』財経詳報社

第6章 銀行制度

アメリカのワシントンD.C.にあるバンク・オブ・ア
メリカの支店。アメリカでは州際規制によって支店開
設が規制されてきた（著者撮影）

学習の課題

1　銀行制度を国際比較から理解する。

2　商業銀行と投資銀行の違いを学ぶ。

3　日本の銀行制度の歴史と現在を理解する。

1　ヨーロッパの銀行制度

　国によって，銀行の制度や仕組みは異なっている。各国における銀行制度が
異なるのは，各国の金融システムの形成史が異なっており，直接金融と間接金
融の関係も異なっていたことが背景にある。第1節では，ヨーロッパの銀行制
度について，イギリスとヨーロッパ大陸を中心に説明する。

1.1　イギリスの商業銀行とマーチャント・バンク

　ヨーロッパにおける銀行制度は，イギリスとヨーロッパ大陸とで異なってい
る。またヨーロッパ大陸でも，歴史的にフランスは中央集権国家であったが，

図 6-1 主要国の銀行数

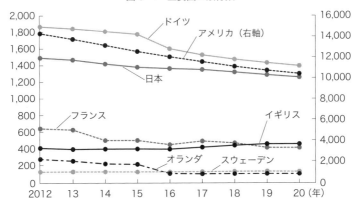

（出所）　国際決済銀行ウェブサイト（BIS Statistics）より筆者作成。イギリスのみ，
ECB ウェブサイトより。

ドイツは連邦国家であったために，銀行に対する規制のあり方も異なり，独仏
の銀行間には細部では違いがある。しかし，ヨーロッパ大陸の銀行はユニバー
サル・バンク制度（商業銀行に証券業務との兼営を認める）という共通性もみられ
る。本項では，まずイギリスの銀行制度について，そして次にドイツの銀行制
度に関して説明する。

　欧州中央銀行（ECB）の統計によると，イギリスの銀行（Monetary Financial
Institute）数は 454（2020 年 1 月現在）であり，13 年に 390 であったから，ブレ
グジット（イギリスの EU 離脱）による撤退にもかかわらず，近年増加してきた。
ただし，454 の銀行のうち，イギリスの国内銀行（外国銀行を含まない，以下同
じ）は 140 程度であり，300 以上の銀行は外国銀行である。図 6-1 が示すよう
に，イギリスの銀行数は，米独日と比べ，かなり少ない。資本主義の歴史が長
く，銀行の合併が繰り返されてきた結果とみることもできる。ただし，ス
ウェーデンやオランダなどフィンテックやキャッシュレスの先進国に比べると，
多くなっている。

　イギリスの国内銀行は，歴史的に商業銀行（イギリスではクリアリング・バン
ク，手形交換所加盟銀行）であったもの，住宅金融組合（building society）から銀
行に転換したもの，マーチャント・バンクであったものという 3 つに区分でき
る。マーチャント・バンクはもともと 19 世紀以来，貿易商社が金融機能を持

つようになり，主として国際金融業務や証券引受業務を担った業態であった。他方，商業銀行は，預金を受け入れるとともに，国内外の企業向けに短期の与信（手形割引等）等を行った業態であった。住宅金融組合は 18 世紀の後半に始まり，住宅取得を望む労働者等が組合員となり，組合員が拠出する資金を抽選等で組合員の住宅購入資金としたものであった。現在 140 程度の国内銀行のうち，40 以上が住宅金融組合からの転換等である。

　マーチャント・バンクは今日，数は少なくなったが，投資銀行の原型であり，現代の銀行業に与えた影響は小さくない。イギリスのマーチャント・バンクの代表例としては，モルガン・グレンフェル，ロスチャイルド，ベアリング（いずれも当時）などを挙げることができる。マーチャント・バンクはすべてではないにせよ，少なくない部分がユダヤ系であった。ユダヤ人はほぼ有史以来，ヨーロッパにおいて差別され，独自の国家を持たなかったために，ヨーロッパの各国に離散して暮らしていた。またユダヤ人は土地所有を認められなかったため，農民として農業を営むことができず，さらに製造業者の同業組合であったギルドへの加入も認められなかった。このため，ユダヤ人は消去法的に商業や貿易，金融に従事するしかなかった。ヨーロッパ各国に分散していたためもあり，ユダヤ人は海外情報に詳しく，自ずと商業から貿易に進出した。

　19 世紀のロンドン金融市場には，イギリスの貿易が増加するにつれて，海外の貿易手形が持ち込まれて，手形割引の需要が高まった。手形割引は商業銀行の業務であるが，イギリスの商業銀行は，手形を振り出した海外の業者に関する信用情報に疎かった。そこで，海外情報に精通したマーチャント・バンクが貿易手形に裏書し信用保証をしたうえで，商業銀行が貿易手形を割り引くという役割分担が形成された。したがって，イギリスのマーチャント・バンクは貿易商社として出発しつつ，貿易手形の保証（裏書）業務によって，金融業に進出した。マーチャント・バンクは貿易手形に裏書することで，信用保証料を得ていたが，これを手形引受業務と呼んだ。

　19 世紀後半になると，ロンドンの金融証券市場は国際金融市場としての側面を強めた。ロンドン証券取引所に上場された有価証券構成において，第 1 次世界大戦前の 1913 年には，外国政府証券が 28％，海外の鉄道証券も 26％を占め，合計で 54％となり，海外発行体の証券が過半となった。いわば，ロンドン証券市場は海外証券投資が中心であり，国際金融センターであった。外国政

府証券は，インドなどイギリスの植民地国政府による公債が中心であったが，イギリス国債よりも利回りが高かったため，イギリスの投資家が好んで投資した。

　また当時の鉄道業は成長産業であり，巨額の設備投資が必要であったから，資金需要は旺盛であり，アメリカ等海外の鉄道会社が活発に証券を発行した。当時のイギリスの投資家は，地主や貴族などレントナー（金利生活者）と呼ばれた個人投資家が中心であり，外国政府証券や海外鉄道証券に投資した。このとき，マーチャント・バンクは外国政府や海外鉄道会社から証券を買い取り，投資家に販売した。証券を買い取ることを証券引受業務と呼ぶが，マーチャント・バンクの主要な業務となった。

　したがって，マーチャント・バンクは元来，貿易商社であったが，手形引受業務によって金融業務に進出し，外国証券等の引受業務といった証券業務を専門とした金融機関であった。マーチャント・バンクは手形引受業務や証券引受業務とならび，企業との預金・貸出業務をしており，バンク（銀行）と呼ばれた。しかし，マーチャント・バンクは決済機能を持たず，商業銀行とは区別された。その後，多くのマーチャント・バンクは海外大手金融機関によって買収されたが，米投資銀行等のビジネスモデルとなった。今日，マーチャント・バンクとしては，唯一，シュローダーが大手10銀行（自己資本額による）に入っているが，年金や投資信託等の資金運用業務で秀でている。また英企業のM＆A（企業の合併・買収）アドバイザリーとしては，ロスチャイルドは有力業者である。

　他方，イギリスの商業銀行は，預金を受け入れると同時に，手形割引をして，国内外の企業に与信していた。手形割引は短期の貸出であり，資金回収が早く，リスクは小さい。ドイツの銀行が，企業に対して長期貸出をしたのとは対照的に，イギリスの銀行は短期の与信が中心であった。イギリスの商業銀行は，割り引いた手形を，手形交換所において預金振替によって決済していた。イギリスの大手商業銀行は，バークレイズ，ミッドランド，ナショナル・ウエストミンスター，ロイズなどであったが，1990年代にはビッグ・フォーと呼ばれた。歴史的には，第1次世界大戦前の1913年にはビッグ・フォーの原型が形成されていた。現在は，ミッドランド銀行が香港上海銀行に買収され，HSBCホールディングスの傘下にある。またナショナル・ウエストミンスター銀行はロイ

ヤル・バンク・オブ・スコットランドの傘下にある。

1.2　ドイツの大銀行，州立銀行と地域銀行

　2020年現在，ドイツには1519の銀行がある（表6-1参照）。うち商業銀行は270であり，商業銀行には大銀行として3行，地域銀行として151行，外国銀行支店として116行が含まれる。商業銀行以外では，州立銀行（Landesbanken）が6行，貯蓄銀行（Sparkassen）が377行，信用協同組合（Kreditgenossenschaften）が818行，住宅貯蓄金庫（Bausparkassen）が18行，特殊銀行（Banken mit Sonder, Forder und sonstigen zentralen Unterstutzungsaufgaben）が20行ある。

　歴史的に，イギリスに比べ，ドイツは後発資本主義であり，間接金融によって銀行制度が企業金融に対応してきた。第2次世界大戦後，ドイツではドイツ銀行，コメルツ銀行，ドレスナー銀行が3大銀行とされてきた。すでに1930年代のナチス体制においても，3大銀行は重用された。大戦後，占領軍により解体・分割された時期もあったが，55年の大銀行法によって復活し，全国的な銀行として認められた。3大銀行は，かつてドイツ3大自動車メーカー（メルセデス・ベンツ，フォルクスワーゲン，BMW）のメインバンクでもあったが，今日，欧米の製造業大企業はグループ内に自前の銀行を持っており，いわゆる大企業の銀行離れが進んだ。ちなみに，現在ではフォルクスワーゲン銀行は，ドイツの大手銀行として第6位（自己資本額）にランクされている。もともと，ドイツの3大銀行はユニバーサル・バンクとして，商業銀行だけではなく，投資銀行として証券業務を認められていた。大企業の銀行離れ等を背景として，3大銀行は投資銀行機能を強化し，リーマン・ショック前にはアメリカにおいて証券化商品（サブプライム・ローンの証券化商品等）にかなり関与していた。また旧東独において不動産事業にも注力していた。こうした背景で，コメルツ銀行とドレスナー銀行は巨額の損失を負い，2009年にドレスナー銀行はコメルツ銀行（存続）に合併された。こうして，現在，3大銀行は，ドイツ銀行，コメルツ銀行に加え，自己資本額で第4位のヒポフェルアイン銀行とされるが，同行はイタリアのウニ・クレジットの傘下にあり，ドイツの銀行とはいいがたい。19年まで大銀行は4行とされており，ポスト銀行が含まれていたが，同行はドイツ銀行の傘下にある。19年には，ドイツ銀行とコメルツ銀行の合併

表 6-1　ドイツにおける銀行数

	2010	2011	2012	2013	2014	2015	2016	2017	2018	2019	2020	増減
商業銀行	300	299	294	296	295	287	280	283	281	274	270	− 30
大銀行	4	4	4	4	4	4	4	4	4	4	3	− 1
地域銀行	180	179	177	178	176	171	166	164	158	153	151	− 29
外国銀行支店	116	116	113	114	115	112	110	115	119	117	116	0
州立銀行	10	10	9	9	9	9	9	8	6	6	6	− 4
貯蓄銀行	429	426	423	417	416	413	403	390	386	380	377	− 52
信用協同組合	1,141	1,124	1,104	1,081	1,050	1,025	975	918	878	844	818	− 323
抵当銀行	18	18	17	17	17	16	15	13	11	10	10	− 8
住宅貯蓄銀行	23	23	22	22	21	21	20	20	20	19	18	− 5
特殊銀行	18	20	20	22	22	22	22	21	20	20	20	2
合　計	1,920	1,899	1,869	1,866	1,830	1,793	1,724	1,653	1,602	1,553	1,519	− 401

（注）　1　特殊銀行には，2012 年以降，ウエスト州銀行（破綻）が含まれる。また特殊銀行には，
　　　　　2011 年以降，「信用協同組合の地域機関」が含まれる。
　　　　2　増減は，原則として 2010 年と 2020 年の比較。
　　　　3　大銀行，地域銀行は商業銀行の内数。商業銀行には外国銀行を含む。
　　　　4　主要な業態のみを表示したため，合計額とは一致しない。
（出所）　*Bundesbank Monthly Report*, 各 9 月号から作成。

が検討された。現首相ショルツの提案であったが，株主の同意が得られず，労
働組合も反対し，実現しなかった。

　ドイツに限らず，ヨーロッパの大手銀行では，資金調達面でリテール預金の
比率が低く，市場性資金（CD，CP，インターバンク市場等）の比率が高い。低コ
ストで機動的な資金調達が可能になるが，リーマン・ショックのような金融危
機が発生し，市場金利が高騰すると，ヨーロッパの銀行は資金調達が困難にな
り，経営が不安定になる。また，ヨーロッパの銀行はリテール預金の比率が低
いため，日本の銀行とは異なり，預貸率（貸出÷預金）が高くなりやすく，貸
出が増加しているようにみえやすい。

　ドイツは連邦国家であり，州政府の権限が強く，金融面においても州立銀行
が大きな存在であった。今日でも，ドイツの大手銀行 10 行（自己資本額）のう
ち，州立銀行はバイエルン州立銀行など 3 行が入っている。州立銀行は，州政
府のハウスバンクとして，州財政の資金調達において重要な役割を果たし，州
立銀行は州政府に貸出等をしてきた。しかし，州政府の資金調達が証券形態中
心となり，債券発行が増加するにつれ，州立銀行の収益環境は厳しくなった。
表 6-1 においても，州立銀行は 2010 年には 10 行であったが，20 年には 6 行

に減少している。州立銀行同士の合併等が続いたためである。

　州立銀行は州政府が大株主であり，公的金融機関であった。州の中央銀行といった側面も持っており，州内においてリテール機能を担う貯蓄銀行相互の決済を，州立銀行が担ってきた。州立銀行は州内の貯蓄銀行の株主となっていることが多く，貯蓄銀行も公的金融機関であった。逆に，貯蓄銀行が州立銀行の株主という関係もあり，州立銀行と貯蓄銀行は一体化していた。しかし，近年は民営化される州立銀行も出ている。

　州立銀行は州経済の影響を受けやすい。バイエルン州には自動車メーカーBMW の本社があり，ヘッセン州には金融都市フランクフルトがあり，バーデン・ビュルテンベルク州にはメルセデス・ベンツの本社がある。このため，これらの州経済は良好であり，バイエルン州立銀行，ヘッセン・チューリンゲン州立銀行（ヘラバ銀行），バーデン・ビュルテンベルク州立銀行（LBBW）は経営状態も比較的良好であるから，上位 10 行に入っている。しかし，ノルド州立銀行や HSH ノルド州立銀行はハンブルクなど北部の州にあり，貸出先に海運業などが多かった。ドイツの海運業は，アジア系の海運業に価格競争で敗れ，北部の州立銀行は不良債権を抱えた。また州立銀行もユニバーサル・バンクであり，リーマン・ショックにおいて証券関連で損失を抱えたこともある。このため，北部の州立銀行は経営不振に陥り，州政府から公的資金注入を受けてきた。しかし，最近，民営化されており，州立銀行数は減少している。ドイツにおける論調としては，主要な州立銀行を 1 つに統合する「スーパー州立銀行構想」が出ている。

　州立銀行が民営化される背景には，欧州委員会による公的補助への批判がある。欧州委員会は，競争促進の観点から，銀行業に限らず，航空業などにおいても，政府による補助金を批判している。リーマン・ショックでドイツの州立銀行が公的資金注入を受けた際にも，欧州委員会は期限付きで民営化を指示していた。欧州委員会は，EU の銀行業において公的セクターが大きく，オーバーバンキングをもたらしている，と主張している。

　貯蓄銀行は，州立銀行のもと，市町村レベルでリテール業務を担っている。表 6-1 において，貯蓄銀行数は 2010 年に 429 であったが，20 年には 377 まで，52 行減少した。貯蓄銀行同士で合併しているケースが多い。貯蓄銀行は州政府のほか，市町村等によって所有されており，利益最大化を必ずしも目標

とはしていない。営業が地域に限定されており，他の貯蓄銀行との競争はない。資産運用面では地域の中小企業向け貸出が中心で，証券トレーディング業務等はしておらず，リーマン・ショックでの損失はほぼなかった。しかし，近年はユーロ圏におけるマイナス金利で利鞘収入が低下していること，デジタル化のコスト負担等で環境は厳しい。ドイツの地域銀行は，貯蓄銀行と信用協同組合である。

　信用協同組合は，表6-1にあるように，2010年には1141であったが，20年には818と，323の減少である。業態別にみて，最も減少数が大きいし，また30％近い減少率でもある。ただ，20年現在，信用協同組合の店舗（支店等）数は8597あり，貯蓄銀行の店舗数8911と並び，ドイツにおいて地域のリテール金融を担っている。信用協同組合は，大きくフォルクスバンク（Volksbank）とライファイゼンバンク（Raiffeisenbank）からなっている。19世紀のドイツでは中小の商工業者や農民は，大銀行や貯蓄銀行から借入できなかった。1850年にシュルツェ・デーリッチが商工業者向けの信用協同組合を設立し，フォルクス・バンクの設立となった。またF.W.ライファイゼンが農民向けの信用協同組合を1862年に設立し，ライファイゼンバンクの前身となった。ライファイゼンは敬虔なキリスト教徒で，隣人愛は絶対的義務と考え，信用協同組合を設立した。ドイツにおける信用協同組合の発達には，キリスト教が深く関係している。日本における信用金庫等の原点には，無尽講があるが，無尽講は仏教思想といわれており，ドイツとも宗教思想の影響として共通性がみられる。

2　アメリカの商業銀行と投資銀行

　アメリカもドイツと同様に連邦国家であり，州政府の権限が強い。また競争促進の観点も強く，寡占や独占に対しては規制してきた。こうした背景において，1930年代から70年代までは，預金金利規制，州際規制，業務範囲規制がなされてきた。しかし，1980年代以降は，逆に規制緩和が強まり，今日では商業銀行と投資銀行の境界はほぼなくなっているといっても過言ではない。

2.1　アメリカにおける商業銀行規制の歴史
　アメリカの預金金融機関には，伝統的には商業銀行，貯蓄金融機関，クレ

ジット・ユニオンがある。さらに商業銀行は連邦法に基づく国法銀行と，各州政府の銀行法に基づく州法銀行に分かれる。貯蓄金融機関は相互貯蓄銀行（mutual savings bank）と貯蓄貸付組合（saving and loan association: S&L）からなり，小口の貯蓄性預金を集め，モーゲージ・ローン（不動産担保貸出）を貸し出す金融機関である。アメリカのS&Lは，すでに説明したイギリスの住宅金融組合を原型としていた。またアメリカの相互貯蓄銀行もイギリスの相互貯蓄銀行が源流であった。クレジット・ユニオンは組合員から資金を集め，組合員向けに貸し出す相互扶助組織であり，こちらはドイツの信用協同組合を導入したものであった。

　他方，アメリカでは，証券発行・引受業務を中心とする業者を投資銀行と呼んできた。イギリスのマーチャント・バンクのなかにはアメリカの投資銀行となったものもあり，アメリカの金融機関にはヨーロッパの影響が強い。アメリカで投資銀行はその後，M&A（企業の合併・買収）のアドバイザリー業務や証券トレーディング（機関投資家等のプロ投資家相手の証券売買や自己売買の総称），証券化商品の組成等を手がけてきた。しかし，リーマン・ショックによって多くの投資銀行が破綻し，あるいは買収された。残りの投資銀行も銀行持株会社に転換し，決済機能も持ち，連邦準備制度（FRB）の統計でも商業銀行に区分されている。

　歴史的に遡ると，1929年の世界大恐慌によりアメリカの銀行は大きな打撃を受け，経営の安定を回復させるため，33年銀行法（グラス゠スティーガル法）による規制が強化された。銀行規制は，預金金利規制，州際規制，業務範囲規制の3点から構成された。まず，預金金利規制であるが，大恐慌前に多くの銀行が高金利で預金を集め，また高金利でハイリスクの貸出をしたため導入された。要求払預金への付利が禁じられ，定期預金金利も上限規制がされた。連邦準備制度理事会（FRB）はレギュレーションQと呼ばれる預金金利規制を導入した。

　次に州際規制であるが，州の権限を尊重し，銀行の拡張を抑制するため，国法銀行・州法銀行のいずれにおいても銀行の支店設置の可否は州政府によって決められるものとなった。ほとんどの州政府は州を越える支店設置を禁止し，また銀行による州内支店設置も認めなかった（単店銀行制度）。州際規制によって銀行の営業範囲は規制され，日欧に比べ，アメリカでは小規模銀行が多数存

表 6-2 アメリカの大手商業銀行上位 10 行

(単位：100 万ドル，％，実数)

順位	銀行名	性 格	連結資産	国内資産	国内資産比率	累計資産比率	国内支店数	海外支店数
1	JP モルガン・チェース	国法銀行	3,380,824	2,573,395	76	16	4,828	33
2	バンク・オブ・アメリカ	国法銀行	2,440,022	2,311,141	95	27	3,895	24
3	シティバンク	国法銀行	1,720,308	1,039,023	60	35	666	145
4	ウエルズ・ファーゴ	国法銀行	1,712,535	1,688,738	99	43	4,739	11
5	US バンク	国法銀行	582,253	572,545	98	45	2,251	1
6	PNC バンク	国法銀行	534,347	533,209	100	48	2,639	1
7	トライスト銀行	州法非加盟銀行*	532,080	532,021	100	50	2,117	0
8	ゴールドマン・サックス	州法加盟銀行*	501,906	438,209	87	53	2	2
9	TD バンク	国法銀行	405,223	405,223	100	55	1,159	0
10	キャピタル・ワン	国法銀行	388,440	388,437	69	56	296	0
	上位 10 行		12,197,938	10,481,941	86	56	22,592	217
	計（2116 行）		21,663,495	19,681,703	91	100		

(注) 2022 年 6 月 30 日現在。アメリカでは歴史的に，国法銀行は連邦準備制度に強制加盟だが，州法銀行では加盟が任意である。

(出所) FRB ウェブサイトから筆者作成。

在することとなった。図 6-1 において，アメリカの銀行数が突出していることは，歴史的な州際規制に起因する。また表 6-2 によると，商業銀行 2127 行のうち，大手 10 行だけで総資産の 56％を占めており，資産面からみても，大手への集中が進んでいる。つまり，アメリカの商業銀行は少数の大手マネー・センター・バンクと，多数の小規模銀行が併存する構造となっている。

最後の規制が業務範囲規制であり，銀行業（商業銀行）による証券業務を禁じ，分離させた。このため，銀行本体で証券業務は禁じられ，国債等を除き，株式・社債の引受・ディーリングを銀行自己勘定で行うことはできなくなった。また銀行は系列の会社（証券子会社等）によっても証券業務をできないとされた。表 6-2 によると，現在アメリカで最大の銀行は JP モルガン・チェースであるが，JP モルガンは 1935 年に，商業銀行である JP モルガンと，投資銀行であるモルガン・スタンレーに分離した。これはグラス＝スティーガル法による商業銀行による証券業務規制のためであった。しかし，2000 年にチェース・マンハッタン銀行と合併し，JP モルガン・チェースとして現在は投資銀行業務も営んでいる。

2.2　商業銀行規制の緩和

　1930年代に導入されたアメリカにおける銀行規制は，60年代から緩和に向かう。まずは，預金利規制の緩和であった。60年代後半になると，アメリカではインフレーションが急速に進行し，また市中金利は上昇した。しかし，銀行預金金利はレギュレーションQによって規制されていたため，銀行預金から資金が流出し，規制外の金融商品である市場金利連動型投資信託（MMMF）に流入した。これをディスインターミディエーション（非仲介化，銀行離れ）と呼ぶ。銀行離れによって，銀行は資金調達に支障をきたし，住宅ローンなどの貸出も伸び悩んだ。このため，預金金利規制を緩和せざるをえなくなった。預金金利規制は80年代にはほぼ撤廃され，自由化された。

　ついで州際業務規制であるが，もともと州政府の規制が基本であり，州銀行法が改正されれば，州際規制は緩和されるものであった。1980年代に入り，複数の州で州際支店の設置を認める改正がなされ，90年代初頭までにはほとんどの州で州際業務が緩和された。また州内支店設置（単店銀行制度の撤廃）についても，90年代前半には多くの州で規制が緩和された。94年リーグル＝ニール州際銀行支店設置効率化法によって，銀行の全米的な店舗網展開が可能になり，銀行の大型合併や再編が進んだ。

　最後に業務範囲規制，換言すれば証券業務の規制緩和である。1987年に銀行持株会社の子会社が，コマーシャル・ペーパー（CP）や不動産担保証券（MBS）など非適格証券の業務を行う場合，総収入の5％以内であれば，FRBは容認する姿勢に転じた。この5％という上限は徐々に引き上げられ，1997年には25％に達した。また非適格証券の範囲も，89年には社債，90年には株式が加わった。グラス＝スティーガル法は改正されていなかったが，FRBの解釈によって規制緩和が進んだ。99年11月，クリントン大統領はグラム＝リーチ＝ブライリー法に署名し，3つの規制は完全に自由化された。

2.3　商業銀行と投資銀行の融合

　1990年代に入り，アメリカの銀行は金利収入以外の収入を模索しはじめた。80年代までの金利上昇期に，MMMFなどと金利競争を行ったことが，資金調達コストの上昇や，ハイリスクの貸出競争と不良債権の増加，ひいては銀行破綻を引き起こしたからである。そこで，大手商業銀行は総合金融機関をめざし

て，具体的には証券業務や証券化に参入した。80年代半ばには，FRBは銀行
持株会社子会社によるミューチュアル・ファンド（投資信託の1つ）の販売を認
め，またMBS（商業銀行がオリジネーターとして関与することが多い）の発行が本
格化した。こうして銀行の証券業務が増加し，商業銀行と投資銀行の境界はほ
ぼ消滅している。リーマン・ショック以降，ゴールドマン・サックス等の投資
銀行は銀行持株会社に転換し，決済機能も持ち，表6-2でも商業銀行とされ
ている。

アメリカの投資銀行は，大きくアメリカ国内で形成されたグループとドイツ
などヨーロッパからの移民（ユダヤ系等）グループに分けられる。前者の代表
が，JPモルガン（1935年以前）やモルガン・スタンレーであるが，イギリスの
マーチャント・バンクであったモルガン・グレンフェルとも資本関係があって
発展しており，純粋に国内形成というわけではない。

他方，リーマン・ブラザース（現在は破綻），ゴールドマン・サックス（現存），
ソロモン・ブラザース（シティバンクに買収）などはいずれも，1820年代にド
イツ等で生まれたユダヤ人が，1840年代にアメリカに移住し，商業等で成功
した後，金融業に進出したものである。アメリカでは州際規制によって商業銀
行の州を越えた貸出は規制されていたから，鉄道業などのファイナンスでは社
債が活用された。このために，投資銀行の社債引受業務が重要だったのである。

3　日本の銀行制度

本節では，日本の銀行制度を構成する預金取扱機関（＝広義の銀行）につい
て，株式会社の銀行（＝狭義の銀行），協同組織金融機関の順に，歴史を踏まえ
ながら説明する。

3.1　戦後日本の銀行制度の変遷

戦後日本の銀行制度は1950年代前半までに確立され，高度経済成長を資金
面で支えた。70年代に入り，マクロ的資金循環構造の変化に対応するための
抜本的な制度改革が課題となったが，改革は遅々として進まず，結局90年代
まで銀行制度の大枠はほぼそのまま維持された。しかし，90年代にバブルが
崩壊し，多くの銀行が経営危機に陥ったことをきっかけに，2000年代半ばに

表 6-3　日本の主な預金取扱機関（2022 年 3 月末現在）

組織形態	業　態	金融機関数	会員または組合員	系統中央機関
株式会社	都市銀行 地方銀行 第二地方銀行 信託銀行 外国銀行支店 その他の銀行	5 62 37 13 57 17	—	—
協同組織	信用金庫	254	会員：地域の中小企業，勤労者	信金中央金庫
	信用組合	145	組合員：地域の中小企業，勤労者	全国信用協同組合連合会
	労働金庫	13	会員：地域の労働組合，消費生活協同組合その他の労働団体 間接構成員：地域の労働組合を構成する勤労者	労働金庫連合会
	農業協同組合 （信用事業を行うもの）	585*	組合員：地域の農業者	農林中央金庫
	漁業協同組合 （信用事業を行うもの）	117*	組合員：地域の漁業者	

（注）　農業協同組合の金融機関数は 2021 年 4 月 1 日現在，漁業協同組合の金融機関数は 2020 年 3 月末現在。
（出所）　各業態団体ウェブサイト，農林水産省「農業協同組合等現在数統計」，同「水産業協同組合統計表」などより筆者作成。

かけて劇的な業界再編と銀行制度改革が同時に進行した。22 年 3 月末現在，日本に存在する預金取扱機関は表 6-3 のとおりである。

3.2　株式会社の銀行（普通銀行）

　日本では，商業銀行のことを普通銀行と呼ぶ。現在，株式会社の銀行は法的にはすべて普通銀行である。普通銀行のうち，大都市に本店を置き，全国的に多数の支店網を展開する銀行を都市銀行と呼ぶ。都市銀行は大企業との取引を中心としてきた点，国際業務，証券業務などの比重が高い点に特徴がある。
　2022 年現在，都市銀行に分類されているのは，みずほ銀行，三菱 UFJ 銀行，三井住友銀行，りそな銀行，埼玉りそな銀行の 5 行である。一般に，最大規模を誇る前 3 行を「3 大メガバンク」と呼ぶ。また後の 2 行はそれぞれ本店所在

地の大阪府と埼玉県に重点を置いた経営を行っている点で地方銀行と共通する性格を持ち[1],「スーパーリージョナルバンク」と呼ばれる。

　かつて（1990年3月末時点で）都市銀行は13行存在していたが，1990年代に入りバブルが崩壊すると，都市銀行同士の合併が進み，また97年11月における北海道拓殖銀行の経営破綻などにより，2006年までに上記の5行に集約された。

　地方銀行（全国地方銀行協会加盟銀行）は，全国の大・中都市に本店を有し，本店所在地の都道府県を主な営業地域としている。地方銀行の数は，1945年末には53行であったが，48〜49年に貯蓄銀行[2]から転換した2行と，50〜54年に（中小企業の資金難を解消するために）各地に新設された「戦後地銀」と呼ばれる12行が加わった。その後，現在までに若干の合併や業態転換等を経験したが，そうした変動は他業態と比べるときわめてわずかであり，業態としての安定性は突出している。そのことは，各地域における「由緒正しき」銀行の合同によって誕生した歴史を背景とする経営基盤の強さを端的に表している。

　第二地方銀行（第二地方銀行協会加盟銀行，以下第二地銀）は，1989年2月に相互銀行（後述）68行のうち52行が普通銀行に転換したことによって発足した。残りの相互銀行も（経営破綻した東邦相互銀行を除き）92年までに普通銀行に転換し，また91年に信用金庫から転換した1行が加わり，第二地銀は68行になった。バブル崩壊後，経営の悪化した多くの第二地銀が破綻，あるいは近隣の有力銀行と合併し，2022年3月末現在37行とほぼ半減した。第二地銀の前身である相互銀行は，戦前から存在していた無尽会社を母体に，中小企業金融専門機関として51年に発足した。相互銀行は株式会社であったが，協同組織金融機関と同様に，営業地域や貸出先が規制されていた。しかし，高度成長期における急激な規模拡大とともに中小企業専門機関としての独自性は希薄化し，80年代末には普通銀行（第二地銀）への転換が決まった。

　信託銀行とは，法律で信託業務の兼営を認められた銀行のうち，信託業を主業とするものをさす。信託業務とは，顧客の金銭，有価証券，不動産などの財産を受託し，顧客の目的に従って運用・管理する業務である。現在の信託銀行は名実ともに信託業務を主業としているが，かつての信託銀行7行は長期信用銀行3行[3]とともに長期金融機関と位置づけられ，貸付信託[4]を通じて調達した資金で企業に設備投資資金を供給する役割を果たしていた。戦後の日本では

証券取引が厳しく規制されたため，本来証券市場（直接金融）が担うはずの長期金融の機能をこれらの銀行が代替したのである。しかし，設備投資需要の減少や証券市場の規制緩和などによってこうした役割は失われた。現在の信託銀行には，上記の7行を前身行とする3行（旧信託専業銀行），外資系信託銀行，および国内の金融機関の信託銀行子会社がある。

外国銀行が日本に支店を設置する場合，支店ごとに営業免許を取得する必要がある。これが表6-3の外国銀行支店である。また，外国銀行が日本の法人として銀行免許を取得するケースもあるが，その場合は外国銀行支店ではなくその他銀行に含まれる（2022年現在，韓国の新韓金融グループの日本現地法人であるSBJ銀行のみ）。その他銀行には，それ以外に，長期信用銀行から普通銀行に転換した2行，破綻銀行等の債権買取・回収および金融機能の再生に関わる業務を行う整理回収機構，2007年に民営化されたゆうちょ銀行，主に決済サービスの提供を行う銀行，およびインターネット専業銀行，計17行が含まれる。最後の二者については，01年の改正銀行法施行後に異業種（一般事業会社）からの参入が可能になったことを契機に設立されたものが多い。

3.3　協同組織金融機関

株式会社の銀行が私的利益の追求を至上命題としているのに対して，協同組織金融機関は，会員または組合員の相互扶助（助け合い）を目的とする非営利法人である。それゆえに，営業地域や貸出先などに一定の制限が課されているとともに，税制面における優遇措置が適用されている。また，出資者の議決権は株式会社における「1株1票」に対して，「1人1票」とされ，大口出資者の権利が制限されている。

2022年現在，協同組織金融機関には信用金庫，信用組合，労働金庫，農業協同組合，漁業協同組合という5つの業態が存在し，それぞれ地域に居住する中小企業および個人，労働団体，および農業者・漁業者等を会員または組合員（出資者）としている。原則，取引相手は会員または組合員に限られるが，一定の範囲内でそれ以外の顧客との取引（員外取引）が認められており，その範囲は1981年以降の法改正によって拡大されてきた。また，もともと協同組織金融機関が営むことのできる金融業務の範囲は普通銀行に比して制限されていたが，これも取引相手先の範囲と同様に段階的に拡大され，現在では普通銀行と

ほとんど変わるところはない。

　普通銀行と協同組織金融機関の大きな違いの1つは，業態ごとに連合会組織の系統中央機関（信金中央金庫，全国信用協同組合連合会，労働金庫連合会，農林中央金庫）が存在することである。これらの中央機関は，営業地域が狭く限定されている個々の協同組織金融機関の限界を補うため，地域的・季節的な資金需給調節機能の補完，余裕資金の効率的な運用，業界の信用維持，経営体質改善のための低利融資の提供などを行っている。

　日本では戦前来，まずは農村において，次いで都市部において信用組合が発展し，それぞれ重要な役割を担っていた。太平洋戦争が始まるとそれらは戦時統制の対象となり，政府や軍需産業のための資金供給機構へと再編された。終戦後，都市部の信用組合は，経済民主化の一環として1949年に公布・施行された中小企業等協同組合法に基づく信用組合（信用協同組合）へと改組された。

　1951年には先述の「戦後地銀」や相互銀行の設立と同様，戦後の中小企業の資金難の解消を目的に，信用金庫法が公布・施行され，全国629の信用組合のうち金融機関的色彩が強かった560組合が信用金庫に改組され，員外預金の受入や内国為替の取り扱いなどが認められた。68年の合併・転換法を受けて，70年代に合併による弱小金庫の整理が進んだ後，80年代を通じて信用金庫の再編はほとんど生じなかったが，90年代に入りバブルが崩壊すると経営の悪化した金庫を中心に整理・統合が急ピッチで進んだ。その結果，信用金庫数は454金庫（90年）→386金庫（2000年）→272金庫（10年）と急速に減少した（数字はいずれも3月末）。また，再編の過程で，2〜3兆円という地方銀行に匹敵する預金規模を持つ信用金庫が増加しており，これらはしばしば「メガ信金」と呼ばれている。

　信用金庫創設時，信用組合として残ったのは協同組合的色彩の強い72組合だけだったが，信用組合の設立は容易だった（多くの場合自動的に許可された）ため，多くの信用組合が新設され，ピーク時の1968年には544組合にまで増加した。バブル崩壊後には，信用金庫よりもいっそう激しい再編・淘汰が進み，415組合（90年）→292組合（2000年）→159組合（10年）と激減した。なお，信用組合には，①地域の中小企業と勤労者を組合員とする地域信用組合，②同じ業種の人たち（医師，歯科医師，証券業，出版製本，公衆浴場，青果市場など）を組合員とする業域信用組合，③同じ職場（官公庁，鉄道，新聞社など）に勤務す

る人たちを組合員とする職域信用組合の 3 種類があり，2022 年 3 月末現在，
それぞれ 102 組合，27 組合，16 組合（計 145 組合）が営業している。

　また，戦後労働運動の急速な発展のなかで「労働者のための銀行」を設立し
ようという機運が高まり，労働者の団体（労働組合や消費生活協同組合など）が
行う福利・共済活動を推進し，労働者の生活向上を図るための信用組合（「労
働金庫」）の設立が各地で相次いだ。1953 年には労働金庫法が施行され，すで
に 32 の都道府県に設立されていたこれらの信用組合は，同法に基づく労働金
庫へと改組された。66 年には占領下の沖縄県に労働金庫が誕生したことによ
り 47 全都道府県すべてに労働金庫が設立されたが，98 〜 2003 年に経営基盤
の強化等を目的として地域ごとの統合が進み，13 金庫となった。

　他方，農村の信用組合は戦時統制下において農業会へと再編成されたが，終
戦後，農地改革と並ぶ農村民主化のための施策として，農業会が廃止されると
ともに，1947 年に農業協同組合法が公布・施行され，49 年の春までに全国で
3 万以上の農業協同組合が設立された。ピーク時の 54 年には 3 万 5000 を超え，
そのうち信用事業を行うものは 1 万 3000 に上った。漁業においては，戦後 48

年に公布・施行された水産業協同組合法に基づき，漁業協同組合が設立された。農業協同組合と漁業協同組合は，信用事業のほか，共済・販売・購買・利用などを兼営している点で，他の協同組織金融機関と異なっている。その後，信用事業を行う農業協同組合の統合が進み，90年に3688組合，2000年に1618組合，10年に754組合と減少し続けた。同様に，00年には908組合あった信用事業を行う漁業協同組合の数も減少を続けている。

　そもそも，なぜ株式会社の銀行だけでなく，協同組織金融機関が存在するのだろうか。一般に，銀行業務には規模の経済が強く働くため，利益を追求しようとすれば，1件当たりの貸出や預金の額は大口化し，また大口の顧客を増やすために営業地域が拡大する傾向がある。この大口化・広域化の傾向を抑制し，金融機関を中小・零細企業や個人などに対する小口の貸出に定着させることで，銀行ではカバーしきれない小口の資金需要を満たすために，協同組織金融機関には貸出先や営業地域の制限が設けられている。

　こうした協同組織金融機関の存在意義については，1966〜67年の金融制度調査会での議論以来，何度も問い直され，その度にこの制度が中小企業等への円滑な資金供給という点で基本的に有効であることが確認されてきた。地方銀行が県境を越えた再編を通じて営業地域を広域化しているなかで，上記の意味における協同組織金融機関の重要性はいっそう高まっているといえる。

〈注〉
1)　とくに，埼玉りそな銀行の保有する128店舗のうち125店舗は埼玉県内に存在する（2021年3月末現在）。金融庁「銀行免許一覧」（21年5月1日現在）では同行を「都市銀行」ではなく「その他」に分類している。また，他の都市銀行は金融庁が所管しているが，同行は関東財務局が所管している。
2)　戦前から戦後にかけて存在した貯蓄銀行は，当初は庶民の貯蓄促進のための非営利銀行として設立されたが，すぐに普通銀行と同質化した。その後，普通銀行への転換や合同が進み，1949年に貯蓄銀行という業態は消滅した。
3)　長期信用銀行とは，1952〜2006年に存在した業態であり，長期の資金調達手段として金融債の発行が認められていた。06年までに普通銀行への転換や都市銀行との合併により消滅した。
4)　貸付信託とは，顧客から集めた資金を大企業等への長期貸付によって運用する金銭信託の一種。当時は元本保証の特約が付与されることが一般的であり，実質的には定期預金と同じようなものであった。現在は取り扱いがない。

● 練 習 問 題
1　イギリスの銀行制度をドイツの銀行制度と比較して論じなさい。
2　アメリカにおける銀行規制の歴史と緩和について説明しなさい。
3　日本において証券市場の形成が遅れたことを，銀行制度と関連づけて説明し
　なさい。

● 文 献 案 内
1　代田純［1995］『ロンドンの機関投資家と証券市場』法律文化社
　　　　ロンドンにおけるマーチャント・バンクの形成と機関投資家の誕生を背景
　　として，証券市場の構造変化を説明している。
2　神野光指郎［2019］『アメリカ金融仲介システムの動態』文眞堂
　　　　アメリカにおける商業銀行の変化と多様性，さらには投資銀行の変化につ
　　いて，理論的・実証的に分析している。
3　由里宗之［2018］『日米地域銀行の存続と再編——なぜ日本の地域銀行は
　減っていくのか』ミネルヴァ書房
　　　　日米の銀行制度の違いを踏まえ，アメリカでは地域銀行が存続する一方で，
　　日本では地域銀行が減少している現状を分析している。

● 引用・参考文献
朝倉孝吉［1988］『新編 日本金融史』日本経済評論社
齊藤正［2003］『戦後日本の中小企業金融』ミネルヴァ書房
斉藤美彦［2021］『ポスト・ブレグジットのイギリス金融——政策・規制・ペイメ
　　ント』文眞堂
鹿野嘉昭［2013］『日本の金融制度（第3版）』東洋経済新報社
高木仁［1986］『アメリカの金融制度』東洋経済経済新報社
西村吉正［2011］『金融システム改革50年の軌跡』金融財政事情研究会

第7章　金利と銀行貸出金利

ドイツのフランクフルトにある欧州中央銀行。2014
年にマイナス金利を導入し，2022年まで継続した。
民間銀行からは不満が強かった（著者撮影）

学習の課題

1　金利に関する理論の歴史を学ぶ。
2　日本の銀行金利の仕組みを国際比較から学ぶ。
3　企業金融の金利負担，銀行の業態別金利について学ぶ。

1　金利の学説史

　経済学の歴史において，金利あるいは利子は中心的な論点であった。経済学
は18世紀頃から始まったが，21世紀に至るまで，利子論は重要な課題である。
近年では，中央銀行によるマイナス金利政策により，副作用が論じられている。
そこで，まず第1節で経済学における金利の歴史を学ぶことにする。

1.1　キリスト教の影響と経済学

　聖書では，旧約聖書を中心にして，利子をとることを厳しく戒めていた。18
世紀以降，A. スミス，K. マルクス，M. ヴェーバーといった経済学の巨人はい

ずれもキリスト教徒，とりわけプロテスタントであったから，聖書の利子観は経済学の形成に深く影響してきたとみられる。旧約聖書の申命記では，「外国人には利子をつけて貸してもよいが，同胞には利子を付けて貸してはならない」と述べられている。また新約聖書のルカ福音書では，「人に善いことをし，何も当てにしないで貸しなさい」と述べられている。こうした記述により，キリスト教は利子を禁じることとなった。中世において，キリスト教，とくにカトリックは利子を禁じていた。一方，ユダヤ教徒のユダヤ人はユダヤ人以外からの利子取得を容認した。

スミスは1723年に生まれ，プロテスタントとして洗礼を受けた。スミスは経済学の最初の体系書である『国富論』（1776年）において，利子を法律によって禁じる国があるが，高利の害を防止するどころか増加させる，と述べている（国富論，第2編第4章）。つまり，スミスは利子を禁じることに批判的であった。ただし，スミスが「見えざる手」によって市場経済が導かれ，調和すると説くとき，キリスト教の影響がみてとれる。

マルクスはドイツでユダヤ人として1818年に生まれたが，幼少時にキリスト教（プロテスタント）に改宗した。マルクスは，『ユダヤ人問題に寄せて』（1844年）において，ユダヤ人とユダヤ教を貨幣と資本の象徴として激しい攻撃と批判を加えた。これは，利子や地代など資本家が取得（搾取）する剰余価値論へと発展する。マルクスは『資本論』（1867～94年）において，資本主義における資本—利潤（利子），土地—地代，労働—労賃の関係を三位一体的形態とし，資本の物神性と論じた。利潤，利子，地代は資本が生み出すようにみえるが，その源泉は労働者の剰余価値であり，この転倒を物神性と呼んだ。三位一体とは，キリスト教に固有の教義であり，父なる神，子なるキリスト，聖霊は3つでありながら同一ということである。

ヴェーバーは，『プロテスタンティズムの倫理と資本主義の精神』を1905年に発表した。ヴェーバーは，中世におけるカトリックによる利子禁止や暴利取り締まり，またユダヤ人による活発な商業・金融活動は，いずれも近代資本主義の発達をもたらさなかったのであり，禁欲的なプロテスタンティズムの反営利的倫理が資本主義の成長を生んだ，と主張した。以上のように，ヨーロッパにおける経済学の形成において，キリスト教の利子観の影響，あるいは批判が大きな課題であった。

1.2 マーシャルとケインズ

1870年頃，経済学者のA.マーシャルは，貯蓄・投資の利子率決定説という学説をとっていた。この学説では，「利子率が高いほど貯蓄は増加する」として，貯蓄は利子率の増加関数とされた。他方，「利子率が低いほど投資は増加する」として，投資は利子率の減少関数とされた。そして，貯蓄の供給と投資の需要が一致するところで，利子率が決定されると説いた。換言すれば，利子率が伸縮することで，貯蓄と投資が調整されると考えた。マーシャルは市場原理を信奉しており，利子率を介して，投資（需要）と貯蓄（供給）は一致すると考えていた。古典派経済学では，「供給はその自らの需要を生み出す」というセイ法則を基本としており，需要と供給が均衡しない事態は想定されていなかった。J. B.セイは貨幣市場においても，総需要と総供給は等しく，常に均衡すると考えた。マーシャル等は，セイ法則を引き継ぎ，一定期間を通じれば，貯蓄（S）と投資（I）が均衡すると考えていた。

しかし，ケインズは流動性選好説により，セイ法則を否定した。ケインズ貨幣理論は第4章でも説明したので，本章では簡潔にとどめる。ケインズは流動性選好により貨幣保有が強まり，セイ法則が説く貨幣市場での需給均衡を否定した。ケインズはマーシャル等の貯蓄・投資の利子率決定論，またセイ法則による利子率の自動調整論を否定した。ケインズは，流動性選好（現金需要）により，利子率が上昇し，投資不足が発生し，有効需要不足から不均衡に陥ると考えた。またケインズは，利子を「流動性を手放す対価」と考えた。流動性とは，現金への交換可能性である。流動性が高いことは，現金に交換しやすいことを意味する。逆に，流動性が低いことは，現金に交換しにくいことを意味する。そして，最も流動性が高いものは，現金自体にほかならない。資金を貸すことは，最高の流動性を手放すことだから，利子という対価を受け取るに値する。資金を借りることは，最高の流動性を受け取ることだから，利子を支払うに値する。換言すれば，ケインズは現金残高需要の強さに注目して，マーシャル等の貯蓄・投資の利子率決定論を否定した。

1930年代にイギリスは高金利になっていて，それが失業の一因と考えられた。高失業は有効需要の不足に起因し，有効需要の不足は投資の不足による，と考えた。投資が不足するのは，資本の限界効率（予想収益率）を利子率が上回るからであり，利子が上昇するのは金利生活者（レントナー）が投機的動機

から現金保有を強めたためである，とした。

　ケインズの理論は，今日でも有効性を保持している。第1には，貨幣需要の
予備的動機が強まっていることである。現在，日本において，キャッシュレス
支払が増加する一方で，現預金の残高が増加している。日銀券発行高は2020
年に4.2％増となり，21年上半期も6％前後の増加率が続いた。コロナ禍のな
か，家計や企業が，予備的動機から現金保有を増やしているとみられる。第2
には，貨幣需要の投機的動機が，ケインズの時代とは比べられないほど肥大化
している。日本の国債売買高は01年度には3662兆円であったが，20年度に
は2京1442兆6850億円に達した。このため，債券取引に伴う損失回避の動き
も膨張し，金利に与える影響も大きくなっている。

1.3　新古典派とフィッシャー方程式

　ケインズは低金利政策でイギリス経済を不況から脱出させようとした。低金
利で民間の設備投資を増やし，また政府が公共投資を拡大し，財源は国債発行
で調達する，といったケインズ政策は，1950〜70年代に主要国で経済政策の
骨格となった。しかし，その結果として，インフレーションが発生した。こう
した背景において，70年代後半から，M.フリードマンら新古典派のマネタリ
ズムが注目された。フリードマンらは，マネーサプライと物価水準に正の相関
があるとし，インフレ対策としてマネーサプライの抑制を主張した。

　現在，主流の経済学となっている新古典派経済学では，フィッシャー方程式
に基づいて金利を分析する。フィッシャー方程式とは，名目金利＝実質金利＋
期待インフレ率である。すなわち，名目金利は，実質金利に期待インフレ率を
上乗せしたもの，である。ここで期待インフレ率は，一般の国債の利回りと，
物価連動国債（物価に連動して，元本が増減する国債）の利回りとの格差とされる。

　このフィッシャー方程式から，名目金利＝潜在成長率＋物価上昇率＋リス
ク・プレミアムとされる。すなわち，名目金利は，経済の潜在的な成長率，物
価上昇率，リスク・プレミアムの合計となる。潜在成長率＋物価上昇率は，名
目成長率と考えられ，結局，名目金利は名目成長率にリスク・プレミアムを加
えたもの，となる。たとえば，潜在成長率は0.6％，物価上昇率は0.3％とする
と，リスク・プレミアムは日銀による大量の国債購入により−0.5％とマイナ
スで，長期金利は0.4％となる。

潜在成長率とは，生産に必要な生産要素を過去の平均的な水準で供給した場合に可能と推計される GDP の成長率である。いわば，その国の経済が潜在的に持っている基礎体力である。潜在的な GDP を構成する要因は，主として資本投入，労働投入，全要素生産性である。資本投入は企業などが保有する設備（資本ストック）の量，労働投入は就業者数と就業時間を乗じたもの，全要素生産性は技術革新による生産効率を意味する。不況による設備投資の削減，人材不足，機械の老朽化等による生産性の低下は，潜在成長率を低下させる要因になる。また，デジタル化，AI（人工知能）の活用，IoT（インターネットの活用）等で生産性は上昇するが，人口増加率の低下は潜在成長率を低下させると考えられている。

　リスク・プレミアムは金利の期間構造と密接な関係にある。縦軸に利回り，横軸に金利の期間（債券の残存期間）をとった場合，それぞれの残存期間の利回りを曲線化したものを，イールド・カーブ（利回り曲線）と呼ぶ。短期金利と長期金利の間で，完全な裁定が機能しているならば，短期金利と長期金利は等しくなり，水平状態になるはずである。しかし，実際のイールド・カーブは右上がりであることが多い。つまり短期金利よりも，長期金利が高くなる。このとき，流動性プレミアム仮説の観点からは，長期間にわたり債券を保有することのリスク・プレミアムが発生していると考える。逆に，イールド・カーブが右下がりになることがある。つまり短期金利が長期金利を上回る場合である（逆イールド，または長短金利の逆転と呼ばれる）。短期的にインフレ率の上昇が見込まれるが，長期的には安定が見込まれる場合等，こうした逆イールドが発生する。

2　銀行貸出金利と市場金利

　銀行の貸出金利はどのように決まるのか。これを理論的あるいは実証的に分析することは難しい課題である。国際的には，LIBOR（ロンドン銀行間取引金利）を指標としてきたが，廃止されることになり，日本でも次の参照金利が議論されている。

2.1 銀行貸出金利の国際比較

銀行の貸出金利は以下のような要因から形成される。

$$銀行貸出金利 = 資金調達コスト + 信用コスト + 競争要因$$

資金調達コストは，資金調達原価とも呼ばれ，預金金利など支払金利，人件費や物件費など経費率等からなる（第9章参照）。信用コストは，貸出を回収できない場合に備える，貸倒引当金等である。さらに実際の貸出金利は，銀行間の競争環境によって規定され，需給関係を反映する。

銀行にとって，貸出金利と資金調達コストの差（スプレッド）が利鞘となる。

$$貸出利鞘 = 貸出金利 - 資金調達コスト = 信用コスト + 競争要因$$

銀行にとって重要な利鞘は，信用コストと競争要因によって決まってくる。日本の銀行貸出利鞘は，国際的にみても，きわめて低くなっている。図7-1はIMFのデータから作成した，主要国の銀行利鞘（参照貸出金利と預金金利の利鞘）である。このデータがとれる国は限られており，たとえばアメリカについてはとれないため，連邦預金保険公社（FDIC）のデータを使用している。比較可能な国のなかで，ノルウェーが最も高く，2015年第1四半期に248 bp（ベーシスポイント，1bp = 0.01％）であったが，20年第1四半期には279 bpまで上昇し，その後やや低下したものの，21年第2四半期現在228 bpある。つまりノルウェーでは，銀行の利鞘は2％以上確保されている。またドイツも，15年第1四半期には316 bpあり，低下したものの，21年第3四半期現在197 bpある。しかし，日本は最も低く，15年第1四半期に121.5 bpであったが，21年第1四半期には93.2 bpまで低下した。日本の銀行の貸出利鞘は，国際比較しても，最も低い水準にある。またアメリカについては，銀行平均（預金保険加盟）の純金利利鞘（net interest margin）は21年でも2.54％とされており，やはりアメリカの銀行の利鞘は高いとみられる。

日本では銀行貸出金利自体が低いし，また利鞘も低い。その一因は，貸倒引当金など信用コストが低く抑えられてきたことがある。銀行は貸出が不良債権化するリスクに備えて，貸倒引当金等を積み立てる。しかし，貸出を回収できないリスクが小さければ，貸倒引当金を積む必要性は低くなり，信用コストも低くなるので，低い貸出金利でも融資できることとなる。図7-1で，最も利

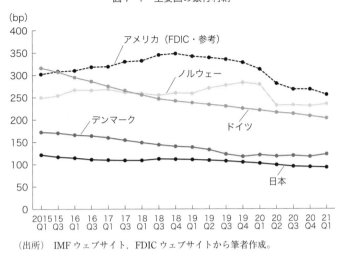

図7-1　主要国の銀行利鞘

(出所)　IMF ウェブサイト，FDIC ウェブサイトから筆者作成。

鞘が高いノルウェーについて，IMF データベースから信用コスト比率（貸倒引
当金÷貸出残高）を計算すると，2020 年に 0.89％に達している。他方，日本の
同比率は 0.25％であった。

　日本において銀行の信用コストが低くなるのは，そもそも日本の銀行はリス
ク回避傾向が強く，信用リスクが高い企業や個人に貸し出さないからである。
日本の銀行は安全で回収が十分に見込める企業や個人に，低い金利で貸し出す
傾向が強い。日本の貸出残高は 525 兆円（2021 年 8 月現在）であるが，金利 1％
未満の貸出が 364 兆円（構成比 70％），金利 1 ～ 2％未満の貸出が 126 兆円（同
24％）で，合計 2％未満の貸出が 490 兆円，93％に達する。日本の銀行は貸出
にあたり，返済が確実視されることを重視し，貸し出す場合には，低い金利で
貸し出している。銀行の融資審査や貸出先のモニタリングを，銀行の情報生産
機能と呼ぶが，日本の銀行の情報生産機能は弱いともいえる。

　他方，アメリカなど海外の銀行は，比較的リスクがある企業や個人に対して
も，高金利で貸し出す傾向にある。リスクがある企業や個人に貸し出すので，
貸倒引当金など信用コストは高めになる。FDIC の統計によると，アメリカの
貸出残高に対する不良債権（noncurrent loan）比率は 0.94％（2021 年 9 月末）で
あるが，引当率（coverage ratio. 不良債権に対する引当準備金の比率）は 180％あ

り，貸出残高の2％程度の信用コスト比率となる。このためもあり，貸出金利は高めになる。

　リーマン・ショックの原因とされるサブプライム・ローンは，所得が低く，しかも変動が激しい個人に対し，サブプライム・レート（最優遇金利であるプライム・レートよりも高い）で住宅ローンを貸し付けるものであった。サブプライム・ローンの証券化商品により銀行等が多くの損失を抱え，リーマン・ショックが発生した。また最近のアメリカで増加しているレバレッジド・ローンは低格付け，あるいは投機的格付けの企業に対する高金利での貸出である。レバレッジド・ローンでは金利は，LIBORドル金利にプラス400〜650bpとなっており，その金利は高く，利鞘は厚い。レバレッジド・ローンにおける引受ランキングをみると，バンク・オブ・アメリカやJPモルガン・チェースのような大手銀行が上位を占めている。アメリカでは，大手銀行が中心になって，リスクが高い企業に高金利で貸し出されている。アメリカにおける，こうした高リスクの個人や企業に対する高金利での貸出行動は，日本の銀行にはみられない。

　ただし，日本の銀行も，個人向けカード・ローン等において，10％前後の金利を適用している事例もみられる。しかし，カード・ローン等は貸出残高のなかでわずかなシェアであり，貸出全体としては1〜2％の金利が多い。

2.2　日本の貸出金利形成

　銀行の貸出金利は，原則として，参照金利を基本として決められる。日本における参照金利としては，短期プライム・レート（以下，短プラ），TIBOR（東京銀行間取引金利）などが挙げられる。

　図7-2は，日本における短プラ，TIBORなどの参照金利と，実際の貸出約定平均金利（短期，長期，新規）を示している。短プラについては，各銀行が，譲渡性預金証書（CD）発行利回りなど資金調達コストを参考にして決めている，とされる。

　CD発行利回りは，2013年以降，0.1％を下回り，20年現在，0.001％となっている。しかし，短プラは09年以降21年まで，1.475％に据え置かれている。またTIBORは，全銀協によって運営されているが，インターバンク市場での取引の実勢を示す円の金利指標とされている。このうち，日本円TIBORは，

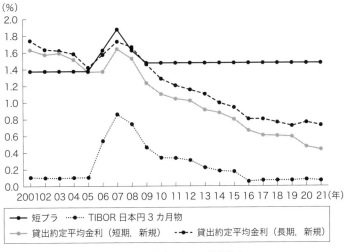

図7-2 参照金利と約定金利

（出所） 日本銀行『金融経済統計月報』などから筆者作成。

日本の無担保コール市場の実勢を，ユーロ円TIBORは，オフショア市場での実勢を反映するとされている。図7-2において，日本円TIBOR3カ月物が示されているが，2007年に0.86％まで上昇したが，20年には0.473％まで低下した。しかし，無担保コール金利（3カ月物）は，21年にしばしばマイナス金利となっている。また，3カ月物の市場金利として，東京レポ・レートは16年以降，国庫短期証券3カ月物利回りは15年以降，いずれもマイナス金利となっている。ところが，日本円TIBORは，マイナス圏になったことがなく，その指標性が疑われてきた。

　また短プラと並び，かつては長期プライム・レート（以下，長プラ）が長期金利の参照金利とされていた。長プラは，長期信用銀行の資金調達手段であった金融債の発行金利に0.8％が上乗せされた水準に決められ，長期信用銀行が0.8％の利鞘を確保して長期貸出が可能であった。しかし，長期信用銀行が3行とも普通銀行に転換し，みずほ銀行（長期信用銀行の日本興業銀行，第一勧業銀行，富士銀行が合併）だけが長プラを公表している。みずほ銀行の長プラは，2021年3月現在，1％とされている。主要な銀行による短プラが1.475％である一方で，長プラが1％となっており，金利の期間構造が逆転している。実態

として，銀行は長プラ，短プラとも，形式上の金利としている。

　なお，住宅ローンは個人向けの長期貸出であるが，主要銀行は住宅ローンの基準金利（固定金利）を新発国債利回りに準じて決めている。2021年現在，新発10年物長期国債の利回りは1％前後であり，主要行の住宅ローン基準金利は3％前後であった。とはいえ，自行の預金口座（住宅ローン引き落とし口座）を給与振込口座とするなどの条件を満たせば，最優遇金利（プライム・レート）が適用され，1％未満であった。しかし22年に入り，アメリカの金融引き締めの影響を受け，日本でも国債利回りが上昇し，住宅ローン金利も引き上げられている。

　短プラ，TIBORがともに，指標金利として形骸化するなか，銀行の実際の貸出金利である貸出約定平均金利は図7-2に示されるように，低下を続けている。貸出約定平均金利（短期）は2007年に1.641％であったが，20年には0.473％まで低下した。貸出約定平均金利（長期）も同じく1.73％から0.764％まで低下した。銀行からすれば，これ以上貸出金利が低下したら，採算がとれない，あるいはすでに採算がとれないという水準であろう。短プラが09年以降1.475％で推移していること，またTIBORもマイナス金利にならないといった事態も，銀行の抵抗とみられる。銀行は短プラを据え置いたままで，各種のキャンペーンによるキャンペーン金利によって，実際の約定金利を引き下げている。

　こうした銀行の抵抗，あるいは市場金利からの短プラやTIBORの乖離という事態を招いた一因は，日銀によるゼロ金利の長期化およびマイナス金利の導入にあるとみられる。日銀当座預金の付利は，2016年以降，3層構造になっている。内訳をみると，日銀当座預金残高は20年末時点で約470兆円超であるが，プラス金利（0.1％）が付されている残高が約207兆円超，ゼロ金利となっている残高が約230兆円あり，マイナス金利（−0.1％）となっている残高が約33兆円ある（第3章第3節参照）。16年以降，日銀による当座預金への3層構造での付利は，金利形成に混乱をもたらし，歪みを引き起こしているといえよう。この結果，民間銀行は，短プラやTIBORの金利指標を形骸化せざるをえなかったとみられる。

　日本では 20 年以上にわたり，日本銀行によってゼロ金利政策やマイナス金利政策がとられてきた。このために，コール市場金利もゼロ，あるいはマイナスで推移してきたことは，本文で説明したとおりである。この結果，いくつかの副産物あるいは副次的効果が生まれた。

　1 つは，円キャリー・トレードと呼ばれる運用が増加したことである。外資系銀行等を中心として，外資系銀行の日本法人（支店含む）が日本のコール市場において，超低金利（あるいはマイナス金利）で調達して，アメリカ等の本店に貸し付ける（本支店勘定）。アメリカ本社では，相対的に利回りが高い国債等（証券化商品を含む）で運用し，利鞘を抜くことができる。この場合，日本法人からアメリカ本社への貸付にあたっては，円売り・ドル買いとなるため，円安となる。しかし，アメリカ本社がポジション（保有証券）を売却すると，資金はドル売り・円買いとなって，日本に回帰する。このため，急速な円高が進む。2011 年後半，1 ドル＝76 円前後となった主因は，円キャリー・トレードの回帰とみられる。

　このほか，証券会社もコール市場に参加している。証券会社は，信用取引（資金を投資家が借りる）の投資家に資金を貸し付ける。証券会社は，ゼロもしくはマイナス金利で資金を調達し，数％で貸し付ける。信用取引の手数料（利鞘）は証券会社，とくにネット証券の大きな収益源となっている。
└──┘

2.3　マイナス金利と市場金利

　2021 年現在，日本銀行の基準貸付利率は 0.3％であり，市場金利であるが政策（目標）金利でもある無担保コール翌日物金利がマイナス 0.05％台で，大幅に乖離している。日本銀行の政策金利がマイナスになることは，銀行の貸出金利にも影響を与える。

　図 7-3 は，市場金利の無担保コール翌日物金利と，基準貸付利率の推移を示している。2007 年にパリバ・ショック（仏大手銀行パリバのファンドで損失が発覚）が発生した時点で，無担保コール翌日物金利は 0.5％近くまで上昇したが，それでも基準貸付利率を超すことは稀であった。リーマン・ショックが沈静化して以降，基準貸付利率は 0.3％，無担保コール翌日物金利は 0.1％以下で推移してきた。銀行等の市場参加者は，コール市場で低金利により調達可能で，基準貸付利率で日本銀行から借りるニーズはほとんどなくなっている。

　基準貸付利率は，市場金利が急騰した際に上限となる役割が期待された。すなわち，リーマン・ショックのような事態が発生し，市場金利が急騰した場合，

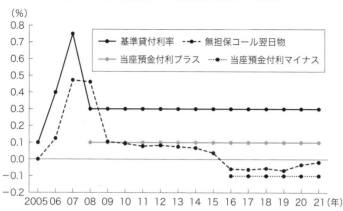

図7-3　基準貸付利率・当座預金付利とコール金利

（出所）　日本銀行『金融経済統計月報』などから筆者作成。

基準貸付利率があれば，市場参加者は基準貸付利率で日本銀行から借りるから，基準貸付利率よりも市場金利（無担保コール翌日物）は上昇しないと考えられた。

　後述するマイナス金利政策と関係するが，基準貸付利率が市場金利の上限となるのに対し，補完当座預金制度での金利が下限と考えられた。補完当座預金制度とは，法定の準備預金を超える超過準備預金に対し付利する（金利を払う）もので，2008年に導入されて以来，0.1％で維持されてきた。図7-3における，当座預金付利プラスである。すなわち，超過準備預金に0.1％の金利を払うことで，市場金利（無担保コール翌日物）が0.1％以下にならない，と期待された。しかし，実際には市場金利（無担保コール翌日物）は，0.1％以下に低下していた。また，いわゆるマイナス金利が16年に導入されたため，当座預金の金利は－0.1％，0％，＋0.1％の3層構造になった。つまり当座預金付利マイナスが－0.1％で2016年に開始された。このために，コール金利は16年以降，－0.03～－0.06％で推移している。

　このように，日銀によってマイナス金利が導入され，コール金利もマイナス圏で推移している。こうした状況において，日銀のマイナス金利はリバーサル・レートと呼ばれている。リバーサル・レートとは，金利が過度に低下することで，銀行等が逆鞘となり，金融緩和とは逆に，金融仲介機能が低下することである。日本の銀行は，リバーサル・レートのもと，貸出の利鞘圧縮に苦し

んでいる。

3　企業金融と貸出金利

　本節では，実際の企業金融において，貸出（借入）金利がどうなっているか
を学ぶ。このために，3.1 において企業規模別に金利負担などの財務について
学ぶ。次に，3.2 において企業金融とも関連して，銀行の業態別に貸出金利に
ついて学ぶ。

3.1　企業金融と金利負担

　表 7-1 は企業（全産業）の長短借入金や支払利息等を示している。まず，日
本における企業統計における企業規模は資本金で区分されており，問題がある。
資本金は企業が定款で定めることが可能で，恣意性が免れないからである。し
かし，法人税に関する会社標本調査を含め，日本での企業財務統計は資本金で
区分されている。表 7-1 で，資本金区分で，従業員数，売上高をみると，資
本金 1000 万円未満では従業員数は 4 人，1 社当たり売上高は 6770 万円，同順
で，資本金 10 億円以上では 1510 人，1125 億円となっている。おおむね，企
業規模を反映しているとみられるが，資本金 1 ～ 10 億円未満で従業員数は平
均で 264 人となっている。日銀の統計では，中小企業とは，「資本金 3 億円以
下または常用従業員 300 人以下」，大企業とは，「資本金 10 億円以上かつ常用
従業員 300 人超」とされており，表 7-1 の資本金 1 ～ 10 億円未満は，大企業
も一部含むとみられる。

　第 1 に，借入金が総資産に占める比率（c/d·100）をみると，資本金 1000 万
円未満では 59.83％と高く，企業規模につれて低下し，資本金 1 ～ 10 億円未満
では 20.23％まで低下している。しかし，資本金 10 億円以上では 22.18％とや
や上昇している。資本金 10 億円以上では，借入金残高が 209 兆 6184 億円と巨
額になっているため，借入金が総資産に占める比率はやや上昇している。近年，
大企業では海外企業の買収が増加し，その買収資金を借入金でまかなうことも
一因とみられる。

　第 2 に，短期借入金と長期借入金のそれぞれにおいて，金融機関からの借入
金と，その他の借入金がある。この構成をみると，資本金 1000 万円未満など

表 7-1　企業（全産業）の長短借入金と支払利息

（単位：100 万円，％）

資本金	1000 万円未満	1000 ～ 5000 万円未満	5000 万～ 1 億円未満	1 億～ 10 億円未満	10 億円以上	合　計
社　数	1,891,206	849,514	63,320	25,322	5,014	2,834,376
1 社当たり従業員数	4	16	86	264	1,510	15
短期借入金 a	16,929,290	40,155,237	17,773,814	22,457,144	78,675,117	175,990,602
うち金融機関 a1	6,612,730	24,058,794	13,158,430	13,269,677	50,154,917	107,254,548
うちその他 a2	10,316,560	16,096,443	4,615,384	9,187,467	28,520,200	68,736,054
長期借入金 b	57,228,519	82,696,369	27,044,698	23,770,946	130,943,347	321,683,879
うち金融機関 b1	43,785,549	66,326,639	22,141,838	17,067,391	109,029,311	258,350,728
うちその他 b2	13,442,970	16,369,730	4,902,860	6,703,555	21,914,036	63,333,151
借入金（小計）c	74,157,809	122,851,606	44,818,512	46,228,090	209,618,464	497,674,481
借入金短期比率	22.83	32.69	39.66	48.58	37.53	35.36
借入金長期比率	77.17	67.31	60.34	51.42	62.47	64.64
総資産 d	123,947,373	359,756,405	148,338,672	228,468,640	945,062,799	1,805,573,889
支払利息等 e	938,699	1,300,269	451,201	438,010	2,500,874	5,629,053
利息・借入金比率	1.266	1.058	1.007	0.947	1.193	1.131
売上高 f	128,031,902	328,754,302	170,469,360	290,423,769	564,219,254	1,481,898,587
c/d·100	59.83	34.15	30.21	20.23	22.18	27.56
(a1＋b1)/d·100	40.66	25.12	23.80	13.28	16.84	20.25
(a2＋b2)/d·100	19.17	9.02	6.42	6.96	5.34	7.31
c/f·100	57.92	37.37	26.29	15.92	37.15	33.58
e/f·100	0.73	0.40	0.26	0.15	0.44	0.38

（注）　c/d·100 は，c÷d×100 を示す。他も同じ。
（出所）　財務総合政策研究所「法人企業統計」，財務総合政策研究所『財政金融統計月報』822 号，2020 年 10 月から筆者作成。

　小企業においては，その他の借入金が多く，金融機関からの借入金が少ない傾向にある。しかし，大企業においては，金融機関からの借入金の比率が高い。小企業においては，銀行など金融機関からの借入金は担保の必要性等から容易ではなく，小企業が相互に貸し借りするケース，あるいは社長の個人資産からの借入が多いとみられる。

　長期と短期の金融機関借入金合計が総資産に占める比率（{a1＋b1}/d·100）をみると，資本金 1000 万円未満では 40.66％となっているが，資本金 10 億円以上では 16.84％に低下している。他方，金融機関以外の「その他からの借入金（長期・短期）合計」が総資産に占める比率（{a2＋b2}/d·100）をみると，資本金 1000 万円未満では 19.17％あるが，企業規模に対応して低下し，資本金 10 億円以上では 5.34％まで低下している。大企業は金融機関からの借入が容易であるので，その他から借り入れる必要性は乏しい。

　第 3 に，借入金における短期借入金と長期借入金の比率をみると，小企業に

おいては長期借入金の比率が高く，大企業においては短期借入金の比率が高く
なる傾向がある。これは，小企業においては資金の回転が遅く，大企業におい
ては資金の回転が早いため，と説明されてきた。資本金 1000 万円未満では，
借入金長期比率が 77.17％と高く，他方，資本金 1 〜 10 億円未満では借入金長
期比率は 51.42％に低下し，代わって借入金短期比率が 48.58％に上昇している。

　第 4 に，利息・借入金比率（支払利息÷借入金）をみると，資本金 1000 万円
未満では 1.266％であるが，資本金 10 億円以上でも 1.193％であり，大きくは
変わらないが，やはり零細・中小企業において金利負担は高くなっている。ま
た売上高に対する支払利息の比率（e/f·100）でみても，0.73％から 0.44％であ
り，わずかであるが，零細・中小企業において金利負担は高くなっている。す
なわち，超低金利によって，企業規模間での金利負担は平準化されているが，
零細・中小企業ではわずかながら高くなっている。

　以上，表 7-1 から読み取れる特徴として，企業規模に対応した借入金比率
など，1970 年代から変わらない側面があるものの，超低金利によってすべて
の企業規模において利払負担は軽減されている側面もある。また都銀において
も，貸出残高に占める中小企業等向け貸出の比率は約 6 割となっており，大銀
行が大企業に集中融資するような金融の二重構造は明らかに変わった。

　しかし，今日において，新しい金融の二重構造が形成されていると思われる。
都銀など大手銀行が中小企業向け貸出に注力していることは事実であるが，そ
れはもっぱら都市圏の中小企業が中心であり，地方圏の中小企業向け貸出は，
都銀ではきわめて制約されている。都銀の貸出の都道府県別内訳などは公表さ
れていないため，以下では 2 つの観点に注目する。第 1 には都銀の店舗の都道
府県別内訳であり，第 2 には信用保証協会債務残高の都道府県別内訳である。
都銀の場合，これらにおいて都市圏に集中している。

　3 大メガバンクの店舗の都道府県別内訳を見ると，みずほ銀行については，
東京都における店舗数が 254 と多いものの，店舗はすべての都道府県にあり，
空白県はない。ただし，旧第一勧業銀行以来，宝くじを発行している関係で，
すべての都道府県に店舗を保有しているといわれている。次に三菱ＵＦＪであ
るが，東京都 289 のほか，愛知 110（ＵＦＪの母体であった旧東海銀行の影響），大
阪 116（やはりＵＦＪの母体であった三和銀行の影響）などが多くなっている。し
かし，三菱ＵＦＪは，東北 5 県のほか，15 の県で店舗を持たない。また三井住

友も東北5県のほか，9の県で店舗を持たない。三菱と三井が共通して店舗を持っていない都道府県は，東北5県，鳥取，島根，高知，宮崎，沖縄といった10県である。

　この10県については，かなりの共通性がある。第1に，県として預貸率が低いことである。全国平均は63.85％であるが，秋田は54.63％と低くなっている。第2に，貸出残高の県内総生産に対する比率が低いことである。全国平均は92.2％であるが，島根は51.4％と低くなっている。第3に，人口比での金融機関（ゆうちょ銀行や，農協等の預金取扱機関を含む）店舗数が多いことである。1万人当たりの店舗数は，全国平均で3.953である。しかし，島根は7.853，と多くなっている。第4に，金融機関店舗に占める農協の比率が高いことである。都道府県ごとの金融機関店舗数に占める農協の比率は，全国平均で15.66％であるが，鳥取は21.52％と高くなっている。こうした特徴を持つ10県において，三菱UFJや三井住友は店舗を持っていない。3メガは，都市圏に注力しているとみられる。

　第5章で説明したように，中小企業向け貸出では，信用保証協会の保証をつけることが多い。とくに2020年以降，コロナ禍に関連した貸出が増加し，信用保証が増加した。3メガが都市圏に集中していることを示すため，信用保証債務残高の都道府県別内訳をみる。3メガによる信用保証債務残高自体は大きく，みずほが5486億円，三菱UFJが5567億円，三井住友が9474億円であり，地銀や第二地銀の規模をはるかに上回っている。しかし，その都道府県別内訳には，著しい偏りがある。3メガの信用保証債務残高は東京都が1兆860億円で，構成比56％を占め最大である。ついで，大阪府が3700億円，19％を占めている。このため，北海道（札幌市含む）2％や宮城県（仙台市含む）2％を除いても，都市圏の構成比が96％となっている。3メガの店舗配置とおおむね一致するものとみられる。

　以上のように，今日，大手銀行による中小企業等向け貸出比率は貸出残高の60％程度に達したが，その多くは都市圏である。金利水準は，大企業と零細企業での格差は縮小しているが，零細企業では，わずかながら高い傾向にある。

3.2　業態別の貸出金利
　ついで，業態別の貸出金利（利回り）を図7-4が示している。貸出金利が最

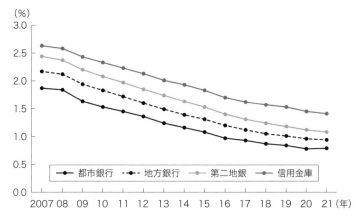

図7-4　業態別貸出金利回り

（出所）　全国銀行協会『全国銀行財務諸表分析』，信金中金 地域・中小企業研究所
『全国信用金庫概況』より筆者作成。

も高い業態は信用金庫であり，2007年度には2.63％であったが，21年度で
1.41％まで低下した。ついで第二地銀が高く，同じ時期に，2.44％から1.08％
へと低下した。地方銀行は第二地銀よりやや高く，2.17％から0.94％へと低下
した。最も低い業態は都市銀行であり，1.87％から0.79％へと低下した。各業
態とも貸出金利は低下したが，信用金庫が最も高く，都市銀行が最も低いとい
う順番は変わっておらず，ほぼパラレルに低下してきた。

　すでに説明したように，貸出金利を規定する要因は，資金調達コスト，信用
コスト，競争要因である。業態別の貸出金利も，こうした要因を反映している
と考えられる。まず，資金調達コストであるが，都市銀行において最も低く，
信用金庫で最も高くなっている。第1章でも説明したが，預金構成をみると，
都市銀行では要求払預金の比率が高く，短期の預金が多い。また付利されない
当座預金の比率も高くなっている。他方で，都市銀行では定期預金の比率が低
いのである。このため，都市銀行の預金コストは低くなる。一方で，信用金庫
では要求払預金や当座預金の比率が低く，定期預金の比率が高い。このため，
信用金庫の預金コストは高くなるのである。

　次に，信用コストであるが，都市銀行では法人，とりわけ大企業を含む都市
圏の法人の比率が高く，相対的には貸出先の信用リスクは低いと考えられる。
また，都市銀行の貸出は，短期の貸出比率が高く，長期の貸出は多くない。こ

のため，期間リスクという面からも，信用コストは低くなる。他方で，信用金庫では貸出先に零細企業や個人の比率が高く，信用リスクは高いと考えられる。また信用金庫では，長期の貸出比率が高く，短期の貸出は少ない。住宅ローンの比率が高いことも一因とみられる。したがって，信用金庫の貸出では，期間リスクからも信用コストは高くなる。こうして，都市銀行では信用コストが低くなり，信用金庫では信用コストが高くなるとみられる。

最後の競争要因であるが，都市銀行は大企業を含む法人向け貸出が多いが，優良貸出先であれば，貸出をめぐる競争は激しくなる。大企業向けでは無担保は当たり前で，複数の都市銀行が，低い貸出金利で競争する。このため，都市銀行の貸出金利は，相対的に低くなる。他方，信用金庫では個人や零細企業向けの貸出が多いため，比較的競争は緩く，高めの貸出金利となる。

また，都市銀行に比べ，第二地銀や信用金庫では，零細企業や中小企業向け貸出の比率は高くなる。大企業向け貸出に比べ，中小企業向け貸出では，小口性が明らかである。しかし，審査やモニタリングなどで発生するコストは，人件費などの固定費が中心であり，小口だからといって費用が逓減しない。このため，中小企業金融ではコスト高になり，貸出金利に反映される。図7-4における，業態別の貸出金利の差は，こうした資金調達コスト，信用コスト，競争環境，規模等が反映したものと理解される。

● 練 習 問 題
1　新古典派とフィッシャー方程式に関して説明しなさい。
2　日本の銀行貸出利鞘が，銀行経営に与える影響について論じなさい。
3　企業金融の特徴を，資本金階級別に述べなさい。

● 文 献 案 内
1　斉藤正［2003］『戦後日本の中小企業金融』ミネルヴァ書房
　　　決済機能の公共性という観点から，信用金庫など地域金融機関の重要性を論じる。
2　二上季代司・代田純編［2011］『証券市場論』有斐閣
　　　証券市場の入門テキストであるが，国債市場と金利の学習に適する。
3　小倉義明［2021］『地域金融の経済学──人口減少下の地方活性化と銀行業の役割』慶應義塾大学出版会

銀行貸出金利の形成などについて，地域金融機関の実状に合わせ学習できる。

● 引用・参考文献

ヴェーバー，M.（大塚久雄訳）［1989］『プロテスタンティズムの倫理と資本主義の精神　改訳』岩波文庫

川口弘［1971］『ケインズ一般理論の基礎』有斐閣

共同訳聖書実行委員会訳［1993］『新共同訳　聖書　旧約聖書続編つき』日本聖書協会

ケインズ，J. M.（塩野谷祐一訳）［1995］『雇用・利子および貨幣の一般理論』普及版，東洋経済新報社

スミス，A.（水田洋監訳・杉山忠平訳）［2000-01］『国富論』1 ～ 4，岩波書店（岩波文庫）

マルクス，K.（城塚登訳）［1974］『ユダヤ人問題によせて　ヘーゲル法哲学批判序説』岩波書店（岩波文庫）

第8章　銀行の収益構成と利益

福島県の福島駅前には，多くの銀行の本支店が並ぶ。写真左
は福島銀行本店ビル。写真右はきらやか銀行福島支店，左側
に日本銀行福島支店，大東銀行本店（著者撮影）

学習の課題
1　銀行の収益・利益について基本的な概念を理解して全体の動向を把握する。
2　利益の内容と動向を把握する。
3　役務取引等収益の構成を理解する。

1　銀行の収益と利益

　銀行の収益構成や損益の状況は，基本的には各行の損益計算書など期末の決
算資料を通じて明らかにされるが，銀行の損益計算書などは一般事業会社のそ
れと様式や勘定科目が異なるため注意が必要である。この節では，銀行の損益
計算書や利益指標の概要を説明するともに，収益・利益の大まかな構成や現況，
動向を明らかにする。なお，利益とは収益から費用を差し引いた額のことであ
る。

1.1 収益と費用

　銀行の業務報告書における損益計算書の概要と損益の現況は，表8−1のようにまとめられる。ここで，資料元の全国銀行協会に倣って都市銀行には埼玉りそな銀行が含まれるものとする（同協会によるものは本章以下同様）。また，地域銀行は地方銀行と第二地方銀行の合計，全国銀行は都市銀行と地域銀行の合計である（本章以下同様）。なお，本章で取り上げる全国銀行協会の資料は単体ベースである。銀行の損益計算書も一般事業会社のそれと同様，通常の事業活動で発生する経常利益に臨時で発生する特別損益を加減して当期純利益が示されるが，銀行の経常利益の計算区分では，一般事業会社の場合と異なり売上高や売上原価，営業利益などの項目がない。代わりに同区分では，資金運用収益・費用，役務取引等収益・費用，その他業務収益・費用，営業経費，その他経常収益・費用の5項目が表示され，さらに特定取引勘定設置銀行では特定取引収益・費用が，信託勘定を持つ銀行では信託報酬が示される。

　銀行の経常収益で圧倒的に大きいのは，貸出金利息や有価証券利息配当金などの資金運用収益である。同収益は経常収益の約6割を占めている（表8−1）。次いで大きいのは，役務（サービス）提供の対価として受けとる役務取引等収益で，この2つで経常収益全体の約8割を占める。特定取引とはトレーディング，すなわち相場の短期的な変動や市場間格差などを利用して利益を得ようとする取引のことで，大手行など一部の銀行はこのための専用勘定（特定取引勘定）を設置して特別の会計処理を行う。その他業務収益は，外貨建て資産や国債等債券，金融派生商品に係る売買・償還・評価益である。その他経常収益はそれら以外の経常収益で，国債等債券には含まれなかった有価証券の売却益である株式等売却益の割合が大きい。第14章で述べるように，近年は銀行の外国人持ち株比率が高まり，外国人株主から配当の増加を求められるようになったが，減益により配当原資を確保できなくなった銀行は，この株式等売却益を大幅に計上するようになった。最後に，銀行のなかには信託業務を兼営する銀行がいくつかあり，これらの銀行は銀行（自己）勘定とは別に信託（他人）勘定を有するが，この勘定における収益が信託報酬である。信託報酬は損益計算書では独立して記載されるが，次項で取り上げる決算状況表では記載がなくなり，その額は役務取引等利益に含まれることになる。

　経常費用に目を転じると，預金利息などの資金調達費用が必ずしも大きくな

表 8-1 損益計算書の概要と現況

(単位：100万円，%)

	全国銀行		都市銀行		地域銀行	
経常収益 ①	13,239,482	(100.0)	7,810,193	(100.0)	5,429,289	(100.0)
資金運用収益	7,937,451	(60.0)	4,159,118	(53.3)	3,778,333	(69.6)
貸出金利息	5,550,830	(41.9)	2,781,181	(35.6)	2,769,649	(51.0)
有価証券利息配当金	1,871,589	(14.1)	981,837	(12.6)	889,752	(16.4)
役務取引等収益	2,939,887	(22.2)	1,907,124	(24.4)	1,032,763	(19.0)
受入為替手数料	644,606	(4.9)	414,786	(5.3)	229,820	(4.2)
特定取引収益	65,763	(0.5)	62,167	(0.8)	3,596	(0.1)
特定金融派生商品収益	58,033	(0.4)	55,244	(0.7)	2,789	(0.1)
その他業務収益	1,019,252	(7.7)	764,981	(9.8)	254,271	(4.7)
外国為替売買益	461,849	(3.5)	408,584	(5.2)	53,265	(1.0)
国債等債券売却益	439,820	(3.3)	269,826	(3.5)	169,994	(3.1)
その他経常収益	1,252,347	(9.5)	893,617	(11.4)	358,730	(6.6)
株式等売却益	1,052,091	(7.9)	794,208	(10.2)	257,883	(4.7)
信託報酬	24,608	(0.2)	23,176	(0.3)	1,432	(0.0)
経常費用 ②	10,570,809	(100.0)	6,342,715	(100.0)	4,228,094	(100.0)
資金調達費用	1,000,415	(9.5)	881,722	(13.9)	118,693	(2.8)
預金利息	196,780	(1.9)	156,989	(2.5)	39,791	(0.9)
借用金利息	515,571	(4.9)	511,128	(8.1)	4,443	(0.1)
金利スワップ支払利息	53,439	(0.5)	100	(0.0)	53,339	(1.3)
役務取引等費用	1,033,973	(9.8)	576,101	(9.1)	457,872	(10.8)
支払為替手数料	136,277	(1.3)	91,924	(1.4)	44,353	(1.0)
特定取引費用	77,715	(0.7)	77,711	(1.2)	4	(0.0)
その他業務費用	913,383	(8.6)	537,654	(8.5)	375,729	(8.9)
外国為替売買損	1,073	(0.0)	−		1,073	(0.0)
国債等債券売却損	804,396	(7.6)	507,508	(8.0)	296,888	(7.0)
営業経費	5,807,258	(54.9)	3,002,957	(47.3)	2,804,301	(66.3)
人件費	2,423,409	(22.9)	1,064,306	(16.8)	1,359,103	(32.1)
物件費	2,980,974	(28.2)	1,763,029	(27.8)	1,217,945	(28.8)
税金	363,524	(3.4)	175,615	(2.8)	187,909	(4.4)
その他経常費用	1,737,847	(16.4)	1,266,559	(20.0)	471,288	(11.1)
貸倒引当金繰入額	964,027	(9.1)	695,680	(11.0)	268,347	(6.3)
株式等売却損	306,015	(2.9)	238,098	(3.8)	67,917	(1.6)
経常利益 ①-②	2,668,625		1,467,476		1,201,149	
特別利益 ③	140,731	(100.0)	98,941	(100.0)	41,790	(100.0)
固定資産処分益	43,738	(31.1)	32,429	(32.8)	11,309	(27.1)
特別損失 ④	293,267	(100.0)	229,134	(100.0)	64,133	(100.0)
固定資産処分損	38,124	(13.0)	17,965	(7.8)	20,159	(31.4)
減損損失	249,788	(85.2)	211,124	(92.1)	38,664	(60.3)
税引前当期純利益 ①-②+③-④	2,516,076		1,337,282		1,178,794	
法人税等合計 ⑤	690,513		351,635		338,878	
当期純利益 ①-②+③-④-⑤	1,825,520		985,644		839,876	

（注）　2021年度データ。全国銀行は都市銀行と地域銀行の合計。
（出所）　全国銀行協会「全国銀行財務諸表分析」をもとに筆者作成。

いことや，代わりに人件費・物件費などの営業経費が大きいこと，そしてそれらの傾向が都市銀行よりも地域銀行においてより顕著であることがわかる。経常費用に占める営業経費の割合は，都市銀行の約47.3％に対して，地域銀行では約66.3％である。なお，表8-1で借用金利息とは，日銀その他金融機関からの借入金に対する支払利息や再割引手形に対する支払再割引料のことである。また，金利スワップ支払利息とは金利変動リスクに対処するための金利スワップ契約に関する支払超過額（利息相当額，会計上の特例処理）などのことであり，この部分については，資金運用の原資を調達するための費用とは必ずしもいえないため，資金調達費用から控除される場合がある。

1.2　さまざまな利益

　銀行は，銀行法により業務および財産の状況を記載した業務報告書を提出しなければならないとされており，そのなかには前項でみた損益計算書も含まれるが，これとは別に銀行は決算状況表と呼ばれる報告書を金融庁などに提出しており，この資料の形式に基づく損益データあるいは利益指標が決算説明の場でも報告されている。それらは具体的には表8-2のようにまとめられる。

　この表では，まず業務粗利益が国内・国際業務別に記載される。業務粗利益は一般事業会社の売上総利益（売上高−売上原価，つまり付加価値額）に相当するもので，この内訳として資金利益，役務取引等利益，特定取引利益，その他業務利益の4つの項目が示されている。なお，前項の経常収益・費用と異なり「その他経常（利益）」はない（臨時損益などとして扱われる）。ここで，資金利益は資金運用収益から資金調達費用を控除した金額である。一般的に資金運用収益は市場金利の動向による影響を直接に受けるが，資金調達費用も同じ方向の影響を受けるため，両者を差し引きする資金利益は資金運用収益よりも市場金利に左右されにくく，したがって収益構成よりも利益構成の方が参考になる場合が多い。本章でも，次節までは収益ではなく利益を軸に説明することとする。

　そして，この業務粗利益から人件費や物件費などの経費を控除したものが実質業務純益で，さらにそこから一般貸倒引当金（信用リスクが低い債権についてまとめて計上する引当金）繰入額を控除したものが業務純益，一般貸倒引当金繰入額ではなく国債等債券関係損益（国債や社債，投資信託などの売却・償還損益，償却額）を控除したのがコア業務純益である。コア業務純益は，

表 8-2　利益指標の概要と現況

（単位：億円，％）

	全国銀行		都市銀行		地域銀行	
業務粗利益 ①	89,598	(100.0)	48,434	(100.0)	41,164	(100.0)
国内業務粗利益	67,764	(75.6)	28,348	(58.5)	39,416	(95.8)
資金利益	53,356	(59.6)	19,362	(40.0)	33,994	(82.6)
役務取引等利益	13,975	(15.6)	8,275	(17.1)	5,700	(13.8)
特定取引利益	162	(0.2)	138	(0.3)	24	(0.1)
その他業務利益	272	(0.3)	573	(1.2)	-301	(-0.7)
国際業務粗利益	21,834	(24.4)	20,086	(41.5)	1,748	(4.2)
資金利益	16,003	(17.9)	13,412	(27.7)	2,591	(6.3)
役務取引等利益	5,328	(5.9)	5,267	(10.9)	61	(0.1)
特定取引利益	-282	(-0.3)	-294	(-0.6)	12	(0.0)
その他業務利益	785	(0.9)	1,700	(3.5)	-915	(-2.2)
経費（△）②	58,649	(100.0)	30,589	(100.0)	28,060	(100.0)
人件費（△）	25,127	(42.8)	11,305	(37.0)	13,822	(49.3)
物件費（△）	29,871	(50.9)	17,529	(57.3)	12,342	(44.0)
税金（△）	3,649	(6.2)	1,754	(5.7)	1,895	(6.8)
実質業務純益 ①-②	30,948	(100.0)	17,845	(100.0)	13,103	(100.0)
国債等債券関係損益 ③	-4,379	(-14.1)	-2,598	(-14.6)	-1,781	(-13.6)
コア業務純益 ①-②-③	35,329	(114.2)	20,443	(114.6)	14,886	(113.6)
除く投資信託解約損益	33,620	(108.6)	19,419	(108.8)	14,201	(108.4)
一般貸倒引当金繰入額（△）④	-463		-983		520	
業務純益 ①-②-④	31,411		18,828		12,583	
臨時損益 ⑤	-4,728		-4,153		-575	
個別貸倒引当金繰入額（△）	9,281		7,122		2,159	
貸出金償却（△）	798		428		370	
株式等関係損益	6,126		4,528		1,598	
貸倒引当金戻入益	78		–		78	
償却債権取立益	666		412		254	
その他	-1,521		-1,544		23	
経常利益 ①-②-④+⑤	26,682		14,675		12,007	
特別損益 ⑥	-1,525		-1,302		-223	
税引前当期純利益 ①-②-④+⑤+⑥	25,157		13,373		11,784	
法人税等合計 ⑦	6,904		3,516		3,388	
当期純利益 ①-②-④+⑤+⑥-⑦	18,252		9,856		8,396	

（注）　2021年度データ。全国銀行は都市銀行と地域銀行の合計。
（出所）　全国銀行協会「全国銀行財務諸表分析」をもとに筆者作成。

コア業務純益＝業務純益＋一般貸倒引当金繰入額－国債等債券関係損益

であり，業務純益から一時的ないし特殊な要因で変動する損益を除くとか，より本来的な業務に着目するとか，基礎的な収益力を示すなどの意図や文脈で用いられる利益指標である。また最近では，投資信託の「解約」損益が銀行経理の不透明性につながっているとして，その「売却」損益のみならず解約損益までを除くコア業務純益が公表されるようになっている。

1.3　利益を規定する費用要因

　銀行の利益を費用面から規定する要因として最大のものは，人件費や物件費などの経費である。2021 年度の全国銀行のデータでみると，業務粗利益の約 9 兆円に対し，人件費等の経費合計は約 6 兆円である（表 8-2）。このほかにも，大きな費用要因として「信用コスト」がある。信用コストとは，表 8-2 の用語を使うなら一般貸倒引当金繰入額と個別貸倒引当金（信用リスクが高い債権について個別に見積もって計上する引当金）繰入額，貸出金償却の合計から貸倒引当金戻入益と償却債権取立益を控除した計数で（本章以下同様），与信関係費用とも呼ばれる[1]。銀行は貸出金について，回収できないリスクに備えて貸倒引当金を計上する。そして，回収不能額がはっきりした段階でその額を貸出金から控除するが，これが貸出金償却である。貸出金償却は，すでに引当金を計上している部分はその引当金をもって充当するが，そうでない部分は当期の損失「貸出金償却」として損益計算書に新たに費用計上する。他方，当期において貸倒引当金を減額する場合，「貸倒引当金戻入益」として，また貸出金償却によって処理した債権が回収できた場合，「償却債権取立益」として収益計上する。

　信用コストは，リーマン・ショック（2008 年）以降は企業業績の改善を背景に「減少する」ことで長らく当期純利益を下支えしてきたが，2019 年度からは都市銀行を中心に新型コロナウイルス感染症拡大に係る予防的引当を計上したことにより大幅に増加した。

　また，近年では特別損益なども利益を費用面から規定する要因となっている。2019 年度に都市銀行で非常に大きなマイナスとなったが，これは三菱 UFJ 銀行が 9230 億円もの子会社株式償却（特別損失）を計上したことによる影響が大

きい。

　国債等債券関係損益や株式等関係損益など（いわゆる有価証券関係損益）については，本来金利や株価の動向に大きく影響されるが，近年ではとくに都市銀行で当期純利益の大きな下支え要因となっている。もっとも，2021年度についてはアメリカの利上げ（すなわち債券価格の下落）に伴い外国債で損失が膨らんだことなどを受け，国債等債券関係損益は大幅に悪化している。

　業務粗利益の構成比をみてみると，まず圧倒的に大きいのは資金利益で，都市銀行では2000年度以降の22年間の単純平均で約65.5％，地域銀行では同約88.3％を占めている。次に大きいのが役務取引等利益で，都市銀行では同約21.1％，地域銀行では同約10.8％を占め，とくに都市銀行ではこの期間を通じて構成比が2倍以上に高まった。特定取引利益とその他業務利益は，都市銀行においてこそ同約5.7％，7.6％と一定の存在感を持つが，地域銀行においては同約0.1％，0.8％とごくわずかな割合となっている。

2　銀行の利益の構成

　第1節において，銀行の収益から費用を引いたものが利益であること，利益には経常利益，当期純利益など一般企業と共通する指標のほか，業務粗利益，実質業務純益，業務純益，コア業務純益など銀行独自の利益指標があること，利益を規定する費用要因には，人件費など経費のほかに信用コスト等があることを学んだ。第2節では，より詳しく，当期純利益や業務粗利益について学ぶ。

2.1　当期純利益の内訳

　銀行の最終的な利益は，一般企業と同様に当期純利益である。しかし，銀行の当期純利益を規定する要因は独自なものである。プラス（増加）の要因として，コア業務純益，国債等債券関係損益（損失はマイナス要因），株式等関係損益（同）がある。他方，マイナス（減少）の要因として，信用コスト（貸倒引当金戻入益はプラス要因），法人税等合計，特別損益などその他（特別利益はプラス要因）である。この関係を図8-1が示している。

　都市銀行のコア業務粗利益は，2015年度に2兆1485億円であったが，19年度に9767億円まで減少し，その後21年度に2兆443億円まで回復した。表

図8-1 当期純利益とその内訳

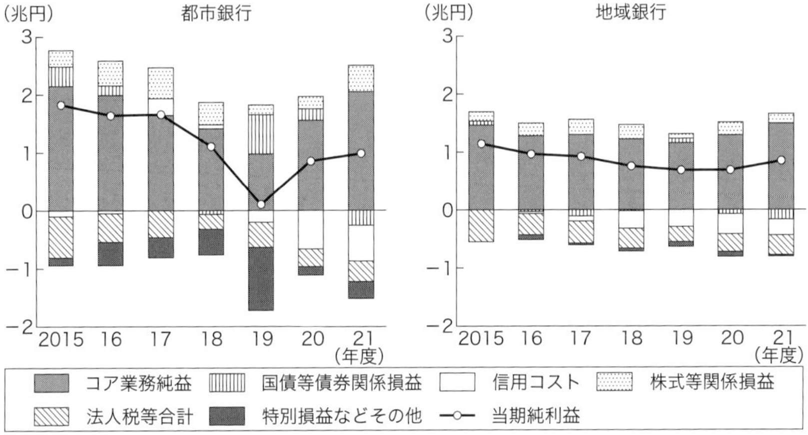

(出所) 全国銀行協会「全国銀行財務諸表分析」をもとに筆者作成。

8-2でもわかるように，都市銀行の業務粗利益のうち，資金利益は国内外合計で67.7％と7割近くを占め，資金利益の動向が業務粗利益の増減を規定するといって過言ではない。15年度から19年度にかけて，貸出利鞘が低下したため資金利益が減少したとみられる。他方，2019年度以降21年度にかけて，コロナ禍が発生し，信用保証がついた（第5章参照）貸出が急増し，量的拡大によって資金利益が増加し，このためにコア業務純益が増加したとみられる。

都市銀行の国債等債券関係損益は2015年度に3311億円，19年度に6752億円に達し，利益の大きな構成要因となってきた。日本銀行が量的・質的金融緩和を進め，国債を高値で大量に購入してきたこと（第4章参照）が主要な背景である。他方，21年度に入ると，アメリカが金融引き締めに転じ，利上げ局面に入ったことで，外債を中心に債券関係損失が計上された。

都市銀行の株式等関係損益は2017年度に5345億円に達し，いったん減少したが，21年度には4528億円に増加した。もともと，都市銀行は事業会社（法人）や非銀行金融法人等との株式相互持合を解消しており，持合解消により株式を売却し，売却益が計上されている。しかし，都市銀行の外国人持株比率は高く（第14章参照），配当原資確保のために，株式を売却している面もあろう。

他方，都市銀行の法人税等は2015年度には7122億円であったが，その後は3000〜4000億円台で推移している。利益は会計基準に基づくが，法人税は法

人税法によって算出される。このために，さまざまな要因が影響する。メガバンクは00年度以降約10年間，法人税を納税していなかったといわれた。これは主として繰越欠損金制度に起因するものとされた。繰越欠損金制度とは，法人（企業）が欠損法人（課税所得が赤字で，納税を免れている企業）である場合，欠損を次年度以降に繰り越して，所得と相殺し，税額を軽減できる制度である。メガバンクは1990年代に不良債権処理を迫られ，貸倒引当金の損金（非課税）処理も大きく，欠損法人となっていたため，法人税を免れていたとみられる。

都市銀行の信用コストは2017年度には2846億円の増益要因となったが，20～21年度に6000億円を超す減益要因となった。17年度に増益要因となった要因は，すでに第1節で説明したように，貸倒引当金戻入益や償却債権取立益が大きかったためである。反面，2020年度以降，信用コストが急増した背景は，コロナ禍に伴う貸出急増により，貸倒引当金を大幅に計上したためとみられる。コロナ禍での中小企業向け貸出の多くは，ゼロゼロ融資と呼ばれ，実質無利子・無担保であったから，都市銀行も貸倒リスクに備えたとみられる。

都市銀行の特別損益などは，2019年度に1兆円を超す損失となった。すでに説明したが，三菱UFJ銀行が9230億円もの子会社株式償却（特別損失）を計上したためである。

次に，地域銀行のコア業務純益は，2015年度に1兆4575億円であったが，19年度に1兆1549億円まで減少し，21年度に1兆4886億円まで回復した。19年度までの減益は主として貸出利鞘の低下，21年度までの回復は主として，コロナ禍による貸出増加という量的拡大に起因するとみられ，都市銀行と同様の背景とみられる。

地域銀行の国債等債券関係損益は，2017年度に1187億円の減益要因，21年度にも1781億円の減益要因となった。21年度においては，アメリカの利上げによって，外債の価格が低下し，損失が増加したとみられる。ドル建債券は，国内の国債等に比べ利回りが高いため，地域銀行が保有を増加させてきたが，利上げによって裏目に出ている。また，メガバンクを中心に，CLOなどの証券化商品を保有しているが，一部の地域銀行も証券化商品を保有しており，やはりアメリカの利上げによって損失を被ったとみられる。

このため，地域銀行は株式等関係利益を計上せざるをえない。地域銀行の同利益は，2016年度以降，多くの年度において2000億円以上計上されている。

しかし，含み益（時価が簿価より高い）がある株式を売却することは，銀行の体力を弱めることになる。こうした株式等関係利益の計上によって，地域銀行の当期純利益は維持されている。

2.2　業務粗利益と構成

以上で，当期純利益の内訳を学んだ。当期純利益の中心はコア業務純益であった。そこで，以下ではコア業務純益の基礎となる，業務粗利益に関して学ぶ。表8-2でみたように，業務粗利益は国内外の資金利益，役務取引等利益，特定取引利益，その他業務利益から構成されている。図8-2は，2000 ～ 21年度における都市銀行，地域銀行の業務粗利益と4つの利益の構成比率を示している。

まず，業務粗利益の金額であるが，都市銀行では2000年度に5兆4653億円であったが，2021年度には4兆8434億円と，6219億円（11.4％）減少した。他方で，地域銀行は同じく5兆596億円から4兆1164億円と，9416億円（18.6％）減少した。減少額，減少率ともに地域銀行が都市銀行を上回る。

業務粗利益の構成をみると，都市銀行と地域銀行で大きな違いがある。第1に，都市銀行に比べ，地域銀行では資金利益の構成比率が高いことである。資金利益の構成比率は，地域銀行では2000年度に90.6％であったが，21年度でも88.9％である。他方，都市銀行では，同じく77.2％から67.7％へ低下している。資金利益には，貸出金利息のほか，有価証券利息配当金も含まれるが，基本的には前者が中心であり，とくに地域銀行ではその傾向が強い。表8-1でもわかるように，地域銀行では貸出金利息が経常収益の50％以上を占めている。貸出金利回りや貸出利鞘は低下しており（第7章図7-4），資金利益の構成比率が高い地域銀行にとって，業務粗利益の減少要因になっているとみられる。

第2に，役務取引等利益の構成比率は都市銀行で高く，地域銀行で低くなっている。都市銀行で同比率は，2000年度に12.5％であったが，21年度には28％（国内外合計）まで上昇した。他方，地域銀行では同じく7.5％から13.8％まで上昇した。図8-2は単体ベースであり，連結ベースではないが，役務取引等利益の構成比率は都市銀行と地域銀行では，大きな差がある。

第3に，特定取引利益の構成比率は，都市銀行では変動するものの，おおむね3 ～ 5％程度ある。しかし，地域銀行では近年，0.1％とほぼないに等しい。

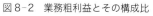

図8-2 業務粗利益とその構成比

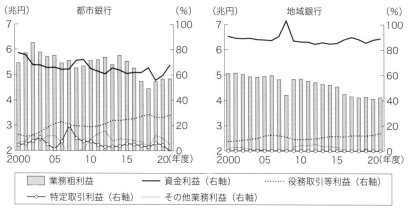

（出所）全国銀行協会「全国銀行財務諸表分析」をもとに筆者作成。

すでに説明したように，特定取引利益はトレーディング等による利益であり，有価証券等の売買業務等では，都市銀行と地域銀行では差がある。

　以上のように，業務粗利益の構成からみると，都市銀行では多様化が進んでいるが，地域銀行では資金利益中心といえる。

3　役務取引等収益と利益

　役務取引等利益は，手数料収入による利益である。銀行の手数料というと，投資信託等の販売手数料など，証券業務での手数料がイメージされやすい。しかし，今日，銀行の役務取引に関連する業務は幅広くなっており，また業務粗利益でも 21.5%（表8-2 参照，国内外合計，単体）に達し，銀行の利益において存在感が高まっている。また都市銀行では，役務取引等利益は業務粗利益において 28%（同）となっており，比重が高い。なお，以下で説明するように，銀行の役務取引等収益は，単体と連結では大きく異なる。これは，連結ベースでは証券子会社等が含まれるためである。第1節から第2節までは単体ベースでみてきたが，第3節では連結ベースを中心にみていく。

3.1 役務取引等収益の構成

　本項では，役務取引等収益がどのような構成になっていて，銀行がどういうビジネスから手数料を得ているのかを明らかにする。すでに説明したように，銀行の業務粗利益の中心は資金利益である。しかし資金利益は，主として預金・貸出等の利鞘に基づくから，近年は減少傾向にある。そこで，近年，銀行は役務取引等収益に注力してきた。全国銀行（計）をみると，役務取引等収益（連結）は 2016 年度に 4 兆 1628 億円であったが，21 年度には 4 兆 4521 億円と増加している。また，経常収益に占める役務取引等収益の構成比は，16 年度には 20.8％であったが，21 年度には 22.5％まで上昇した。銀行の経常収益において，役務取引等収益の構成比は連結ベースでみても増加している。

　業態別にみると，同じ期間で都銀（5 行）の役務取引等収益（連結）は同じく 2 兆 3028 億円から，2 兆 4511 億円に増加しているが，地銀（同）も 8642 億円から 9742 億円に増加している。都銀の役務取引等収益の増加要因としては，為替業務，証券関連業務等で収益が増加したことが挙げられる。三井住友銀行では役務取引等収益は 2016 年度に 7259 億円あったが，20 年度に 6320 億円まで，約 1000 億円減少したものの，21 年度には 7109 億円まで回復した。要因としては，20 年度までは，証券関連業務手数料，とくに投資信託販売手数料が減少し（投資信託販売手数料を独自項目として公表している銀行は，都銀では三井住友だけである），21 年度に投資信託販売手数料が増加したことである。簡潔に表現すれば，都銀（連結）の役務取引等収益の動向は，証券関係の手数料に左右されやすい。他方，地銀では，預金・貸出手数料が増加したことに加え，証券関連業務，保証業務でも伸びている。銀行の役務取引等収益の内容について，以下でみていく。

　銀行の役務取引等収益の構成としては，大きく 6 分野からなり，「預金・貸出業務」「為替業務」「証券関連業務」「代理業務」「保護預り・貸金庫業務」「保証業務」である。「預金・貸出業務」での手数料は，ATM での手数料や預金口座振替手数料などが中心である。このほか，手形小切手交付手数料，ローン取扱手数料，口座維持手数料，シンジケートローン関係手数料などが含まれる。口座維持手数料は，日本の銀行によっては，従来ほとんど徴収されてこなかったが，ドイツなど欧州ではかなり導入されている（第 5 章参照。ユーロ圏では ECB によるマイナス金利政策により，銀行の利鞘が縮小し，多くの民間銀行が口座

維持手数料を導入した）。日本では，預金口座の残高が一定額以下である場合，ATMの利用手数料を課すというスタイルが多い。

　次に「為替業務」での手数料とは，為替（決済）に伴う手数料であり，決済を依頼する顧客や仕向銀行（振込元となる銀行）から受け取る手数料である。全銀ネットを利用した銀行間送金では，手数料が発生する（第11章参照）。また，外国為替関係の手数料も含まれる。「証券関連業務」での手数料とは，社債等受託手数料や投資信託販売手数料などである。日本では，歴史的に，企業が社債を発行した場合，大手銀行等が社債受託銀行として関与し，手数料を受け取ってきた。これにより，社債受託銀行は企業の社債がデフォルトを起こした場合，一括買い取りをしてきた。しかし，最近では，規制緩和が進み，社債管理者（社債管理会社から変更）を不設置とすることも認められ，社債の8割程度がFA債（社債管理者不設置債）となっており，社債管理者を設置する社債は2割程度になっている。このため，社債受託手数料は減少している。

　「代理業務」での手数料とは，証券元利払手数料や配当金取扱手数料などが代表例であり，証券の発行体に代わり，元利金や配当を支払うことにおける手数料である。「保護預り・貸金庫業務」による手数料とは，有価証券などの保護預りや貸金庫による手数料である。有価証券の保護預かりは，有価証券が紙ベースであった時代に，銀行が預かっていたもので，近年では減少している。「保証業務」による手数料とは，一般債務保証や手形引受（第6章におけるマーチャント・バンクの説明を参照。裏書により信用保証を与える）による手数料などである。

　まず預金・貸出関係の手数料は，全国銀行ベースで1兆4552億円（2021年度，連結）と，役務取引等収益の33％を占めている（図8-3参照）。また都銀では，1兆507億円で，同じく43％を占めており，銀行の役務取引等収益の中心になっている。預金・貸出関係の手数料の内訳は，CD・ATM関係の手数料（ATMでの振込手数料，時間外手数料等）が構成比30〜40％，口座振替関係（預金口座からの振替での決済手数料。たとえば，電力料金が振り替えられると，電力会社は銀行に対し，手数料を支払う）が40〜50％，と中心になっている。役務取引等収益の構成比は，銀行によって情報開示に差があるため，概数でしか示せない。このほか，貸出関係が10％未満，シンジケートローン関係（第12章など参照）が20％程度となっている。CD・ATM手数料は出入金等の手数料であり，

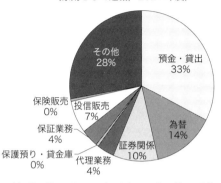

図 8-3　全国銀行の役務取引等収益の構成
（原則として連結，2021 年度）

（出所）「ニッキンレポート」2022 年 8 月 22 日号
から作成。

　口座振替関係は口座引落し等での手数料であるが，両者を合計すると，預金・貸出業務手数料の 7 ～ 9 割に達し，銀行の役務取引等収益の中心になっている。
　為替業務による手数料は，主として振込手数料であるが，全国銀行ベースでは 6435 億円で，役務取引等収益の 14.5％を占めている。また都銀では 4486 億円で，同じく 18.3％に達している。銀行の役務取引等収益は預金・貸出関係と為替関係で，おおむね半分近くを占めており，役務取引等収益の動向を規定している。銀行の役務取引等収益（単体）の動向は，預金・貸出関係と為替関係の手数料に規定されていよう。キャッシュレス化やフィンテックといった流れのなかで，LINE 等の送金業者との競争が強まっていることで，銀行の役務取引等収益は徐々に影響されているとみられる。預貸利鞘が縮小するなかで，最近，銀行は振込手数料等の引き上げに動いているが，それが収益の増加につながるか，不透明である。消費者が，一段とフィンテック業者の利用に向かうことも考えられる。
　証券関連の手数料では，証券仲介手数料も重要な要因とみられる。銀行子会社（銀行持株会社での証券子会社を含む）の証券会社が販売する金融商品（証券等）に関し，銀行が顧客の注文を証券子会社に仲介した際の手数料である。また資本関係がない一般の証券会社に，銀行が顧客の注文を紹介した際の手数料もある。
　このほか，主要な証券関連の手数料として，投資信託や保険の販売手数料が

ある（図8-3）。銀行は投信販売や保険に注力しているが，それは販売手数料が得られるからである。しかし，全国銀行ベースでは投信販売手数料が2917億円（2020年度比487億円増）となっており，手数料として構成比率は高くないものの，増加している。ただし，投信や保険の販売手数料を独自に開示している銀行は必ずしも多くない。このために，投信や保険の販売手数料が実態よりも小さくなっている可能性がある。個別で投信販売手数料を開示している銀行として，三井住友銀行が302億円（同43億円増），三菱UFJ信託銀行が2201億円（同393億円増），群馬銀行が29億円である。三菱UFJ信託銀行では，定年退職者の退職金の受け皿として投資信託販売を強化しているし，富裕層ビジネスにも注力しているとみられる。また投信販売手数料と保険販売手数料の合計を公表している銀行として，福岡銀行が90億円，紀陽銀行が34億円，京都銀行が35億円，滋賀銀行が40億円であり，いずれも前年度比で増加している。

このほか，リース業務で静岡銀行は290億円（同10億円増），清水銀行は43億円（同1億円増）の手数料がある。静岡銀行では，リース業務（法人向け資金リースが中心とみられる）による手数料が，役務取引等収益の40%，清水銀行でも41%に達しており，注目される。

3.2　役務取引等利益に関する連結と単体の比較

2021年度決算（連結）において，大手銀行5行（3大メガバンク，りそなホールディングス，三井住友トラスト・ホールディングス）の業務粗利益は10兆5121億円に達したが，うち役務取引等利益は4兆1924億円（前期比8.4%増）であり，手数料による利益は粗利益の4割程度を占めた。なかでも，りそなホールディングスは，手数料による利益が過去最高の2082億円に達した。資産運用分野（ラップ・アカウントでの運用手数料，第14章参照）や法人ソリューション分野（シンジケート・ローン，私募債等）での手数料が増加した。大手銀行では，業務粗利益において，手数料による利益の構成比は高まっている。なお，法人ソリューションという用語は，法人の問題や課題を解決する（solution）ということに語源がある。

銀行の役務取引等収益を，連結でみるか，単体でみるか，によって大きく異なる。たとえば，三井住友銀行の場合，銀行単体での手数料による利益（業務粗利益ベース，2021年度）は678億円であったが，三井住友フィナンシャルグ

ループ（連結）では，1065億円に達している。連結ベースで手数料による利益が大きくなる要因としては，連結対象のSMBC日興証券などが含まれるためとみられる。証券会社の収益の多くは，手数料収入である。また，三菱UFJフィナンシャル・グループの場合も，銀行単体では手数料による利益は365億円であるが，連結での同利益は1764億円と5倍近くに達する。連結では，三菱UFJ証券が加わるし，またアメリカで大手の投資銀行（現在は銀行持株会社）であったモルガン・スタンレー（第6章参照）が持分法適用会社として連結決算に寄与している。リーマン・ショック以降，三菱UFJフィナンシャル・グループはモルガン・スタンレーの株主となった。

3.3　新しい手数料ビジネスの模索

　銀行の役務取引等収益と同利益に関して，地方銀行が注目されている。地銀のなかで，役務取引等収益が多い銀行は，第1位が静岡銀行で729億円（2021年度，連結，経常収益構成比30.1％），第2位が千葉銀行で569億円（同，24.1％），第3位が横浜銀行で566億円（単体，25.9％），第4位が福岡銀行で438億円（連結，22.4％）となっており，これらの地銀すべてで増加している。銀行によって情報開示に違いがあるため，単純に比較できないが，目安にはなるであろう。千葉銀行は地方銀行として，役務取引等収益が多い銀行である。また同行は役務取引等利益に関して情報開示に積極的で，内訳も詳細に公表している。

　同行（単体）の役務取引等利益は2016年度に191億円であったが，21年度には275億円となっており，確実に増加している。21年度における同行の業務粗利益は1615億円であり，役務取引等利益は構成比17％となっている。もっとも同行は資金利益でも1318億円と前期比72億円増加しており，優良な地方銀行である。

　役務取引等利益275億円の主な内訳をみると，法人ソリューション関連が128億円（前期比12億円増），預り資産関連が71億円（同9億円減），信託・相続関連が17億円（同4億円増），キャッシュレス関連が13億円（同6億円増）となっている。

　法人ソリューション関連手数料として，シンジケート・ローン関係手数料が99億円（前期比6億円増）と中心を占めている。シンジケート・ローンは海外ではなく，千葉県内外での国内が伸びているとみられ，PFI（Private Finance

Column ④　銀行，頭取の語源と国立銀行の背景

　明治時代に国立銀行が設置されたとき，アメリカの National Bank（国法銀行）が直訳されたとされる。バンクは両替屋とか，為替会社とも訳されたが，中国では「行」という字が商店として使用されてきた。また，明治期の貨幣制度は実質的に銀本位制であった。こうした背景から，「銀行」という名称が広まったといわれる。

　次に，頭取という名称である。一般の企業であれば，社長という名称であるが，銀行では頭取という名称が使用されてきた。雅楽を演奏する際に，首席演奏者が音を最初に出し，「音頭」をとる。この役割を「音頭取」と呼ぶが，頭取という名称は音頭取に由来するとされる。1872（明治5）年の国立銀行条例では，頭取という用語が使用されている。

　1872 年に国立銀行条例が制定されたが，資本金の4割を正貨（金貨）とし，銀行券の兌換準備とした。しかし，これは銀行にとって厳しいもので，東京，横浜など4つの国立銀行しか設立されなかった。その後，1876（明治9）年に国立銀行法が改正され，銀行券と正貨の兌換を停止し，銀行券の発行限度を資本金の 60％から 80％に拡大した。この改正によって，国立銀行が 153 行に増加した。

　このうち，100 行前後は士族銀行あるいは禄券銀行であったといわれる。明治政府は 1876 年に秩禄処分を実施し，旧士族への禄（実質的に給与）を廃止し，公債に切り換えた。交付された公債（禄券）は，わずかな利子しか受け取れなかったが，改正後の国立銀行条例によって国立銀行の資本金とすることが特例として認められた。こうして国立銀行の多くは，士族によって設立された。

　1880 年における国立銀行の株式保有状況を見ると，華族（旧大名，公卿）が44.1％，士族が 31.9％を保有しており，両者を合計すると，76％に達する。他方で，平民（農工商）による保有は 18％にとどまっていた。明治時代の日本において，銀行業は支配階層によって設立されたことは明らかである。この点，英米において，少なくない投資銀行やマーチャント・バンク等が，差別されてきたユダヤ人によって始められたことと対照的である。ただし，日本においても，その後，士族は没落し，1885 年には商人株主が士族株主を上回った。

　今日，銀行の自己資本比率は，対総資産比率であり，自己資本比率＝自己資本÷総資産残高で算出される。しかし，日本銀行の自己資本比率だけは，対銀行券平均発行残高であり，自己資本比率＝自己資本÷銀行券平均発行残高である。この理由に関し，日本銀行は公式には説明していない。もちろん，日本銀行券は日本銀行の負債であり，負債に対し，一定の自己資本比率を維持するという論理はある。しかし，今日，日本銀行の負債としては，当座預金がはるかに大きい。明治時代の国立銀行条例では，銀行券の発行限度が資本金に対する比率で規定されており，その名残と推測される。キャッシュレス決済とデジタル通貨の時代に，いささか時代遅れの感が拭えない。

Initiative. 公共的な事業を民間資金で行うこと）やプロジェクト・ファイナンスの増加が影響している（第5章参照）。シンジケート・ローン手数料率は，米系大手銀行では3％程度あり，日本国内でも1％程度あるため，銀行にとってメリットが大きい。また，シンジケート・ローンのなかでも，コミットメント・ローン（借り入れる企業が期間・金額等をコミットメントの範囲内で自由に設定できる）手数料やコベナンツ・ローン（無担保であるが，財務制限条項等を課す）手数料が増加している。千葉銀行は地銀として初めて海外のシンジケート・ローンに参加しており，最近は組成（オリジネーター）手数料も得ている。

　これに次いで，ビジネス・マッチング手数料が13億円（同1億円増）である。ビジネス・マッチングとは，近年銀行が注力している業務で，たとえば百貨店に食料品生産者を紹介する等である（第14章参照）。銀行はこうした斡旋・紹介業務でも手数料を得ている。またM&A・アドバイザリー手数料が11億円（同5億円増）ある。近年，後継者不足等で中小企業が売却されることが増えており，銀行が企業の売買を仲介するケースが増えている。さらに私募債による手数料が4億円（同増減なし）あり，SDGs（第5章参照）私募債などの発行増加に対応し，引受手数料が得られている。

　預り資産関連の手数料71億円の内訳としては，投資信託手数料が37億円（同1億円減）で中心である。また年金・保険手数料が25億円（同8億円減）あり，個人（私的）年金や生命保険の販売手数料とみられる。金融商品紹介手数料が6億円（同増減なし）あり，株式売買等を証券会社等に紹介した際の手数料とみられる。

　さらに信託・相続関連の手数料も増加しているが，現在，千葉銀行のような普通銀行でも信託業務の一部を営むことができる。とくに，遺言信託などの相続に関連する分野が伸びている。千葉銀行は地銀として最初に信託免許を得た。同時に，キャッシュレス関連の手数料も急成長しているが，千葉銀行は2019年10月に銀行本体で加盟店事業に参入した。キャッシュレス券売機，モバイルPOS（販売時点）レジ，B to B（企業間）決済などで，決済プラットフォームを構築し，加盟店を募っている。22年4月からQRコード決済（主要ブランドに対応）を開始し，22年10月からはグーグル・ペイとも連携する予定である。

〈注〉
1) 信用コストには，このほか，データに制約はあるが「貸出債権売却損」や「特定海外債権引当勘定繰入額」，「偶発損失引当金繰入額」などが算入される。

● 練 習 問 題
　1　業務純益，コア業務純益，業務粗利益の特徴と違いについて説明しなさい。
　2　都市銀行および地域銀行の業務粗利益の構成について説明しなさい。
　3　銀行の役務取引等収益の構成について説明しなさい。

● 文 献 案 内
　1　銀行経理問題研究会編［2016］『銀行経理の実務（第9版）』金融財政事情研究会
　　　　銀行の財務資料に関する説明が詳細かつ包括的に記述されており，銀行の経理実務においても総合的な手引書となっている。
　2　全国銀行協会企画部金融調査室編［2017］『図説 わが国の銀行（10訂版）』財経詳報社
　　　　日本の銀行の基本業務，銀行を取り巻く環境変化について平易に説明する。
　3　杉山敏啓［2021］『銀行業の競争度──地域金融への影響』日本評論社
　　　　ミクロ価格理論に基づき，金利を資金貸借における価格と位置づけ，詳細に分析している。

● 引用・参考文献
秋田銀行編［1979］『秋田銀行百年史』
八十二銀行編［2013］『八十二銀行八十年史』
日本銀行「金融システムレポート」「金融システムレポート（別冊）」日本銀行ウェブサイト
日本金融通信社「ニッキンレポート」各号
各行，決算関連資料

第9章　銀行の費用と銀行経営

1913 年（大正 2 年）に二十三銀行（現在の大分銀行）本店
として建設された赤レンガ館。同行は，ATM はセブン銀行
と提携してきた（著者撮影）

学習の課題
1　日本の銀行数，支店数，ATM 数を国際比較で考える。
2　銀行の費用は何か，について学ぶ。
3　日本の銀行の収益性や利益率を国際比較で考える。
4　銀行の設備投資，システム投資の重要性を学ぶ。

1　銀行数，支店数，ATM 数の推移

　日本の銀行数は国際比較した場合に，多いのか，以下で学ぶ。また，人口当たりの支店数や，人口当たりの ATM 数といった指標から，日本におけるオーバーバンキング問題を考える。

1.1　日本の銀行数

　すでに第 6 章本文と図 6-1 で説明したように，国際比較した場合，日本の銀行数自体は決して多くない。国際比較すると，アメリカで圧倒的に銀行数が多く，BIS のデータによると，2020 年現在，1 万 396 行ある。これは，アメリ

カでは歴史的に州際規制があったため，小規模の地域銀行がおびただしく存在してきたためによる。これについで，ドイツの銀行数が1394行であり，日本は1257行であった。アメリカと同様に，ドイツも連邦国家であり，州政府の権限が強く，銀行も州政府によって規制されてきた。

オランダ，スウェーデンは現在フィンテックやキャッシュレス化が急速に進んでいるが，銀行数も急速に減少している。オランダの銀行数は，2012年には272行であったが，20年には94行まで減少した。先進国にあっては，フィンテックやキャッシュレス化の進展は，銀行数や支店数の減少をもたらすとみられる。

表9-1は，日本の銀行数と支店数を業態別にみたものである。銀行数の合計は，2020年に508行となっており，BISによる1257行と乖離しているが，BISのデータは農協や漁協などすべての預金取扱機関を含むためとみられる。日本の都市銀行は，1955年から85年まで13行であったが，2000年には9行，そして20年には5行に減少した。5行とは，三菱UFJ銀行，三井住友銀行，みずほ銀行，りそな銀行，埼玉りそな銀行である。一例として，三菱UFJ銀行の場合，1985年時点での，三菱銀行，東京銀行（前身は横浜正金銀行），東海銀行，三和銀行という4つの都市銀行が合併している。日本における大手銀行の合併を促した要因として，90年代における不良債権処理，システム関係費などコスト軽減，国際競争力の強化等を指摘できる。

次に地方銀行についてであるが，1955年における65行から2020年に62行と3行の減少にとどまっており，業態別にみると，最も減少数が小さい。都市銀行が地域圏での貸出等をほとんど手掛けないなか，地方銀行は地域，都道府県において優位な位置にあったと考えられる。また地方銀行の合併はアンブレラ方式が中心で，銀行持株会社（ホールディング・カンパニー）のもとに，銀行が存続しており，従来の銀行数に変化はない。たとえば，ほくほくフィナンシャルグループのもとに，北海道銀行と北陸銀行があり，地方銀行数として2行とカウントされている。ただし，10年に関西で池田銀行と泉州銀行が合併し，1行となった事例もある。なお，アンブレラ方式での銀行合併は，地方銀行に限らず，店舗数や職員数などコスト削減効果は小さいとみられる。

第二地方銀行は多くが相互銀行から1989年に転換して形成された。95年における71行から，2020年には38行と，半減に近い。第二地方銀行では，ア

表 9-1　日本の銀行数と支店数

銀行数

年	1955	1960	1965	1970	1975	1980	1985	1990
都市銀行	13	13	13	15	13	13	13	12
地方銀行	65	64	63	63	63	63	64	64
信託銀行	6	7	7	7	7	7	7	7
長期信用銀行	2	3	3	3	3	3	3	3
相互銀行（第二地銀）	71	72	72	72	72	71	69	68
計	157	159	158	160	158	157	156	154
信用金庫	553	538	526	502	471	461	456	451
信用組合	357	461	529	532	489	476	448	407
合　計	1,067	1,158	1,213	1,194	1,118	1,094	1,060	1,012

支店数

年	1955	1960	1965	1970	1975	1980	1985	1990
都市銀行	1,779	1,739	1,978	2,356	2,465	2,617	2,766	3,032
地方銀行	3,608	3,581	3,936	4,058	4,641	5,283	6,120	6,619
信託銀行	98	158	226	255	282	309	353	378
長期信用銀行	13	19	26	31	40	51	61	71
相互銀行（第二地銀）	1,753	2,079	2,513	2,684	3,219	3,664	4,081	4,388
計	7,251	7,576	8,679	9,384	10,647	11,924	13,381	14,488
信用金庫	1,670	2,018	2,713	3,275	4,085	5,124	6,505	7,429
信用組合	269	509	1,101	1,474	1,718	2,032	2,318	2,491
合　計	9,190	10,103	12,493	14,133	16,450	19,080	22,204	24,408

（注）　1　2000 以降は，支店は国内のみで出張所を含まない。
　　　　2　—は不明。
（出所）　1995 年度までは日本銀行『経済統計年報』，2000 年度以降は『全国銀行財務諸表分析』，
　　　ウェブサイトなどから筆者作成。

ンブレラ方式ではなく，銀行本体の合併が多いため，銀行数の減少をもたらした。きらやか銀行（山形しあわせ銀行と殖産銀行が07年に合併），北洋銀行（札幌銀行と08年に合併），筑波銀行（地方銀行であった関東つくば銀行が第二地方銀行の茨城銀行と10年に合併）などの事例がある。

　信託銀行は，全国銀行協会に加盟する信託銀行としては，表9-1にあるように，現在4行（みずほ，三井住友，三菱UFJ，野村）である。しかし，金融庁が銀行免許を認めている信託銀行は13行あり，オリックス銀行等がこれにあたる。また，りそな銀行は都市銀行に区分されるが，旧大和銀行が都市銀行として唯一信託兼営を認められていた経緯から，信託業務を行っている。信託銀行も2000年には8行あったが，三井信託銀行と住友信託銀行が合併して三井住

1995	2000	2005	2010	2015	2020
11	9	6	6	5	5
64	64	64	63	64	62
—	8	7	6	4	4
3	1	0	0	0	0
65	54	47	42	41	38
143	136	124	117	114	109
418	371	292	271	265	254
370	—	172	158	153	145
931	507	588	546	532	508

1995	2000	2005	2010	2015	2020
2,975	2,418	1,954	2,003	2,044	2,070
7,106	7,108	6,716	6,740	6,794	7,010
378	375	236	215	227	220
69	24	0	0	0	0
4,457	3,773	3,129	2,946	2,898	2,685
14,985	13,698	12,035	11,904	11,963	11,985
7,921	7,842	7,195	7,052	6,883	6,702
2,474	—	1,676	1,552	1,503	1,437
25,380	21,540	20,906	20,508	20,349	20,124

『信用金庫 60 年史』，信金中金 地域・中小企業研究所

友信託銀行となるなど，20 年には 4 行に半減した。

長期信用銀行は，1955 年に 2 行（日本興業銀行，日本長期信用銀行）であり，57 年に日本不動産銀行（後に日本債券信用銀行となり，現在はあおぞら銀行）が設立され 3 行となったが，3 行とも不動産融資の失敗等から普通銀行に転換し，現在は 0 となった。長期信用銀行は，特権的に金融債という債券発行によって資金調達が認められ，企業に長期貸出をしてきた。都市銀行などは，80 年代以前には債券発行を認められず，もっぱら預金によって資金調達していた。他方，長期信用銀行は金融債（5 年物等）を発行でき，地方銀行や投資信託が購入したので，安定的に資金調達が可能であった。しかし，長期信用銀行の貸出先であった大企業製造業の銀行離れが進み，不動産融資に貸し込み，不良債権化し，経営破綻した。日本興業銀行は第一観業銀行，富士銀行と合併してみずほ銀行となり，日本長期信用銀行は新生銀行となっている。

信用金庫数は 1955 年に 553 金庫であったが，2020 年には 254 金庫とほぼ半減した。また信用組合も同じ時期に，357 組合から 145 組合にやはり半減した。同一の業態内部での合併が中心である。信用金庫，信用組合は協同組織金融機関であって，株式会社である地方銀行や第二地方銀行とは組織のあり方が異なり，そもそも合併は難しい。

以上のような事情で，日本の銀行数は 2020 年現在，109（信用金庫等含めると

508）となった。しかし，可住地面積（国土面積から山地・森林等を控除）当たりで銀行数をみると，状況は一変する。日本の可住地面積は約 10.35 万 km² で先進国では最も狭い。可住地面積 1 万 km² 当たり，124（BIS データ）行ある。他方，アメリカで可住地面積は 644.2 万 km² であるため，可住地面積 1 万 km² 当たり 16.6 行となり，日本を大幅に下回る。日本の銀行数が少ないとは，いいきれない。

1.2　日本の銀行支店数

　まず，国際比較の視点から，日本の銀行支店数について確認しておきたい。図 9-1 は，BIS のデータから作成した，人口 1 万人当たりの支店数である。人口当たりの支店数は，オーバーバンキングの指標として，しばしば使用されている。図 9-1 によると，最も多いのはフランスであり，2012 年に 5.81 支店であったが，20 年には 4.85 支店に減少したものの，主要国としては最も多くなっている。フランスは，日本と同様に，公的金融が歴史的に発達した国であり，郵便局数が支店数を押し上げた要因とみられる。

　フランスについで支店数が多い国が日本である。日本では，2012 年に 4.27 支店であったが，19 年には 4.17 支店に減少したものの，フランスに次いで多くなっている。図 9-1 の原データ（日本）としては，人口 1 億 2623 万人，支店数 5 万 2101（20 年）である。他方，表 9-1 によると，銀行や信用金庫等の支店数の合計は 2 万 124 であり，約 3 万支店の差がある。約 3 万支店の差は，郵便局が約 2 万支店，農協が約 8000 支店で主要なものである。日本では銀行，信用金庫だけではなく，ゆうちょ銀行（郵便局）や農協の店舗数が多く，人口当たりの支店数を押し上げている。

　他方，図 9-1 において，アメリカの人口 1 万人当たり支店数は，2012 年に 3.73 支店であったが，20 年には 3.22 支店に減少した。すでに第 6 章でも説明したように，アメリカでは州際規制だけでなく，単店規制もあり，支店を持たない銀行があったため，支店数は少ない。またドイツでは 12 年に 4.74 支店であったが，20 年には 2.89 支店まで減少した。ドイツでは 8 年間で約 40% の支店が削減されている。ドイツでもポストバンク（郵便局の金融機能が民営化され，現在はドイツ銀行傘下）の比重が高く，ポストバンクの支店削減が目立っている。これに加え，貯蓄銀行や信用協同組合など地域のリテール銀行でも支店削減が

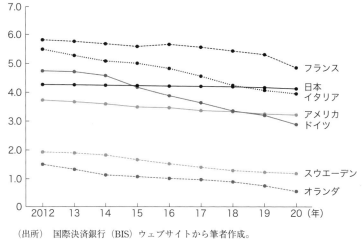

図 9-1　人口 1 万人当たり支店数

（出所）　国際決済銀行（BIS）ウェブサイトから筆者作成。

進んでいる。図 9-1 において，キャシュレス化やフィンテックが進むオラン
ダやスウェーデンの支店数はかなり少ないうえ，傾向的に減少している。オラ
ンダの 1 万人当たり支店数は 20 年には 0.57 まで低下した。

　一方，可住地面積当たりで支店数を国際比較すると，日本はずば抜けて多い。
可住地面積 1 万 km^2 当たりの支店数は，日本が 5080 支店に対し，ドイツが
1118 支店，アメリカ 166 支店，フランス 870 支店，イタリア 1215 支店，ス
ウェーデン 85 支店である。

　したがって，日本の支店数は国際比較の視点からみると，対人口比では多い
部類に属するが，対可住地面積ではずば抜けて多い。次に，表 9-1 に戻り，
銀行の支店数をみることとする。第二地銀を中心に，支店数は減少している。
しかし，実態が反映されているかどうかには，問題がある。「店内店舗」，ある
いは「重複店舗」があるためである。たとえば，東京駅前支店と日本橋支店が
同じ建物に実質的に統合されていても，2 つの支店としてカウントされている。
これは銀行としてやむをえない事情もある。支店を名実ともに統廃合すると，
支店番号の変更となるため，利用者が振込ミスをしやすくなるためである。

　なお，地方銀行，第二地銀ともに県外進出により，県外支店が増加している。
日本では，かつては旧大蔵省銀行局による店舗行政により，支店開設は許認可
事項であり，実質的に自県内に規制されていた。しかし，現在は自由化され，

地銀等の自県以外への支店開設が増加している。地銀等による県外支店は，大きく首都圏出店型と隣接府県出店型に分かれる。首都圏出店型は，貸出件数が多くなるので，地銀等にとりメリットがあるようにみえるが，都銀等との激しい競争があり，必ずしも利益につながるわけではない。

1.3　日本の ATM 数

日本には約 18 万台（2021 年現在）の ATM がある。これは国際比較の視点からみても，きわめて多い。うち銀行の ATM が約 6 万 3000，信金・信組で約 2 万，ゆうちょ銀行で約 3 万 2000，コンビニエンス・ストア（以下コンビニ）で約 5 万 8000 である。コンビニという独特の業態が，金融機能，ひいては銀行機能を担っていることは日本の特徴である。コンビニはアジア，アメリカ等では営業しているが，欧州では存在しない。ドイツ等では，環境規制が厳しく，コンビニが営業する余地はない。他方，日本で ATM 数がきわめて多いことは，少なくとも従来，日本が現金社会であったことの反映である。

まず BIS のデータから国際比較しておくと，人口 1000 人当たりの ATM 数（銀行のみ）が最も多かった国は，2019 年までドイツであり，1.14 台であった。20 年現在でも，ドイツには 8 万 8000 台の ATM があり，人口 8316 万人であり，人口 1000 人当たりで 1.06 台となり，最も多い。ヨーロッパ諸国で，支払におけるキャッシュレス比率が最も低く，現金比率が高い国はドイツである。ドイツにおける ATM 台数が多いことは，支払における現金比率の高さが影響しているとみられる。

ドイツに次いで日本が多く，人口 1000 人当たり 1.03 台（2020 年）である。日本では 2017 年に 1.08 台であったが，減少している。しかし，この数値は銀行 ATM に限定されており，コンビニ ATM は含まれていない。

日本において，コンビニの ATM は，ほぼ銀行の ATM に匹敵する。コンビニの ATM 数を加えて，日本の人口 1000 人当たり ATM 台数を計算すると，1.48 台となり，ドイツをはるかに凌いで，主要国では最多となる。第 11 章でも解説するが，近年，日本の ATM は高付加価値化しており，コンビニの ATM は減るどころか，増加している。

他方，キャッシュレス化が進む国では，支店数と同様に ATM 数も急減し，少ない。1000 人当たり ATM 台数は，オランダにおいて 2012 年には 0.45 台で

あったが，20年には0.11台まで減少し，8年間で5分の1程度まで減少した。またスウェーデンにおいても，同じ期間で0.36台から0.19台まで減少し，ほぼ半減した。キャッシュレス化やフィンテックが進む国では，ATM数は急減している。

　日本のATM数を対可住地面積1万km^{2}でみると，やはり国際的にずば抜けて多い。日本は可住地面積1万km^{2}当たり1万8454台あり，ドイツの3993台，イタリアの2450台，フランスの1334台，スウェーデンの201台を大幅に上回っている。

　では，主要国で最も多い日本のATMは，コンビニも含み，どのような業態によって担われているのか，みていきたい。図9-2は，日本のATM台数を銀行業態別，コンビニ別にみたものである。2021年末現在，日本には18万3534台（コンビニを含む。筆者計算）のATMがあり，うち都銀が1万9854台（前年比1411台減），地銀が3万932台（同1455台減）である。都銀，地銀のATMは減少している。また，第二地銀は8254台（同1040台減），信用金庫は1万8258台（同498台減）であり，やはり減少している。銀行のATMは年間の運営コストが1台数百万円程度といわれ，多くのATMが赤字とみられる。他方，金融機関のなかでも，ゆうちょ銀行は例外であり，09年における2万6146台から，21年には3万1901台に増加している。地方部においては，銀行のATMは少ないが，ゆうちょ銀行のATMが中心となっている。

　すでに指摘したが，日本のコンビニのATM台数は約5万8000台ある。日本のATMの3分の1はコンビニである。なかでもセブン-イレブン（セブン銀行が運営）が2万6253台（同577台増）あり，都銀の1万9854台を上回っている。またイーネット（ファミリーマート）が1万2489台（同122台減），ローソンが1万3490台（同123台増）である。サークルKは，多くの店舗がファミマに引き継がれた。さらに流通系のイオンが6385台（同192台増）ある。日本におけるキャッシュレス支払は，コンビニATMで現金チャージするものが少なくなく，キャッシュレスが普及しても，コンビニATMは減らない可能性が高い。また，ソニー銀行や楽天銀行など伸長している銀行は，自行の店舗やATMを持たず，コンビニATMを前提としたビジネスモデルを展開しており，こうした側面からも，コンビニATMが減少する可能性は小さい。日本における銀行数自体や人口当たり支店数は国際的に多いとはいえないが，人口当たり

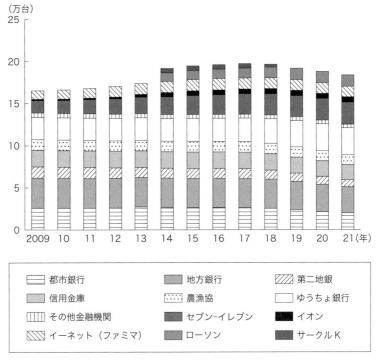

図9-2 日本の ATM 台数

(注) その他金融機関は、信託、長期信用銀行・商工中金、信用組合、労金の合計。
(出所) 全国銀行協会『決済統計年報』、各社ウェブサイトなどから筆者作成。

の ATM 数ではやはり多いし、可住地面積当たり銀行数、支店数、ATM 数は
いずれもずば抜けて多い。

2 銀行の費用

2.1 銀行の資金コスト

第7章でも触れたが、銀行の利鞘（総資金利鞘）は、資金運用利回り（貸出金
利回り、有価証券利回り、コール利回り等の合計）と資金調達原価（預金債券等利回
り、経費率、コールマネー利回り等の合計）のスプレッド（利回り差）である。調
達コストである資金調達原価のうち、預金債券等利回り（銀行にとって預金等へ
の支払金利）は 2019 年度以降 0.01％まで低下し、ほぼゼロに近い。また現在、

銀行はコール市場で資金を調達する必要はほとんどない（日本銀行の金融緩和により，準備預金残高が積み上がっているため）。したがって，銀行の資金調達原価はほぼ経費率によって決まっている。経費率は，人件費，物件費，税金からなるが，ほぼ人件費と物件費が主要な費用である。そこで本節では，銀行の費用として，人件費と物件費を中心に検討する。

　銀行の経費構造の内訳はわかりにくい。理由の1つは，銀行によって開示基準（あるいは項目）が異なるためである。また，システム関係の費用が複数の費目に分散していることもある。システム関係の費用は，資産（ソフトは無形固定資産）であれば，減価償却費として計上されるので，ある程度はわかるが，共同システムの場合，業務委託費や「その他」としてだけ公表され，詳細は不明となる。

　大手銀行としては，三井住友銀行の情報開示が良好であり，営業経費（単体）の内訳が公表されている。同行の営業経費合計は8165億円（2020年度，21年度は8572億円）であるが，人件費（給料・手当，退職給付費用，福利厚生費）が3316億円，物件費（減価償却費が1029億円，土地建物機械賃借料が550億円等）が2268億円，租税公課が498億円のほか，「その他」が2083億円であった。「その他」には，システム関係費用が含まれるとみられる。

　また地方銀行協会は，地銀62行合計の決算を公表しているが，2021年度の経費合計は2兆2496億円（前期比72億円増）で，うち事務委託費は3415億円（同115億円増）であり，この多くは，共同システム関係の費用とみられる。

　したがって，銀行の経費のうち，人件費が中心であるものの，システム関係費用を含む物件費がこれに次いでいる。銀行の経費の中心は，人件費と物件費であり，これらは固定費としての性格が基本であり，損益分岐点を超えると，収益から利益が発生する。こうした構造は銀行業では，「規模の経済」（大規模になるほど，利益が発生しやすい）が生まれやすいことを示唆する。

2.2　銀行の人件費と職員数

　表9-2は，業態別に銀行・信用金庫の職員数（臨時職員・嘱託を除く）を示している。都銀の職員数は2006年に8万4695人であったが，17年には9万7837人まで増加し，その後21年に8万6773人まで減少した。この3年間で約1万1000人以上減少した。1店舗当たりの職員数（職員数÷支店数）でみる

表 9-2　銀行・信用金庫の職員数

（単位：人）

年	2006	2007	2008	2009	2010	2011	2012	2013
都市銀行	84,695	86,826	91,142	94,613	94,000	92,859	91,808	91,101
地方銀行	124,911	126,634	129,498	132,692	133,413	132,888	132,428	131,623
第二地銀	47,840	48,194	49,054	48,555	47,916	47,395	45,984	45,253
信用金庫	110,073	110,175	111,722	113,362	113,702	113,022	111,562	110,305
合　計	367,519	371,829	381,416	389,222	389,031	386,164	381,782	378,282

年	2014	2015	2016	2017	2018	2019	2020	2021
都市銀行	93,416	95,107	97,601	97,837	95,922	92,826	90,203	86,773
地方銀行	130,818	130,788	130,944	130,509	130,101	128,977	127,046	124,690
第二地銀	44,889	44,825	44,790	44,344	41,734	37,682	36,921	33,887
信用金庫	109,258	108,233	107,383	106,302	104,411	101,932	101,002	99,522
合　計	378,381	378,953	380,718	378,992	372,168	361,417	355,172	344,872

（出所）　全国銀行協会『全国銀行財務諸表分析』，信金中金『信用金庫概況』から筆者作成。

と，10 年に 46 人を超したが，その後は緩やかに減少しており，20 年は 43 人となっている。地銀の職員数は，06 年に 12 万 4911 人であったが，10 年に 13 万 3413 人まで増加し，その後 21 年に 12 万 4690 人まで減少した。1 店舗当たりの職員数は 16 ～ 17 人であり，さほど変動していない。第二地銀の職員数は，06 年に 4 万 7840 人であったが，08 年に 4 万 9054 人まで増加し，21 年には 3 万 3887 人まで減少した。ピーク時に比べ，1 万 5000 人以上が減少し，31％の減少となった。第二地銀では，店舗数と同様に職員数も大幅に削減されている。1 店舗当たりの職員数も，10 年には 16.3 人であったが，20 年には 12.7 人まで減少した。総じて，職員数については，都銀や地銀，第二地銀といった業態を越えて，おしなべて減少しているといえよう。

　他方，銀行業界全体として，専任の職員が減少するなかで，臨時従業員の比率は高い水準になっている。臨時従業員比率（単体，総従業員数に占める嘱託・臨時従業員数の比率，2021 年 9 月末）は，都銀では 23.1％（単体），地銀では 28.1％，第二地銀では 22.8％となっている。嘱託・臨時従業員数は，都銀で 2 万 8218 人，地銀では 3 万 589 人となっていた。都銀では，従業員全体のなかで 4 人に 1 人，地銀では 3 人に 1 人が臨時従業員である。日本の銀行では，従来，デジタル化が遅れ，対面営業が中心であったため，窓口業務の従業員が多かったうえ，バックオフィスの事務処理も人海戦術で対応してきたとみられる。

邦銀全体として，ドイツの銀行と比較すると，1 銀行当たりの職員数はかなり多くなっている。ドイツでは商業銀行 270 行の平均従業員数は 561 人（非正規職員含む，2020 年，以下同じ）であるが，日本の地銀では 2611 人，第二地銀では 1218 人である。

　一般に，銀行員の給与水準は高いと理解されていることが多い。まず，銀行持株会社と銀行本体では給与水準が異なる。持株会社は給与水準が高いために，持株会社を除くと，給与水準は低くなる。持株会社の給与水準が高くなる要因は，管理部門であり，平均年齢が高いことが大きいとみられる。三井住友トラスト・ホールディングスの場合，平均年齢は 49.8 歳（2022 年 3 月期）であり，年間平均給与は 1268 万円（同）であった。りそなホールディングスの場合も，平均年齢は 45.4 歳であり，年間平均給与は 864 万円（同）である。

　都銀（本体）平均の年間給与は 2022 年 3 月期が 779 万円で，前年度が 771 万円であり，8 万円程度増加している。都銀平均の平均年齢は，38.3 歳（21 年 3 月期）であった。近年，都銀では新卒採用者数を抑制しており，平均年齢は上昇しがちである。22 年 4 月入社では，3 メガ採用数は 1285 人（みずほ 410 人，三井住友 480 人，三菱 UFJ395 人）になり，6 年連続で減少した。またメガバンクの場合，給与は FG（フィナンシャル・グループ，持株会社）で高く，銀行本体で低くなる傾向にある。みずほの場合でも，FG で 1044 万円（22 年 3 月期）に対し，銀行では 770 万円（同）となっている。これは FG では平均年齢が高いこと，一般に信託銀行（FG には含まれる）の給与水準は銀行に比べ高いこと等がある。

　また，OHR（経費比率＝経費÷業務粗利益×100，経費は人件費，物件費，税金の合計）をみると，三菱 UFJ が 69.1% であるのに対して，三井住友では 56% と大幅に低い。これは，三井住友のコスト・パフォーマンスが良好であることを示している。

　地銀の平均給与は，2022 年 3 月期に 639 万円で，前年度から変化していない。平均年齢は 39 歳程度で，都銀とさほど変わらない。都銀平均に比べて，約 140 万円の差があり，平均すると，地銀は都銀の平均を下回っている。第二地銀では，さらに給与水準は低く，589 万円で，地銀平均よりも約 50 万円低くなっている。平均年齢をみると，地銀と第二地銀では差はほとんどない。

　銀行の新規採用は抑制されているが，銀行や信用金庫のインターンシップは

増加している。2021年度において，156の主要銀行・信用金庫の99%でインターンシップが実施された。夏（6〜9月）のインターンは79%，秋・冬（10〜2月）では94%で実施されている。23年卒採用（22年時点で4年生）では，4割の銀行等がインターン実施回数を増やした。コロナ禍によるオンライン就活で，学生に不安が高まっていたことも影響している。数年前まで，銀行等の金融機関は顧客情報保護のために，インターンシップに慎重であったが，大きく変貌している。

2.3　銀行の物件費

すでに触れたが，銀行の物件費は，固定資産償却費と土地建物賃借料が中心であるが，このほかに保守管理費，通信交通費，広告費，預金保険料などがあり，さらに事務委託費やその他といった費目がある。

まず固定資産償却費であるが，有形固定資産償却費と無形固定資産償却費に分かれる。有形固定資産としては，自社の店舗等の土地，建物が中心であり，建物が償却されている。また無形固定資産としてはソフトウェアが中心であり，ソフトが償却されているが，システム関係費用の一部である。

銀行の貸借対照表から，無形固定資産の金額をみることで，システム投資の動向をある程度みることができる。3大メガバンクの無形固定資産残高（単体）は，2010年度には6704億円であったが，17年度には1兆4048億円まで増加した。増加額は7344億円であり，年間平均で1000億円を超すソフト開発（システム投資の一部）がなされてきた。なかでも，みずほ銀行の無形固定資産残高は大きく，10年度には2164億円であったが，17年度には7997億円まで増加しており，年平均で830億円を超すソフト開発がなされてきた。とりわけ，13〜16年度には年間1200〜1750億円もの増加であった。後述のように，みずほ銀行の新システムMINORI開発のためであった。しかし同行の無形固定資産残高は18年度に3541億円にほぼ半減しており，システム関係の無形固定資産で巨額の償却がなされた。このシステム関係費の動向は20年以降のシステム障害で注目されることとなった。みずほ銀行は巨額のシステム経費をかけたにもかかわらず，勘定系システム構築に失敗したことになる。いずれにせよ，物件費には無形固定資産償却費として，システム関係費が含まれている。

土地建物賃借料は，店舗等が賃貸物件の場合の賃料である。保守管理費は，

ATMなどの維持コストや現金補充費などを含むとみられる。さらに事務委託費は，共同システムの場合に支払われている手数料等である。第11章で説明するように，地方銀行や第二地銀の多くは，勘定系システムを共同で運営している。預金受入や振込などの勘定系システムを単独で開発・運営するとコスト高となるので，複数の共同システムがある。具体的には，大手ベンダーと呼ばれる企業が中心となって，複数の地銀，第二地銀が勘定系システムを共同運用しており，銀行からベンダーに対して，事務委託費等が支払われている。詳細は公表されていないが，地銀1行当たり，事務委託費は平均で27億円（業務純益の平均は95億円）を超えており，システム関係の人件費を含むと約50億円といわれている。地域銀行にとって軽くない負担である。地方銀行や第二地銀の経営統合や合併を促す要因となっているが，同時にシステムを共同で運用する銀行同士が統合や提携をしやすくすることもある。

3　銀行の利益率

　銀行の資金調達原価は，主として経費率によって規定され，その中心は人件費，物件費であることを説明した。この節では，銀行のコストを踏まえて，銀行の収益性や利益率を国際比較の観点から検討する。

3.1　収益性の国際比較

　表9-3は，世界の大手銀行の財務指標を示している。これによると，世界で自己資本額（Tier1）によるランキングで1〜4位を中国の銀行が独占している。中国工商銀行，中国建設銀行，中国農業銀行，中国銀行と中国4大商業銀行はいずれも自己資本額が3000億ドルを超え，米系大手銀行を上回っている。日本の大手銀行に比べ，中国4大銀行の自己資本額は，3〜4倍といった規模になっている。しかも，中国4大銀行の利益率は高く，ROE（自己資本利益率，自己資本はTier1）は9.86〜11.58％，ROA（総資産利益率）は0.8〜0.97％といった水準にある。

　中国4大銀行に次いで，米系大手銀行が上位にある。歴史的に商業銀行であったJPモルガン・チェース，バンク・オブ・アメリカは自己資本額が2000〜2348億ドルあり，しかもROEは9〜12％，ROAは0.6〜0.86％である。

表 9-3　世界の大手銀行の財務指標

ランク	銀　行	国　籍	自己資本額	総資産	税前利益
1	中国工商銀行（ICBC）	中国	439,938	5,106,441	60,050
2	中国建設銀行	中国	361,641	4,308,155	51,549
3	中国農業銀行	中国	336,180	4,166,163	40,590
4	中国銀行	中国	305,149	3,737,008	37,730
5	JP モルガン・チェース	アメリカ	234,844	3,386,071	35,398
6	バンク・オブ・アメリカ	アメリカ	200,096	2,819,627	18,991
7	シティグループ	アメリカ	167,427	2,260,330	14,002
8	香港上海銀行（HSBC）	イギリス	160,173	2,984,164	8,777
9	ウエルズ・ファーゴ	アメリカ	158,196	1,955,163	581
10	三菱 UFJ フィナンシャル・グループ	日本	144,379	3,247,277	9,413
16	三井住友フィナンシャルグループ	日本	101,168	2,191,367	6,073
20	ゴールドマン・サックス	アメリカ	92,730	1,163,040	12,564
21	モルガン・スタンレー	アメリカ	88,079	1,115,862	14,418
22	みずほフィナンシャルグループ	日本	87,642	2,037,816	5,891
574	セブン銀行	日本	1,813	10,814	322
628	楽天銀行	日本	1,559	58,598	246

（注）　1　経費比率＝一般的管理経費（人件費，販売・IT 費用）÷営業所得
　　　　　　減価償却費等を含まない。営業所得は，純利子所得と純非利子所得の合計。
　　　　2　自己資本は，国際決済銀行（BIS）の Tier 1 であり，普通株，準備金，留保金等
　　　　3　ROE の分母の自己資本も Tier 1 である。
　　　　4　ランクは自己資本（Tier 1）額による。
（出所）　*The Banker*, July 2021 から作成。経費比率のみ，July 2020 から作成。

　他方，歴史的に投資銀行であったゴールドマン・サックス，モルガン・スタンレーは自己資本 880 ～ 927 億ドルと小さいが，ROE は 10.3 ～ 12.7％，ROA は 0.82 ～ 1％と高い。投資銀行は市況に左右されやすく，株高による追い風もあるものの，その利益率は高いといえる。

　他方，日本の銀行は，総資産額は三菱 UFJ フィナンシャル・グループが 3 兆 2473 億ドル，三井住友フィナンシャルグループとみずほフィナンシャルグループが 2 兆ドル超とグローバル規模にある。しかし，まず自己資本額は三菱 UFJ フィナンシャル・グループが 1444 億ドル，三井住友フィナンシャルグループが 1012 億ドルと少ない。また利益率指標では，ROE については，三菱 UFJ フィナンシャル・グループが 5.36％，三井住友フィナンシャルグループが 4.61％，みずほフィナンシャルグループが 4.92％であり，おおむね中国や米系の大手銀行の半分といった水準にある。また ROA については，3 行とも 0.2％であり，海外大手に比べ，かなり低い水準にある。邦銀は総資産額など規模で

(単位：100万ドル，％)

ROE	ROA	経費比率 (2020年)	経費比率 (2019年)
11.06	0.95	26.39	26.78
11.58	0.97	26.65	24.75
9.86	0.80	32.63	32.79
10.29	0.84	32.14	32.32
12.40	0.86	56.89	58.07
8.94	0.63	59.75	57.96
6.81	0.50	56.63	57.63
3.81	0.20	54.41	58.30
2.27	0.18	69.66	64.15
5.36	0.24	68.74	67.98
4.61	0.21	63.73	60.53
10.29	0.82	67.46	63.66
12.69	1.00	71.89	71.21
4.92	0.21	63.66	70.48
12.83	2.15	61.19	61.88
10.93	0.29	53.86	48.21

で，優先株等を含まない。

は大きいが，自己資本額がさほど大きくないうえ，ROE，ROAなど利益率指標が低いといえる。

3.2 収益性が低い日本の銀行

邦銀の特徴として，第1に，総資産額など規模が大きいといえる。これはとくに表9-3にあるような3大メガバンクに特徴的である。3大メガバンクの総資産額は対GDP（2020年度536兆円）比で150％程度ある。銀行総資産額の対GDP比率は，オーバーバンキングの指標とされており，この点でも日本はオーバーバンキングの可能性が高い。第1章でも説明したように，邦銀では預金流入が著しく，バランスシートが肥大化しがちである。預金が流入しても，メガバンクとしては有力な運用先がないために，日本銀行当座預金に積み上げることになる。同預金に積み上げても，利子が得られるわけではなく，むしろマイナス金利により利子を支払う可能性すらある。したがって，預金流入で規模は拡大するが，利益は生まれない構図となる。都市銀行による国債保有額は2010年度頃から減少してきたが，19年度に増加に転じ，20年度には27兆円以上の増加となった。都市銀行が信用創造して国債を引き受け，財政から給付金が支給されるが，銀行預金に還流し，都市銀行は消去法的に国債で運用しているとみられる。

邦銀の特徴として，第2に，経費比率（income-cost ratio）が高いことがある。2018年度決算で，3大メガバンクのなかで，みずほフィナンシャルグループが最も高く70.48％，三井住友フィナンシャルグループが最も低く60.53％であったが，海外の銀行はおおむね低い。邦銀のコスト高の要因としては，人件費と物件費それぞれにあるとみられる。

人件費でのコスト高要因としては，給与水準よりも，人数（臨時職員を含む）が注目される。最近まで，銀行のバックオフィスでの事務処理は，人海戦術で

対応してきたものが少なくないからである。一例として，公金（地方税や自動車税等）収納がある。地方税等の振込用紙にはバーコードが記載されているが，全国の地方自治体（とくに市町村）がバラバラに進めてきた結果，銀行は統一的なシステム処理ができず，人手をかけて対応せざるをえなかった。この業務に関し，地方自治体から銀行に手数料は支払われず，銀行は無償で公金を収納してきた。地方自治体には指定金融機関といった制度があるが，最近，銀行から指定金融機関を辞退する動きがある。2022 年現在，全国の地方自治体で，ようやく統一的な QR コード開発が企画されている。

　物件費でのコスト高要因としては，支店などの店舗コストや ATM 等の運営コストが指摘できる。日本の地価が高く，自社物件であれ賃貸物件であれ，店舗コストは高くなる。また世界で最も ATM 台数が多く，ATM の運営コストも大きい。コンビニの ATM に依存する場合でも，コンビニに対する手数料が発生する。さらに，すでに指摘したが，地銀の平均的なシステム経費は約 50 億円と見込まれ，地銀にとって大きな負担となっている。

　ただし，表 9-3 でみたように，日本の銀行でも，セブン銀行と楽天銀行は ROE が 10％を超えており，利益率がグローバル水準にある。セブン銀行は，他の銀行からの受入手数料（セブン-イレブンの ATM において，他の銀行口座から現金を引き出した場合の手数料）が収益の柱である。楽天銀行は，自社店舗はもちろん，自社 ATM も持たない銀行ビジネスである。

4　銀行の設備投資とシステム化

　銀行の物件費には，減価償却費が含まれていた。減価償却費は，銀行など企業が設備投資し，有形・無形の固定資産が形成されることで発生する。そこで本節では，銀行の設備投資の動向，さらに設備投資のなかでシステム化，デジタル化投資が中心になっていることを学ぶ。

4.1　銀行の設備投資

　日本の銀行の設備投資額は，2020 年度で 1 兆 1870 億円であり，前年度比 802 億円減少した。減少したといっても，14 年度以降，おおむね 1 兆円〜1 兆 2000 億円程度で推移している。うち大手 5 行（3 大メガバンク，りそな，三井住

友トラストの各持株会社）が8928億円（20年度）と75%を占めており，地域銀行は合計で2765億円と23%（残り2%はその他）であった。設備投資は多くが大手行によって占められ，地域銀行は多くない。大手行はシステム化投資を単独で行うが，地域銀行はほとんど共同システムであり，システム化費用が業務委託費等となることが影響している。

　設備投資額を個別でみていくと，三菱UFJフィナンシャル・グループが3516億円と最大であるが，うち三菱UFJ銀行のシステム化投資は1508億円で，設備投資の62%に達する。また三井住友銀行も，設備投資は1300億円であるが，うちソフト開発等が934億円と約72%を占め，最大要因となっている。

　以上のように，銀行の設備投資は大手行のシステム化投資が中心になっている。このことは，大手行に限らないが，今日の銀行業において，システム運営が大きな課題となっていることを意味している。現在，みずほ銀行に限らず，銀行のシステム障害が増加している。2021年7～12月の期間で，銀行への強盗事件は2件，顧客情報漏洩・紛失は10件であったが，システム障害は14件発生した。地域銀行が共同で運営する勘定系システム（預金，振込等のシステム）で障害が発生すると，加盟する10程度の地域銀行すべてに影響する。

　また銀行の合併に際して，システムの統合が大きな課題となる。みずほ銀行は2002年4月に，第一勧業銀行，富士銀行，日本興業銀行が統合して発足したが，統合初日に大規模なシステム障害が発生した。さらに11年東日本大震災の際，大規模なシステム障害が起きた。その後，新勘定系システムMINORIのため，巨額の資金（約4000億円）が投入され，19年7月よりMINORIが全面稼働した。しかし，21年現在，みずほ銀行のシステム障害は繰り返されている。この問題に関し，システムの専門家からは，システム開発のベンダーが4社であるためにシステムが複雑化したこと，システムの運用（メンテナンス等）が軽視されがちであったこと等が指摘されている。

4.2　地域銀行のシステム共同化の動向

　以上のように，銀行の設備投資においてシステム化投資が中心となっており，銀行業にとってシステム運営が大きな課題であり，また銀行の合併においてもシステム統合がアキレス腱となっている。また大手行は独自のシステムを持つため，固定資産が形成され，減価償却費が計上される。しかし，地方銀行は共

同システムとなるため，システム関係費の多くは業務委託費となる。地方銀行でも設備投資にソフト開発などが計上されるが，パッケージ・ソフトのカスタマイズ化（既製品ソフトに独自機能を加える）などが中心とみられる。

　地銀のシステムは，共同で運営されており，大きく，NTTデータ系，日本IBM系，日立製作所系，富士通系，日本ユニシス系，NEC系に分かれる。NTTデータなどがベンダーと呼ばれ，銀行システム全体を管理・運営している。従来は，ベンダーによって，大型の基幹フレーム（大型コンピューター）が導入され，同じプログラム言語でプログラム開発される一方で，機器の調達やシステムのメンテナンスで高コストになりやすいといわれる。また，同じベンダー系でも，共同システムのグループは分かれている。こうした共同システムのグループが，銀行の再編や統廃合に深く関わってきたとみられる。逆にいえば，今日の銀行業においてシステム化が最重要課題の1つとなっており，システム化抜きの再編はありえない。

● 練 習 問 題
1　日本のATMの特徴について，国際比較の観点から論じなさい。
2　銀行の費用について説明しなさい。
3　日本の銀行のROAについて，国際比較の観点から論じなさい。

● 文 献 案 内
1　代田純・小西宏美・深見泰孝編著［2021］『ファイナンス入門』ミネルヴァ書房
　　　　企業金融と銀行等との関係について，初学者にもわかりやすく書かれた入門書である。
2　高田創［2021］『地銀 構造不況からの脱出──「脱銀行」への道筋』きんざい
　　　　企業の資金余剰で，預貸業務の銀行ビジネスモデルは限界とする。
3　伊藤正直・佐藤政則・杉山和雄編著［2019］『戦後日本の地域金融──バンカーたちの挑戦』日本経済評論社
　　　　全国の地方銀行等の歴史的成り立ちに関し，創業者等のバンカーとの関係で説明する地方金融史である。

● 引用・参考文献

日経コンピュータ［2020］『みずほ銀行システム統合，苦闘の 19 年史——史上最大
　　の IT プロジェクト「3 度目の正直」』日経 BP

金融情報システムセンター編『金融情報システム白書』各年版，財経詳報社

日本金融通信社「ニッキンレポート」各号

日本金融通信社『ニッキン』各号

The Banker，各号

第10章　銀行と有価証券

日本最北端の銀行，北洋銀行稚内支店（著者撮影）

学習の課題

1　銀行の業態別に，有価証券の保有状況について把握する。
2　銀行の行うことができる証券業務について整理する。
3　持株会社制度と銀行および証券業の関係について学ぶ。

1　銀行の有価証券保有状況

　銀行は多額の有価証券を保有している。本節では，まず銀行の業態ごとの有価証券保有状況を確認し，その後に近年の特徴的な点について詳しく検討する。

1.1　業態別の有価証券保有状況

　日本銀行公表の統計データより，国内銀行（ゆうちょ銀行を除く）の有価証券保有額をみていくと，最も多いのは国債である（図10-1）。国内銀行は，2021年末時点で85.2兆円の国債を保有しており，有価証券保有額全体に占める割合は34.4％である（銀行勘定で85.2兆円，信託勘定で16兆円保有）。それに外国証券が62.9兆円，社債30兆円，地方債27兆円，株式20兆円と続く。

　それでは業態ごとにみてみよう。都市銀行（都銀）は2021年末時点で132.6兆円の有価証券を保有しており，そのうち国債保有額が63.3兆円と最も多い。

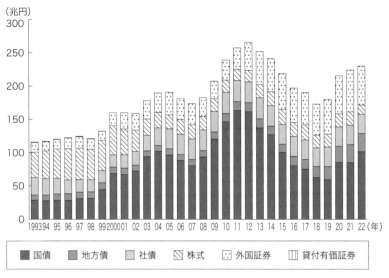

図 10-1　国内銀行の有価証券保有額

（兆円）

凡例：■ 国債　■ 地方債　■ 社債　◺ 株式　▦ 外国証券　▯ 貸付有価証券

（出所）　日本銀行ウェブサイト掲載の時系列統計データより。

そして，外国証券が 37.2 兆円，株式が 10.5 兆円，社債が 10 兆円，地方債が
6.9 兆円と続く。

　都銀の有価証券保有の特徴は，国債が中心であること，そしてその割合も非
常に高い点である。上記のとおり，都銀の国債保有額は 63.3 兆円であり，こ
れは都銀の有価証券保有額の 47.8％を占める。ただし，後で述べるような新型
コロナウイルス感染症の拡大という特殊事情を抱えたここ数年を除き，都銀の
国債保有額および有価証券保有額全体に占める国債の割合は低下傾向にある。
これは，日本銀行による金融緩和政策のもとで国債金利（利回り）が低下した
ため，伝統的に満期保有が中心の銀行では，国債を満期まで保有しても利益を
得るのが難しくなっていることが理由として大きい。そのため銀行は，国債を
購入しても日銀のオペへ売却することが多く，これが銀行預金の増加の一因に
なっている。なお，2020 年以降は国債保有残高が急増しているが，これは新
型コロナウイルス感染症拡大に関連する給付金や補助金が預金として銀行に流
入し，これを銀行が国債で運用したことが背景にある。

　また，都銀の株式保有額が急速に減少していることも特徴的である。近年で

株式の保有額が最も多かったのは 2000 年の 27.6 兆円で，有価証券保有額全体に占める割合も 34.1%であった（全体に占める割合でみれば，1996 年の 50.7%，保有額は 26.2 兆円が最高）。しかし，21 年末には保有額は 10.5 兆円に減少しており，有価証券保有額全体に占める割合も 7.9%へと低下した。

その一方で，近年に増加しているのは外国証券の保有額である。とくに 2000 年以降の増加が顕著である。1990 年末時点の外国証券投資額は 5.9 兆円で，全体に占める割合も 12.4%であった。しかし，01 年に 10 兆円を超えると，21 年末時点で 37.2 兆円となり，全体に占める割合も 28.1%まで高まった。

都銀で外国証券保有額が増加したのは，主にアメリカで発行されるローン担保証券（CLO）の保有額が増加したからである。この点については後述するが，CLO は国債などと比べ利回りが高い証券化商品である。

また，銀行の社債保有額は 1990 年の 8.9 兆円から 2021 年は 9.8 兆円へとわずかな増加にとどまっており，これが有価証券保有額全体に占める割合は，90 年の 18.4%から 21 年末の 7.6%へと低下した。

次に地方銀行（地銀）についてみていく。地銀は，2021 年時点で 74.5 兆円の有価証券を保有している。そのうち最も保有額が大きいのは地方債で，金額は 17 兆円となっている。この金額は，地銀が保有する有価証券全体の 22.6%にあたる。地方債に次いで保有額が多いのが国債で，保有額が 14.4 兆円，全体に占める割合は 19.3%となっている。そして，社債が 13 兆円で全体の 17.6%，外国証券が 12.2 兆円で全体の 16.4%と続く。

なお，地方債の保有額が地銀の有価証券保有額全体に占める割合で最も大きくなったのは 2020 年からで，それ以前は国債が最も大きな割合を占めていた。ところが，地方債保有残高は 12 年に初めて 10 兆円を超えると，一時的に減少する時期もあったものの増加を続け，20 年には全体に占める割合が最大となった。これは，地方債は国債より運用利回りがわずかながら高いことなどが要因にあると考えられる。

地銀の有価証券保有に関して特徴的なのは，このように国債保有額が減少し，地方債の保有額が最も大きくなったことである。国債保有額は，ピークであった 2012 年には 35.1 兆円で，全体に占める割合も 11 年には 49.3%であった。しかし，それ以降は日銀の大規模金融緩和の影響で国債利回りが低下したこともあり，国債保有額および全体に占める割合は大きく低下した。

もう1つの特徴は，都銀と同様に，外国証券の保有額が増加していることである。外国証券保有額は，年によってバラつきはあるもの，最近では2011年の保有額5.4兆円を機に増加に転じ，21年時点では12.2兆円と10年で2倍以上になった。これも，CLO保有額の増加が背景にあると考えらえる。

　つぎに，信託銀行の有価証券保有状況についてみていく。信託協会の統計データ（「信託統計便覧」各号）によれば，信託銀行は2020年度末時点において銀行勘定で21.8兆円の有価証券を保有している。最も大きな保有額となっているのは国債で，金額は3.3兆円で全体に占める割合は15.1％となっている。これに次ぐのが，株式の3.1兆円で全体の14.3％，次いで社債が1.5兆円で全体の7.1％，そして地方債が3950億円で全体の1.8％となっている。

　なお，信託協会公表の統計データでは，有価証券のうち国債，地方債，社債，株式については数値が公表されているが，この4項目の合計額を有価証券保有額全体から差し引くと13.4兆円（全体の60％超）の差分が出る。信託協会によると[1]，この差額は主に短期社債と外国証券とされる。とくに外国証券がこの13.4兆円の大部分を占めるとされる。

　信託銀行の有価証券保有に関して特徴的なのは，国債保有額を減少させていることである。最近で最も国債保有額が大きかったのは2008年で，金額は12兆円を超え，有価証券保有額に占める割合も53.3％であった。ところが，20年には国債保有額は3.3兆円で全体の15.1％に減少している。これも，金融緩和政策と国債金利（利回り）の低下や，日銀オペに対して売却を進めたことの結果などが要因として考えられる。

　最後に，銀行ではないものの，金融機関として銀行と近い役割を果たしている信用金庫（信金）の有価証券保有状況についてみていく。信金中金 地域・中小企業研究所が公表している信用金庫統計「余裕資金運用状況」によると，信金は，2021年度末時点で47.4兆円の有価証券を保有しており，有価証券保有額は増加傾向が続いている。2000年時点での有価証券保有額が20兆円弱であったことを考えると，その保有額の増加は著しいといえよう。

　保有状況を個別にみていくと，2021年末時点では社債が16兆円と最も多く，有価証券保有額全体に占める割合も34％となっている。その次に多いのが外国証券の8.6兆円で，そして地方債での8.5兆円，国債の7.5兆円と続く。

　このように，信金においては社債保有額が多く，とくに有価証券保有額全体

に占める社債の割合が，都銀や地銀より圧倒的に大きいのが特徴である。

1.2　銀行における国債保有額の減少

　銀行の各業態では，前述のように国債保有額を減少させている。とくに都銀の国債保有額減少が目立つ。この点について，以下で詳しくみていこう。

　都銀の国債保有額が最も多かったのは2012年である。この時期，都銀は107.5兆円の国債を保有しており，この金額は都銀の全有価証券保有額の70.5％を占めていた。しかし，コロナ禍という事情があった20年以降を除き，12年以降は減少傾向となっている。この背景には，13年4月に日本銀行総裁に就任した黒田東彦氏が導入した，いわゆる量的・質的金融緩和政策が関連している。

　具体的には2つの点が指摘できる。1点目は，量的・質的金融緩和政策の一環で行われた大規模な公開市場操作（日銀オペ）の影響である。日銀が資金供給オペを行う際，買入資産として最も一般的なのは国債で，とくに長期国債である。そのため銀行は，必要に応じてオペに応募できるよう，通常から一定額の国債を保有している。しかし，2013年の量的・質的金融緩和の導入以降，日銀は国債購入額の目標値を掲げ，大規模な国債買切オペを繰り返し行い，銀行等から大量の国債を買い続けた。その結果，都銀に限らず，地銀，信託銀行，そして信金等も国債保有額を減らすこととなった。このことが，銀行の国債保有額の減少要因の1つとなったと考えられる。

　なお，このような大規模な買オペを続けた結果，現在では日銀が国債保有の中心主体となっている。具体的には，日本における発行済国債残高は2021年度末時点で1000兆円を超えているが，その50％以上にのぼる530兆円が日銀保有となっている（図10-2）。

　2点目は，国債利回りが大きく低下し，銀行等の保有意欲が低下したことである。図10-3は財務省が公表する国債金利情報のデータからイールド・カーブをみたものである。もともと日本の国債金利（利回り）は低く，2000年末時点で10年物国債金利は1.65％であった。しかし，量的・質的金融緩和政策の導入後の13年末には0.74％に低下し，21年末には0.09％となった。さらに，短・中期ゾーンでは利回りがマイナスとなっている。このように国債金利が大きく低下した状況下では，銀行はこれを満期まで保有しても十分な収益を

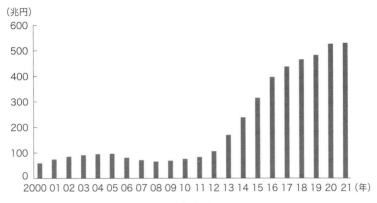

図 10-2　日本銀行の国債保有額

（兆円）

（出所）　日本銀行ウェブサイト掲載の時系列統計データより。

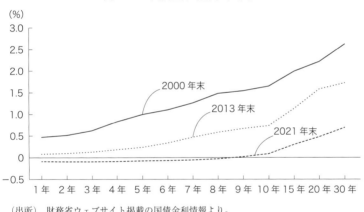

図 10-3　国債金利（利回り）推移

（%）

（出所）　財務省ウェブサイト掲載の国債金利情報より。

あげることはできない。また，利回りが低下しているということは価格が上がっているということであり，トレーディング目的で保有しても十分な利幅が得られない。しかも，イールド・カーブのフラット化は預貸利鞘の縮小につながり，短期借り・長期貸しを基本とする銀行のビジネスモデルにとって痛手となる。国債利回りの低下傾向は，16年2月に日銀が量的・質的金融緩和政策にマイナス金利政策を加えて以降に勢いを強め，その後も追加緩和のたびに利回り低下は進んだ（簗田［2016a］）。

ただし，最近になり日銀は，金融政策の正常化に向けた施策の一環として国
債買入額を減らす方針を示しており，今後も日銀買入による各銀行の国債保有
額減少が続くかは未知である。

1.3　外国証券保有額の増加と CLO

　銀行の有価証券保有において，近年は国債に代わり外国証券の保有額が増加
している。なかでも，アメリカ等のレバレッジド・ローン（レバローン）を原
資産として組成された CLO の保有額が増加している。レバローンとは，公式
な定義はないものの，一般的にレバレッジ比率が高い投資不適格企業向け融資
のことをさす。そして，CLO とは各種のローン債権を大量にプールし，これ
を原資産として発行される証券（証券化商品）である。

　日本の銀行の CLO 保有額について具体的にみていこう。日本の大手銀行
（農林中金，三菱 UFJ フィナンシャル・グループ，ゆうちょ銀行，三井住友フィナン
シャルグループ，三井住友トラスト・ホールディングス，みずほフィナンシャルグルー
プ，大和ネクスト銀行）は，2020 年度末時点で 14 兆 8000 億円の CLO を保有し
ていた（代田［2021］）。このうち最も保有額が多いのは農林中金で，7 兆 8000
億円の保有額となっている。農林中金は，この時期に世界の CLO 発行残高の
10％を保有していたとされている[2]。これに続くのは三菱 UFJ フィナンシャ
ル・グループの 2 兆 6000 億円，ゆうちょ銀行の 1 兆 8000 億円となっている。
このように，日本の大手銀行は世界的に見ても CLO 市場における買い手とし
て大きな存在感を示している。

　銀行が CLO を多額に保有するのは，収益確保が目的と考えられる。CLO の
利回りは，優先劣後構造の構成や原資産のリスクによる部分も大きいため一様
ではないが，投資適格 CLO で年率 3.42％，高利回り CLO であれば 11.65％と
非常に高いとのデータもある（第一生命保険株式会社特別勘定運用部［2021］）。一
方で，CLO のデフォルト率は低く，AAA 格の CLO であれば過去 10 年の平均
デフォルト率は 0％であり，BBB 格の CLO であっても 0.91％と低いとする
データもある（第一生命保険株式会社特別勘定運用部［2021］）。大規模な金融緩和
のもとで預貸利鞘と国債利回りが低下しているなか，大手銀行等にとって，高
利回りで低デフォルト率の CLO は，投資対象として魅力的であったと考えら
れる。これが，大手行中心に CLO 保有額が増えた理由と考えられる。

ただし，すでに述べたようにレバローンが投資不適格企業向けローンであることから，これをサブプライム・ローンと同様のハイリスクなローンとみなし，レバローンを証券化したCLOを，リーマン・ショックの原因の1つとなったサブプライムMBSと同様のものとする見方もある。一方で，これについては以下のような逆の見解もある。

　すなわち，①リーマン・ショック当時に大きな問題を引き起こしたのは，CDOやCDOにデリバティブを組み込んだ複雑な再証券化商品であり，高格付けのCLOについてはリーマン・ショック当時も元利払が毀損したことはみられなかった，②リーマン・ショック時はCDO等の証券化商品をレポの担保として資金調達をしていた金融機関があったため，CDO価格の不安定化が証券化商品市場の混乱に直接的につながったものの，現在はCLOを担保に資金調達をしている金融機関がない，③リーマン・ショックの反省から，CLOの優先劣後構造においてAAA格付けが付与される条件が厳格化されたため，AAA部分が減少しており，リーマン・ショックと同程度のリスク顕在化が起こってもAAA部分に関して元利払が滞る可能性が低い，との見解である。（日本銀行金融機構局・金融庁監督局［2020］）。

　また，MBSが住宅ローンという単一種類の裏付け資産のプールを担保に発行される証券化商品であるのに対し，CLOは（企業向けローンという点では単一種類であるが）平均で100〜200社を超える多様な業種の企業への貸出債権を担保資産に発行される証券化商品であるため，リスク分散もMBSより行われているとされる。加えて，金融危機後に信用格付け基準が厳格化されたことを背景に，信用補完率（CLO発行額に対する担保額の割合）もより高く設定されている（第一生命保険株式会社特別勘定運用部［2021］）。そのため，CLOそのものの質が大きく改善されたことを指摘し，金融危機前のCLOと現在のCLOは大きく異なるものであると指摘をしている。

　ただし，CLOの担保資産には少数の企業向けローンが重複して組み入れられていることなども指摘されており（代田［2021］），金融危機が今後起こった際にはCLOについてリスク顕在化の連鎖が起こる可能性も否定できない。したがって，CLOのリスクについてはさまざまな見方があるものの，CLOはあくまでハイリスク企業への貸出債権を原資産として発行された証券化商品であり，これを保有する銀行は十分にこの点を認識する必要があると考えられる。

2 銀行の証券業務

　銀行は，資金貸付や決済等の業務のほか，証券業務も行っている。この証券業務は，収益獲得面において重要性が高まっている。ただし戦後の日本では，「銀証分離」の原則のもと，長らく銀行による証券業の兼営は原則的に禁止されていた。しかし，1980年代以降に金融規制緩和が進んだ結果，現在では一部の証券業務は銀行やその証券子会社が営むことが認められている。

　以下では，銀行の証券業務の範囲と内容について具体的にみていきたい。その際，銀行本体と証券子会社では認められている証券業務が異なることから，両業態を区別して述べることとする[3]。

2.1 銀行本体と証券子会社等の証券業務範囲

　まず銀行本体の証券業務についてみていく。銀行の営むことができる業務範囲は銀行法に規定されているが，銀行の証券業務は，銀行業務に付随する業務としての位置づけで，銀行法第10条第2項に規定されている。表10-1より具体的に見ると，デリバティブ取引を含む有価証券の売買，売出し目的のない国債や社債等の引受や募集，私募債の取扱い，地方債または社債その他の債券の募集または管理等の証券業務が，銀行業の付随業務として認められている。

　また，銀行法第11条でも，銀行の本来業務を妨げない範囲において，銀行による一部の証券業務が認められている。具体的には，金融商品取引法第28条第6項に規定された投資助言業務，同法第33条第2項に掲げられた国債等の売買（ディーリング業務），国債先物取引等の取次業務（ブローキング業務），そして投資信託の窓口販売等である。なお，これらのうち一定の業務については，銀行は内閣総理大臣（実質的には金融庁）の登録を受けることにより行うことが可能となると規定されている（金融商品取引法第33条の2）。

　一方で証券子会社は，より広い証券業務を行うことが可能となっている。そもそも証券子会社は，1993年の金融制度改革関連法の施行によって業態別子会社方式による銀行と証券業の相互参入が認められたことで，銀行等の金融機関が設立した子会社である。また，97年に持ち株会社設立が可能となり，翌98年に金融持株会社の設立が解禁されると，銀行は銀行持株会社を設立し，

表 10-1　銀行本体に認められている証券業務

銀行法
第 10 条第 2 項　付随業務
2　　　有価証券の売買，有価証券関連デリバティブ取引
4　　　売出し目的のない国債等の引受または当該引受に係る募集の取扱い
5 の 2　売出目的のない特定目的会社が発行する特定社債等の引受または当該引受に係る特定社債等の募集の取扱い
5 の 3　短期社債等の取得または譲渡
6　　　有価証券の私募の取扱い
7　　　地方債または社債その他の債券の募集または管理の受託
16　　有価証券関連店頭デリバティブ取引
17　　有価証券関連店頭デリバティブ取引の媒介，取次または代理
銀行法第 11 条　他業証券業務等
2　　　金融商品取引法第 33 条第 2 項各号に掲げる有価証券または取引について，同項各号に定める行為を行う業務（金融機関の証券業務の特例） 　　　・国債等の売買業務，投資信託の販売業務など
銀行法第 12 条　法定他業
担保付社債信託法その他の法律により営む業務 　・担保付社債信託業務，保険窓販業務等

（出所）　全国銀行協会金融調査部 ［2017］155 頁を筆者改変。

その銀行持株会社の子会社として証券子会社を設立することで，銀行を中心とするグループとして証券業を広範に行うことが可能となったという経緯がある。

　それでは，証券子会社が行うことができる証券業務について具体的にみていこう。まず，銀行の証券子会社と銀行持株会社の証券子会社は，銀行法第 16 条の 2 および同 52 条の 23 において証券専門会社と分類されている。この証券専門会社は，証券業のすべてを行うことができるわけではない。しかし，その可能な証券業務は金融商品取引法の第 28 条第 8 項および第 35 条第 1 項と第 2 項に定められているように一定の広さがある。表 10-2 より具体的にみると，金融商品取引法第 28 条第 8 項には有価証券売買，市場デリバティブ取引，有価証券の引受け・募集または私募，投資顧問契約に基づく助言等がある。また，同第 35 条 1 項と 2 項には，有価証券の貸借・その媒介・代理，信用取引に付随する金銭の貸付け，累積投資契約，有価証券に関連する情報提供または助言等がある。

表 10-2　銀行の証券子会社等に認められている主な証券業務

金融商品取引法

証券業（金融商品取引法第 28 条 8 項）

1　有価証券の売買またはその媒介，取次ぎもしくは代理
2　取引所金融商品市場または外国金融商品市場における有価証券の売買の委託の媒介，取次ぎまたは代理
3　有価証券関連の市場デリバティブ取引
4　有価証券関連の店頭デリバティブ取引
5　外国金融商品市場において行う，有価証券関連の市場デリバティブ取引
6　上記 3 ～ 5 の取引の媒介，取次ぎ，代理または 3 もしくは 5 の取引の委託の媒介，取次ぎまたは代理
7　有価証券等清算取次ぎのうち，有価証券の売買，有価証券関連デリバティブ取引等に係るもの
8　有価証券の引受け，売出し，有価証券の募集・売出し・私募の取扱い等

付随業務

1　有価証券の貸借またはその媒介または代理
2　信用取引に付随する金銭の貸付け
3　保護預かりにしている有価証券を担保とする金銭の貸付け
4　有価証券に関する顧客の代理
5　投資信託の受益証券に係る収益金，償還金もしくは解約金の支払いまたは当該受益証券に係る信託財産に属する有価証券その他資産の交付に係る業務の代理
6　投資法人の有価証券に係る金銭の分配，払い戻しもしくは残余財産の分配または利息もしくは償還金の支払いに係る業務の代理
7　累積投資契約の締結
8　有価証券に関連する情報の提供または助言
9　他の金融商品取引業者等の業務の代理
10　登録投資法人の資産の保管

届出業務

1　商品市場における取引等
2　商品の価格その他の指標に係る変動，市場間の格差等を利用して行う取引
3　貸金業その他金銭の貸付けまたは金銭の貸借の媒介

（出所）　全国銀行協会金融調査部［2017］157 頁を筆者改変。

2.2　銀行の代表的な証券業務

　銀行に認められている証券業務の範囲は上記のとおりであるが，とくに代表的な業務に関して詳しくみていきたい。これには，①投資信託や保険などを銀行窓口で販売する「窓口販売業務」（窓販），②国債など（株式は対象外）の取次販売を行う「委託売買（ブローキング）業務」，③国債等の有価証券を自己売買する「自己売買（ディーリング）業務」，④顧客の有価証券売買（株式も含む）を証券会社に取り次ぐ「金融商品仲介業務」，そして⑤社債に関連する「証券代理・社債管理（引受）業務」などが挙げられる。

①窓口販売業務は，公共債や投資信託などの金融商品を銀行窓口で販売する業務である。これは 1983 年に公共債の窓販が認められたことに始まる。その後，日本版金融ビッグバンの一環として，98 年に投資信託の窓販が解禁となった。そして国債の窓販についても拡大が進み，2003 年には変動金利 10 年物個人向け国債が，06 年には郵便局における固定金利 5 年物個人向け国債が窓口販売可能となった。そして 07 年には新窓販国債の民間金融機関における窓口販売（新型窓口販売）も開始された。また近年では，14 年に少額投資非課税制度（NISA）が導入されたことに伴い，現在はこれを利用するための投資信託の窓販が増加している。

　②委託売買業務はブローキング業務とも呼ばれ，顧客の委託注文を受けて有価証券等の売買を取り次ぐ（仲介する）業務である。委託売買業務は，自己資金を用いて有価証券等の売買を行うのではなく，あくまで顧客の有価証券等の売買を仲介することをさす。

　③自己売買業務はディーリング業務とも呼ばれ，自己資金で金融商品等を取引する業務である。取引が可能な金融商品は，1984 年に公共債が認められ，その後は短期社債や証券化商品，そして投資信託へと拡大されてきた。取引は特定取引勘定で行うことが義務づけられている。なお，国債の売買益や償還益はこれに含まれない。また，保有商品は商品有価証券として分類して顧客勘定等とは区別することも求められている。

　なお，これと類似した業務としてトレーディング業務がある。これはディーリング業務にマーケットメーク業務が加わった業務の総称である。これについては後述するが，トレーディング業務は銀行の証券業務として，とくに収益獲得面で重要性を増している。

　④金融商品仲介業務は，証券売買仲介業とも呼ばれ，金融商品取引業者等の委託を受け，顧客との有価証券の売買等の媒介や有価証券の募集（勧誘）または売出を取り扱う業務である。金融商品仲介業務は，もともと証券仲介業者登録を行った者にのみ許された業務で，かつて銀行は証券取引法第 66 条の 2 において証券仲介業者への登録が認められていなかった。しかし 2004 年の「証券取引法等の一部を改正する法律」のもと，証券取引法第 65 条の例外規定が設けられると，このなかで銀行の証券業務に証券仲介業務も追加された。同時に銀行等の証券仲介業務解禁に伴う弊害防止措置が設けられたが，それでも

04年以降は，内閣総理大臣（現実的には金融庁）への登録を行って登録金融機関となり，証券仲介業務を行うことが可能となった。

⑤社債管理業務とは，銀行が社債管理者として（担保付社債の場合には受託会社となって）投資家や社債発行体のために社債管理を担う業務である。公募債であれ私募債であれ，社債を発行する際には，発行体は会社法第702条により社債管理者に管理を委託することが原則求められている（ただし，1億円以上の社債であること等の条件を満たす場合，社債管理者の設置義務は免除される）。このとき，銀行は同法第703条により社債管理者となることが認められており，これに基づき銀行は社債管理業務を行う。

ただし，会社法第702条の但し書き，および同法施行規則169条の例外規定では，一定の条件のもとで社債管理者を置かずに社債を発行することも認められている。そのため，これをもとに社債管理者を置かない社債発行が大部分を占めている。これには，社債管理業務は責任が重く，そのため社債管理者の設置にはコストが高くなることや，そもそも社債管理者となるための要件が厳しいことから適切な管理者を選定することが容易でないという背景もあった。そのため，例外規定に沿って社債管理者不設置債の発行が主となっているのである。

しかし，社債管理者の設置は社債権者の保護という観点からも重要であることは周知されていた。そこで，2021年3月に施行された改正会社法第714条の2では，新たに管理補助者制度が創設され，社債管理者の不設置が認められる条件下であり，また社債権者が自ら社債管理を行う前提がある際には，その補助をする役割として社債管理補助者を設置することができることとした。社債管理補助者は，社債管理者よりも権限と責任が小さく，また要件が緩いことから，これにかかるコストと選定難易度が下がるため利用しやすい制度となっている。

また，銀行は私募債の取り扱いも行っている。私募債は特定少数の投資家に向けて買取を依頼する形で発行される社債で，中小企業が地銀の支援を得て発行することが多い。とくに2000年に施行された中小企業特定社債保証制度のもと信用保証付き私募債として中小企業による発行が容易になり，これ以降に発行額が増加している。

私募債の発行は，これを運転資金とするための資金調達として発行すること

は禁じられており，新規事業を行うための発行であることが一般的である。また，これを取り扱う銀行は私募債に信用保証を付すことがあるためリスクはあるが，手数料収入獲得という点で重要な業務となっている。このようなこともあり，近年は地銀や信金などが私募債の取り扱いに積極的となっている。また，近年では SDGs 債や ESG 債などが注目を集め，その発行が増加している。

2.3　銀行と国債

日本では，国債の安定的な消化を促進し，また国債市場の流動性を維持・向上させることを目的に，「国債市場特別参加者制度」（いわゆる日本版プライマリー・ディーラー制度）が設けられている（簗田［2016b］）。これは，アメリカなどで導入されている，いわゆるプライマリー・ディーラー制度を参考に 2004 年 10 月に導入された制度である。

日本では，国債市場特別参加者（プライマリー・ディーラー）に指定されれば，応札責任として，すべての国債入札において相応の価格で一定額以上の応札を行い，また直近 2 四半期中の入札において，短期ゾーンで 0.5%，短期以上のゾーンは 1% 以上の額の落札を行う必要がある。また，国債の流通市場に十分な流動性を提供し，財務省に対しては国債取引動向に関する情報提供が求められる。その一方で，国債市場特別参加者会合に出席して財務省と国債に関連する意見交換を行い情報収集が可能となる。また，第Ⅰ・第Ⅱ非価格競争入札に参加し，有利な価格での国債購入が可能となるなど，大きなメリットもある。

2022 年時点では，20 社の国債市場特別参加者が指定されており，野村證券やゴールドマン・サックス証券など国内外の証券会社とともに，三井住友銀行やみずほ銀行などの大手都銀が国債市場特別参加者に名を連ねている。13 年以降の一連の大規模金融緩和政策の影響により国債利回り曲線（イールド・カーブ）がフラット化するなか，三菱 UFJ 銀行が国債市場特別参加者資格を返上するなどの動きはあるものの，現在も国債の安定的消化に重要な役割を果たしている。

2.4　トレーディング業務の拡大と最近の変化

近年の銀行は，トレーディング業務として自己勘定での有価証券売買が可能となっている。トレーディング業務には，証券売買における売り気配と買い気

表 10-3　銀行のトレーディング収益の推移

（単位：億円）

年	都市銀行			地方銀行			信託銀行		
	国内部門	国際部門	差引	国内部門	国際部門	差引	国内部門	国際部門	差引
2015	− 511	3,589	3,078	53	10	63	564	− 185	379
2016	540	2,033	2,573	42	0	42	127	65	192
2017	275	1,586	1,861	33	6	39	60	209	269
2018	− 487	1,683	1,196	24	8	32	173	397	570
2019	515	2,270	2,785	31	10	41	339	791	1,130
2020	− 182	2,326	2,144	31	11	42	811	− 408	403
2021	138	− 294	− 156	24	12	36	157	− 277	− 120

（出所）　全国銀行協会『全国銀行決算発表』各年度号より筆者作成。

配を提示し，その価格をもとに顧客と取引をする「カスタマー・トレーディング業務」と，自己売買でありディーリング業務とほぼ同義とされる「プロップ・トレーディング業務」がある。このトレーディング業務において，銀行の各業態はどの程度の収益を上げることができているのだろうか。これについて，全国銀行協会の『全国銀行決算発表』の各年度版を用いて比較してみたい。

　表 10-3 は，各銀行業態のトレーディング収益を年度と国内・国外で分けて表したものである。これをみてわかるのは，都銀は国際部門のトレーディングで大きく収益をあげた年度が続いてきたことである。年度によって違いはあるものの，多い年度で 3000 億円を超える収益を出してきた。これは，国内部門ではマイナスとなる年もあるなど伸び悩んでいたこととは対照的であり，むしろ国内部門の不調を国際部門が埋め合わせていたともいえる。また，地銀は国内・国際業務ともに収益そのものは大きくなく，そして信託銀行は国内部門については都銀に匹敵する収益をあげているが，国際部門は都銀と比べずっと少ない。

　ところが，2021 年度においては変化がみられる。すなわち，都銀の 21 年度のトレーディング収益（特定取引利益）が差引マイナス 156 億円となっているのである。この原因は国際部門の収益減が大きいが，決算発表の説明資料（全国銀行協会 [2022]）においては，特定金融派生商品の収益（有価証券派生商品を除く特定取引として取引する金融派生商品をみなし決済した場合に生じる評価損およびオプション・プレミアム）が損失超過に陥ったことが原因とされている。この状況が一時的なものかどうかは時間が経ってみなければわからないが，今後の動

向が注目される。

3　金融規制改革と証券業務

　銀行が証券業務を行うことが可能となったのは，主に 1980 年代以降で，それ以前はトレーディング業務を除き銀行による証券業務の兼営は法律により規制されていた。以下では，銀行業と証券業が分離されていた背景から，その後の規制緩和の経緯についてみていく。

3.1　銀証分離と規制緩和

　銀行（銀行業務）と証券会社（証券業務）は，1948 年に成立した証券取引法第 65 条の業務範囲規制のもとで区分されていた。これを「銀証分離」という。銀証分離はアメリカの 1933 年銀行法（いわゆるグラス゠スティーガル法）を参考にしたものであった。しかし，75 年以降の国債大量発行の開始や，世界的な金融自由化の流れもあり，銀証分離は見直しが意識されるようになった。そして，81 年に銀行法が全面改正されて 82 年に新銀行法が施行されると，これにより銀行の行うことが可能な証券業務の範囲が広がる方向性が明確になった。具体的には，83 年から銀行による国債募集の取扱（国債窓販）が可能となり，また 84 年には銀行による公共債のディーリングが可能となった。

　そして 1992 年に金融制度改革関連法が成立すると，これにより業態別子会社方式による銀証間の相互乗り入れが可能となり，銀証分離の原則は大きく転換することとなった。その結果，93 年には日本興業銀行，日本長期信用銀行，農林中央金庫，三菱信託銀行，住友信託銀行が証券子会社を設立して証券業へ参入し，野村證券，大和証券，日興証券，山一證券が信託子会社（信託銀行等）を設立して銀行業に参入した。ただし，これによる弊害を防ぐためにファイヤーウォール規制と呼ばれる新たな規制も導入され，銀証間の役員の兼職や，非公開顧客情報の共有，銀証の共同訪問や人事交流の禁止が明文化された。

　これら一連の金融自由化と規制改革の流れに拍車をかけたのが，1996 年に橋本龍太郎首相（当時）が打ち出した一連の改革方針，いわゆる「日本版金融ビッグバン」であった。この一環として，97 年に金融持株会社関連法が成立すると，98 年には金融持株会社制度の解禁が決定した。加えて業務分野規制

も緩和されることとなり，これにより金融機関は持株会社の設立を通じて他業態に参入することが可能となった。現実に，金融持株会社の子会社として，銀行，証券会社，保険会社などの設立が相次ぎ，異なる業種のグループ化が進んだ。このような変遷を経て，日本でも銀証分離は変化が生じ，銀行が証券業務の一部を行うことができるようになった。

　また，1998年金融制度改革法では金融制度に関する全般的な規制緩和が行われたが，これにおいて銀行による投資信託の窓口販売も解禁された。加えてファイヤーウォール規制の緩和が行われ，銀証による共同訪問，人事交流や店舗共有が解禁された（その後の2008年と21年にも規制緩和が行われた）。

　このように，もともと銀行と証券会社は厳しい規制により業務範囲や業態間の関係も分離されていたが，1980年代以降の規制緩和で垣根が低くなってきている。ただし，現在においても銀行業と証券業の垣根は完全に取り払われたわけではなく，2006年の証券取引法改正により証券取引法が金融商品取引法となったが，これにおいても銀行と証券の分離の原則は引き続き踏襲されている。

3.2　持株会社制度とその経緯

　金融持株会社制度は1998年3月に解禁された制度であるが，金融広報中央委員会のウェブサイト「知るぽると」によれば，金融持株会社とは「自らは実質的な事業活動を行わず，銀行，証券会社，保険会社などの金融機関の株主となってグループ内の各社を子会社として支配・管理する中核企業のこと」とされている。金融持株会社制度の解禁後，日本にも多くの金融持株会社が生まれ，金融機関のグループ化とコングロマリット化が進展した。

　なお，持株会社と金融持株会社について確認しておくと，持株会社とは支配株主として複数の子会社の株式を保有し，グループ（ホールディングス）を形成する組織形態である。そして，持株会社自体が（グループ会社の株式保有を通じて子会社を支配しつつ）生産活動などの事業も行う場合には事業持株会社と分類され，自らは事業を行わず株式保有によりグループ企業の支配のみを行う場合には純粋持株会社と分類される。金融持株会社は，金融機関のみを子会社として支配していることが一般的である。そのため，通常，金融持株会社は純粋持株会社に分類される。このうち，銀行を傘下に持ち，そのほかにも金融機関を

多くグループ内に収める持株会社を銀行持株会社と呼ぶ。

3.3　日本の金融持株会社

　2022 年 6 月時点の日本には，28 の銀行持株会社があり，株式時価総額で上位グループを並べると，三菱 UFJ フィナンシャル・グループ，三井住友フィナンシャルグループ，みずほフィナンシャルグループ，三井住友トラスト・ホールディングス，りそなホールディングスと続く。これに，横浜銀行を中心とするコンコルディア・フィナンシャルグループ，福岡銀行を中心とするふくおかフィナンシャルグループ，常陽銀行などを中心とするめぶきフィナンシャルグループなどが続く。現在では，旧財閥系などが銀行持株会社を形成するだけではなく，地域単位での銀行持株会社グループも多くみられる。

　なお，銀行法第 16 条 3 項および第 52 条 24 項では，銀行の出資に関する制限事項が規定されている。すなわち，銀行またはその子会社が一般事業会社の議決権を 5% 以上持つことが原則的に禁止されている（いわゆる「5% ルール」）。また，銀行持株会社または銀行子会社は，合算して一般事業会社の議決権を 15% 以上持つことも禁止されている（いわゆる「15% ルール」）。これは，銀行が本業ではない株式保有関連で損失を出すなどして経営の健全性に問題が生じることがないようにすることや，銀行が一般事業会社等に比して資金力や支配力で強い立場にあるため，株式保有を制限することは産業界における競争上の観点からも重要であることが理由とされた。

　ただし，これらの規定については弾力化が図られ，一定の条件を満たせば上記規定を超えた議決権（株式）の保有が認められている（第 14 章で詳述する）。

〈注〉
1)　筆者による信託協会への問い合わせへの回答である。
2)　Bloomberg 電子版より。ただし，農林中金はその後に CLO 保有額を減少させ，2021 年末までに 4 億 9000 万円と最大期の 60% 程度となった。
3)　全国銀行協会調査部［2017］第 9 章を参考とした。

● 練 習 問 題
1　銀行の各業態の有価証券保有の特徴を説明しなさい。
2　銀行などが外国証券保有額を増加させた背景を説明しなさい。
3　銀行が行うことができる証券業務の種類と内容について説明しなさい。

● 文 献 案 内
1　平山賢一［2019］『戦前・戦時期の金融市場――1940 年代化する国債・株式マーケット』日本経済新聞出版社
　　　本邦国債市場リスクとリターン，国債管理政策，金融行政等を歴史的に解説している。
2　日本証券経済研究所編［2022］『図説 日本の証券市場 2022 年版』日本証券経済研究所
　　　有価証券と銀行との関連，銀行行政の歴史などを詳細に解説している。

● 引用・参考文献

萩原ゆき［2022］「ウォール街からあぜ道へ，CLO 市場の『クジラ』農林中金が原点回帰」Bloomberg，2022 年 2 月 24 日（https://www.bloomberg.co.jp/news/articles/2022-02-23/R6YLS0T0G1KW01），2022 年 8 月 13 日アクセス

代田純［2021］「銀行の有価証券保有と CLO」『証券経済研究』第 113 号，107 〜 124 頁

全国銀行協会［2022］「全国銀行の 2021 年度決算の状況（単体ベース）」全国銀行協会ウェブサイト

全国銀行協会企画部金融調査室編［2017］『図説 わが国の銀行（10 訂版）』財経詳報社

第一生命保険株式会社特別勘定運用部［2021］「米国主要債券セクターレポート④ 金利上昇懸念で注目が集まる CLO の概要と今後の市場見通し」『第一生命年金通信』No.2021-12，1 〜 8 頁

日本銀行金融機構局・金融庁監督局［2020］「本邦金融機関の海外クレジット投融資の動向――日本銀行と金融庁の合同調査を踏まえた整理」『日銀レビュー』2020-J-4，1 〜 7 頁

簗田優［2016a］「日銀のマイナス金利政策とヨーロッパ諸国の先行事例」『研究年報』和歌山大学経済学会，第 20 号，65 〜 110 頁

簗田優［2016b］「国債市場特別参加者制度と最近の国債市場――三菱東京 UFJ 銀行の特別資格返上に関連して」『証研レポート』1697 号，44 〜 59 頁

第III部
金融のこれからと銀行の課題

第11章　銀行とデジタル化

日本銀行は日銀ネットによって，民間銀行相互の決済におい
て中枢に位置する。日本銀行本店は東京の日本橋にある（著
者撮影）

学習の課題

1　銀行のオンライン化（システム化）の歴史と現在を学ぶ。
2　日銀ネット，全銀システム，銀行の勘定系システムなど決済システムを学ぶ。
3　キャッシュレス決済とフィンテックについて学ぶ。

1　銀行のシステム化の歴史と現在

　現在，社会全体において，デジタル化が進んでいる。その特徴は，①スマートフォンなどデジタル・チャンネルの普及による経済活動のデータ化の進展，②クラウドの普及などによる大量データの収集・蓄積コストの低下，③AI などによる大量データの分析能力・効率性の向上，等である。

1.1　銀行のオンライン化
　デジタル化は銀行など金融分野においても進みつつあり，銀行の DX（デジタル・トランスフォーメーション）と呼ばれる。個人向けでは，スマートフォン

などを利用して，クレジット・カード支払，決済アプリ利用，資産運用等がなされている。他方で，銀行以外のコード決済事業者（PayPay，LINE 等）やプラットフォーマー（Amazon 等）が，金融の DX に関与し，銀行と競争を強めている。デジタル化は，広くは情報通信技術やコンピューター化の深化であり，オンライン化として 1970 年代頃から始まった。そこで，銀行のコンピューター・システム化の歴史をまず学ぶ。

　銀行におけるコンピューター・システムの導入は，1965 年頃から始まった。第 1 次オンライン化と呼ばれ，銀行内の元帳（経理の基本帳簿）において，コンピューターによる処理が始まった。主として，銀行内部の事務処理効率化や省力化といった合理化が目的であった。75 年頃からは，銀行内の事務処理だけでなく，銀行間オンライン CD（現金支払機）の提携が始まり，顧客サービスの強化が図られた。利用者はオンライン CD によって，他行の CD であっても，現金を引き出せるようになった。ATM（現金自動預払機，出金だけでなく，預金や通帳記帳が可能）が登場したのもこの時期であり，金融機関間でのネットワーク化が始まったことでもある。第 2 次オンライン化と呼ばれた。

　1985 年頃から，勘定系システムの再構築が始まった。勘定系システムとは，民間銀行の預金，決済（為替），貸出等の基幹を担うシステムである。ATM によって，振込・振替が可能となって，ATM の機能が高度化したことも，勘定系システム再構築の一因であった。また 80 年代後半に，金融自由化が進み，資金証券系や国際系のシステム整備も必要となった。80 年代後半には，大手銀行を中心として，国債や外国為替のディーリング（自己資金での売買）が収益源となったため，資金証券系や国際系のシステムを整備する必要が高まった。これらを第 3 次オンラインと呼ぶ。

　2000 年以降今日までは，ポスト第 3 次オンラインと呼ばれる。経済や金融の環境変化によって規定されているよりも，情報通信技術の進化によって促されている側面が強い。技術進歩の重要な要因としては，パソコンなどの小型コンピューターの処理速度・能力の向上と，インターネットなどネットワーク（通信）技術の発達が大きい。利用者が，自宅から小型パソコンにより，インターネットバンキングで振込等が可能となった背景には，上記の 2 要因が寄与している。

　また，現在，銀行のシステムも，メインフレーム（大型コンピューター）によ

るのではなく，クラウド化（オープン系）している。メインフレームは IBM，富士通などのメーカー独自仕様のシステムである。他方，オープン系とは，Windows や UNIX などに代表される OS 上で稼働するシステムである。まず両者はコスト面で大きく異なる。メインフレームは 1 台当たり十数億円かかるといわれるが，オープン系のサーバーは高くても 1 台当たり数百万円である。また，ソフトウェアの面でも，メインフレームであるホスト・コンピューターを製造するベンダー（メーカー）が独自 OS を作成し運用するため，ハードとソフトがセットとなり，ベンダー・ロックイン（メーカーの固定化）になりやすい。しかし，オープン系では Windows など多くのベンダーが参加するため，ソフトウェアに多くの選択肢があり，競争によってソフト価格も安くなる。

　銀行のシステム化は，長い歴史を有しており，銀行の DX もシステム化の歴史を背景としている。

1.2　銀行システムの全体像

　図 11-1 は銀行システムの概念図を示している。民間の個別銀行のシステムは，大きく分けて，業務系システム，情報系システム，事務系システムから構成されている。このうち業務系システムは，銀行の中心的な業務のシステムであり，勘定系システム，資金証券系システム，国際系システムからなる。なかでも，勘定系システムは銀行の根幹となるシステムであり，利用者からの預金受入，貸出，為替（決済）を担っている。利用者が ATM から預金を預ける，あるいはインターネットバンキングで振り込むといった場合，勘定系システムと連携して処理する。支店など営業店のシステム（ATM 含む）は，勘定系システムと密接につながっている。2021 年に，みずほ銀行がシステム障害を起こしているのは，勘定系システムの不具合であり，支店の ATM 等で利用者が現金を引き出せない，あるいは振り込んだものの決済が完了しないといった事態となった。

　同じ業務系システムには，国際系と資金証券系のシステムがある。国際系システムは，外国為替業務や海外の支店，現地法人等を支援する。外国為替のディーリングに伴う事務処理や，保有する海外通貨のリスク管理も含まれる。資金証券系システムは，資金証券の取引やその事務処理のシステムである。資金（コール等），金利，債券，デリバティブ等の取引に伴うシステムである。

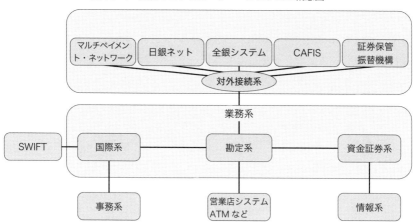

図 11-1　銀行のコンピューター・システムの概念図

（出所）　金融情報システムセンター編［2021］『金融情報システム白書（令和 3 年版）』財経詳報社，137 頁を参考に筆者作成。

　情報系システムは，銀行の予算，経費，人事等の経営管理や，貸出等の審査システム等の業務支援のシステムである。事務系システムは，営業店システムや集中センター・システム等が含まれ，印鑑照合や伝票処理，生体認証等を担っている。

　こうした個別の民間銀行のシステムは，外部のさまざまなシステムとつながっている。図 11-1 に関連して説明すると，第 1 章でも触れたが，日銀ネットは銀行等が日本銀行に保有している当座預金間で相互に資金決済するためのシステムである。全銀システムは全国銀行内国為替制度に加盟する金融機関（銀行以外を含む）相互の内国為替（決済）に関する通知や算出を処理するシステムである。CAFIS は，デビット・カードやクレジット・カードなどのカード会社，加盟店，銀行等の金融機関を結ぶ共同利用型オンライン・システムで，事故カードのチェックや，売上データの中継，代行売上処理等を 24 時間提供している。マルチペイメント・ネットワークは，ペイジーサービスを提供し，税金や公共料金の収納システムである。証券保管振替機構は，データ化された株式や債券等の決済機関であり，個別銀行の資金証券系システムと密接な関係にある。

　以上でみてきたように，今日の銀行業の多くはシステム化されており，コン

ピューターによるシステムなしには，成り立たなくなっている。こうしたシステムを構築するためには，規模が小さい銀行にとっては負担が大きくなるため，多くの地域銀行では，共同でシステムを運営している。他方，メガバンクでは，各行が単独でシステムを構築してきたが，第9章でも触れたように，メガバンクの設備投資はシステム投資を中心に大きくなっている。

1.3　デジタル化とATM・通帳・キャッシュカード

　銀行業のシステム化やデジタル化を考える場合，対個人の分野ではATM（Automated Teller Machine）の存在が大きい。ATMの前身がCD（Cash Dispenser）であるが，出金機能だけであり，1969年にオフライン（勘定系システムと接続なし）で導入された。70年代に企業の給与支払が銀行振込に転換した（それ以前は現金手渡し）ため，ATMが急速に増加した。もともと，職員削減とオンライン化のために導入されたCDやATMであったが，現在はデジタル化のなかでATMの存在意義が問われている。

　現在のATMは，出入金，振込，振替，残高照会が可能である。しかしATMには，銀行が設置するフルスペック型ATMと，コンビニ型ATMがある。フルスペック型では，紙幣，硬貨，通帳，キャッシュカードすべてが使用可であるが，コンビニ型では通帳と硬貨は使用できない。また，フルスペック型でも，通帳繰越，カードローン，定期預金等については，独自機能であり，対応していないATMもある。

　フルスペック型ATMの通帳機能については，現在，銀行にとって重要な検討課題となっている。第1に，通帳が使用できないコンビニ型ATMのほうが低価格だからである。銀行の多くは，直営のATMを減らし，コンビニ型への転換を図っており，これに伴って，通帳の廃止や制限が検討されている。第2に，紙の通帳は印紙税が課税されるほか，通帳自体の製作や管理にコストが発生する。このため，多くの銀行は新規の通帳発行を止め，ウェブ通帳等に転換を促進している。しかし，高齢者を中心に紙の通帳への選好が強く，急には進められない。

　他方で，セブン銀行などでは，スマホアプリをダウンロードして預金口座を開設することが可能であり，また紙の通帳は存在せず，ネットバンク（ダイレクトバンキングサービス）で取引履歴をPDFでダウンロードできる。多くの銀

行もこれに追従して，可能なかぎり紙の通帳を廃止し，ウェブ通帳への移行を促している。紙の通帳を新規に発行する場合，有料化されている。

海外でもATMはあるが，日本との違いは，通帳対応をしていないことである。そもそも海外の銀行では，通帳自体がないことが多い。このため，ATMでも通帳対応はしていないし，また硬貨対応もしていないことが多い。さらに日本のATMは硬貨や紙幣の真贋鑑別機能を持っているが，海外のATMには通常備わっていない。

日本のATMでは，銀行が異なると，通帳を使用できない。通帳には，ATMが読み取るための，磁気データとバーコードがついている。通帳を開いてみると，バーコードがあるが，バーコードの見た目も銀行によって異なっている。通帳のバーコードや磁気データは，各銀行が独自に作成してきたもので，互換性は最初から意図されてこなかった。このことは，銀行が合併する場合に，ATMと通帳が大きなアキレス腱となることを意味している。合併すれば，いずれかの銀行のATMと通帳に「片寄せ」することが必要で，コストも発生する。地方銀行等で合併が進まない隠れた一因とみられる。

ATM1台当たりの価格（イニシャル・コスト）は1990年代には約1000万円といわれ，その後低下してきたものの，現在でも数百万円といわれる。このほかに，諸費用（警備等のランニング・コスト）がやはり年間数百万円とされる。このため，ATMを1台導入すると，初年度約1000万円のコストがかかる。日本全体のATMランニング・コストは約2兆円という試算もある。ATMのコストは日本が現金社会であったことに起因していると考えられる。一般に，現金保有コストはゼロと考えられているが，実際にはコストが発生しており，銀行や利用者の負担が増加している。

通帳とは異なり，キャッシュカードは異なる銀行ATMでも使用できる。これはキャッシュカードの仕様はJIS（日本産業規格）で規定され，銀行間で統一されているためである。ただし，海外の仕様とは異なり，国内のキャッシュカードは通常，海外で使用できない。逆に，海外のカードも国内ATMで使用できないことが多く，オリンピック時（2020年）に海外観客から苦情が多かった。海外のカードと，日本のカードで，磁気ストライプの読み取り方が異なるためである。

クレジット・カードには有効期限があり，定期的に更新され，新カードが交

付される。ただし，クレジット・カードは少なくとも年会費を支払っており，利用者がコストを負担している。しかし，キャッシュカードは有効期限がなく，更新されない。キャッシュカードで磁気ストライプの読み込みが弱まった場合，利用者負担で更新されることが多い。

　以上，ATM，通帳，キャッシュカード，そして手数料等についてみてきたが，銀行のデジタル化が進むにつれて，ATM は削減され，通帳は廃止あるいは有料化されることになろう。ただし，銀行直営の ATM が減少すると同時に，コンビニ ATM で代替する動きは当面強まるとみられる。このため，コンビニ ATM の大幅な削減は当面見込みにくい。

1.4　インターネットバンキング

　インターネットバンキングとは，インターネット経由で銀行のシステムにアクセスし，口座残高照会や振込等の資金移動をすることである。2000 年代初頭にインターネットバンキングが始まった頃には，パソコンが中心であったが，現在はスマートフォンなどモバイル端末にも拡大した。インターネットバンキングでの機能としては，投資信託の購入や外貨預金取引などに広がっている。他方で，インターネットバンキングに関わり，金融犯罪が増加している面もあり，セキュリティー対策が必要となっている。

　銀行がインターネットバンキングを運営する場合，銀行が独自にサーバー（大型のホスト・コンピューター）を設置するか，共同センターを利用するか，といった違いがある。前者の場合，初期投資とコストが大きくなるが，独自のサービスメニューを提供しやすい。後者の場合，初期コストは小さいが，独自のメニューを提供しにくい。

　従来，インターネットバンキングは主として個人向けであったが，最近は法人や事業者向けも増加している。従業員への給与振込や会計ソフトとの連携が図られ，企業の業務そのものが変わりつつあり，DX となっている。また，銀行においても，対面取引を行わないインターネット専業支店が設置されている。

　既存銀行のインターネットバンキングと並び，インターネット専業銀行が注目されている。インターネット専業銀行とは，基本的に店舗等を持たず，インターネット上で銀行サービスを提供している。2000 年 10 月に，インターネット専業銀行は始まった。インターネット専業銀行の特徴としては，第 1 に，オ

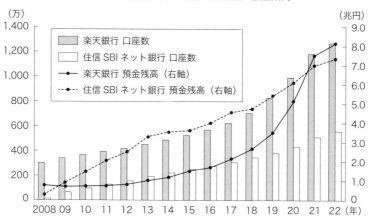

図11-2 主要なネット銀行の口座数・預金残高

(注) 年末現在。2022年のみ6月末現在。
(出所) 楽天銀行・住信SBIネット銀行のウェブサイトから筆者作成。

ンライン購入（楽天等）などインターネット経由での資金決済としての利用が多い。第2に，店舗を持たないうえ業務が限定されていてコストが抑制されるため，預金金利を高めに設定し，住宅ローン金利を低めにできる。第3に，現金決済は例外的であり，現金決済が必要な場合には，提携する他行のATMを利用することが多い。

　図11-2は，主要なインターネット専業銀行として，楽天銀行と住信SBIネット銀行の口座数，預金残高をみたものである。楽天銀行は楽天カードが100％出資しており，楽天グループによる電子商取引（EC）を媒介として成長してきた。2008年に口座数300.5万であったが，21年には1182万口座まで増加した。また預金残高も，同じく7726億円から7兆5126億円まで増加した。住信SBIネット銀行は，三井住友信託銀行とSBIホールディングスが共同出資している。口座数は08年に12.4万であったが，21年には510.2万と急成長しており，同じ期間に預金残高も2914億円から6兆9940億円まで増加した。なお，預金残高7兆円という水準は，地銀上位行の京都銀行等と同等である。

　インターネット専業銀行が以上のように急成長を遂げてきた要因は複数あるが，ATM手数料が安いことも一因とみられる。他方，住信SBIネット銀行の場合，ATMはコンビニATMが中心であるが，振込手数料でもランクによっ

て月 1 〜 20 回無料になっている。同行の資産運用をみると，個人向け住宅ローンが 90 ％程度を占め，とりわけ変動金利（2022 年現在，新規借入 0.44 ％）の住宅ローンが多い。貸出金利は低いのであるが，建物等の有形固定資産がほぼないこと，従業員数も 525 人（2021 年 3 月）と少なく，経費が抑えられており，自己資本利益率は 11 ％（同）となっている。

2　金融機関相互のシステム

　以上で，銀行のオンライン化やシステム化の歴史を踏まえ，ATM の仕組みや，インターネットバンキングの現状を学んだ。本項では，銀行等の相互のシステムとして，日銀ネット，全銀システム，国際的な決済システムに関し説明する。

2.1　日銀ネット

　本章の 1.2 においても触れたが，日銀ネットは銀行等が日本銀行に保有している当座預金間での資金決済や国債受渡しをオンライン処理するためのコンピューター・システムとネットワークである。大きく分けて，日銀当座預金間で決済する当座預金系システムと，国債を受け渡し・決済する国債系システムからなる。

　日銀ネットの利用先数は，都銀，地銀等のほか，外銀，信用金庫，証券会社，生損保，証券金融会社，短資会社など 496 社（2022 年 1 月現在）に及び，実質的にほとんどの金融機関になっている。日銀ネットのコスト（システム費用）負担については，利用する金融機関がオンライン利用による受益部分に対応するコストを負担している。民間銀行の ATM 等から，他行の口座に振り込む場合，日銀ネット経由となり，民間銀行は日銀に対し，こうした手数料を支払っている。後述するフィンテック企業が，API（Application Programming Interface）接続をする場合，コスト負担が大きな課題となっている。

　国債系システムでは，国債の売り手投資家（証券会社を含む）が取引銀行に決済を依頼する。また買い手投資家も取引銀行に決済を依頼する。そして取引銀行相互が日銀ネットを通じて，国債の資金決済と受渡しを同時に行う。証券の受渡しと決済を同時に行うことを，DVP（Delivery Versus Payment）と呼ぶ。

2021年に，国債振替決済は1日当たりで2万5126件，金額では93兆6640億円となっている。国債市場だけでも，こうした巨額の資金決済が日々実施されており，システム化されていなければ処理できないことが理解できよう。

2.2　全銀システム

全国銀行データ通信システム（以下，全銀システム）とは，全国銀行内国為替制度に加盟する金融機関相互の為替（決済）通知の送受信等を処理するオンライン・システムである。銀行間の決済自体は，最終的に日銀当座預金間（日銀ネット）で行われるが，全銀システムは前段階において決済必要額を加盟銀行に通知するシステムである。

決済には決済リスクがある。たとえば，国債の売り手が国債を受渡ししたのに，買い手が資金を支払わなければ，不履行となる。こうした決済リスクを軽減するため，全銀システムでは担保管理制度および流動性供給制度を導入している。担保管理制度では，仕向超過額（引落額−入金額）が限度額を超える場合，担保の差出を求める。流動性供給制度では，あらかじめ契約した銀行が，資金不足の銀行に対し，流動性を供給（資金貸与）する。また決済期間の短縮化も図られ，かつての翌々日決済は同日決済になっている。

2.3　国際的な決済システム

海外との国際的決済においては，国内決済における日銀ネット，全銀システムとはまったく異なる仕組みとなる。海外とは通貨が異なり，世界中央銀行は存在しないためである。通常，コルレス契約と呼ばれる契約を，国内銀行と海外銀行が結び，その銀行間で決済する。コルレス契約を結ぶ銀行は，相互に相手先に自行名義の相手国通貨建預金口座を開設し，その口座を介して決済する。コルレス銀行を含み，国際的な決済のための銀行間での通信システムが，SWIFTである。2022年，ロシアのウクライナ侵攻の際，ロシアへの経済制裁として，SWIFTが対象とされ，一躍脚光を浴びた。ただし，SWIFTは通信システムであり，決済機能は持たない。決済は，コルレス銀行間で行われる。

SWIFTは1973年に，欧米15カ国239銀行によって設立された，ベルギーの協同組合法に基づく法人であり，日本は1976年に加盟した。2020年現在，200カ国以上，1万1000行以上が加盟しており，実質的に世界中の銀行が加盟

している。SWIFT から排除されると，国際的な決済ができなくなり，輸出しても代金を受け取れなくなり，経済制裁として効果が大きい。

3　キャッシュレス決済とフィンテック

　キャッシュレス決済やフィンテック（金融と技術の融合）と呼ばれる動きも進んでいるが，広義でデジタル化の一部と考えられる。そこで本項では，キャッシュレス決済とフィンテックに関して学習する。

3.1　キャッシュレス決済の定義と比率

　日本では，通常，キャッシュレス決済（支払）として，クレジット・カード（日本では預金口座からの引落は約 1 カ月後が中心），デビット・カード（預金口座から即時引落），電子マネー（nanaco や Suica 等），コード決済（スマホでの QR コード支払）が挙げられる。

　図 11-3 は，経済産業省が算出したキャッシュレス決済比率である。2021年には同比率は 32.5％（対民間最終消費支出）に上昇したとされる。内訳として，クレジット・カードが 27.7％，デビット・カードが 0.92％，電子マネーが 2％，コード決済が 1.8％となっている。他方，欧米ではキャッシュレス支払として，手形，小切手，銀行振込が含まれる。欧米，とりわけアメリカは歴史的に小切手社会であったから，小切手の延長でクレジット・カードが普及した。クレジット・カードはアメリカで 1950 年にダイナーズ・クラブによって開始されたが，クレジット・カードの仕組みは小切手に類似している。他方，日本では個人に銀行が当座預金口座を開設させなかったので，個人に小切手が使われることは稀であった。このため，日本ではクレジット・カードの普及は遅かった。そもそも，欧米と日本では，キャッシュレス支払の前史と文化が異なるのである。

　図 11-3 でも銀行振込はキャッシュレス支払に含まれていないが，欧米の定義では銀行振込 (credit transfer) もキャッシュレス支払である。日本でも給与振込や公共料金引落は，預金口座でのオンライン決済として普及している。全国銀行協会によると，大手銀行 6 行の 2021 年における個人の給与受取口座からの出金額は 111 兆円であったが，給与振込口座からの口座振替・振込等

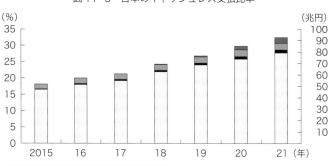

図11-3 日本のキャッシュレス支払比率

(注) 国民経済計算の民間最終消費支出を分母とする。
(出所) 経済産業省ウェブサイトより筆者作成。

（キャッシュレス支払）は54.9％であり，現金引出は45.1％であった。まず，給
与振込自体がキャッシュレス支払であり，さらに過半がオンラインで出金され
ており，合計約172兆円に達する。したがって，図11-3での90兆円に加え
て，合計で262兆円になる。図11-3におけるキャッシュレス支払比率32.5％
は，銀行振込を含むと，90％を超すとみることもできる。

3.2　キャッシュレス決済の区分

　キャッシュレス決済を支払のタイミングによって区分すると，以下のように
なる。前払型に属するものとしては，電子マネー，商品券，コード決済がある。
これらは，いずれも事前に現金をチャージするか，購入するためである。コー
ド決済も事前に預金口座から振り込むか，現金チャージが必要である。ただし，
電子マネー，およびコード決済でも，クレジット・カードが組み込まれている
場合には，クレジット・カードと同様に，後払となる。
　即時払としては，デビット・カード，銀行振込がある。アメリカでは，クレ
ジット・カードにはクレジット・スコアなどの審査があり，若年層ではクレ
ジット・カードを保有できないことも多い。しかし，デビット・カードには審
査がなく，アメリカでは預金サービスの一環として普及してきた。クレジッ
ト・カードではカード支払から口座引落までタイムラグがあり，一定の信用力
が求められるが，デビット・カードでは即時引落であるから，信用力は求めら

れないともいえる。後払型に属するものは，クレジット・カードのほか，公共料金の口座振替などがある。これらは使用して，後日，口座から引き落とされる。

3.3　銀行振込

　すでに指摘したように，銀行振込は預金口座から ATM やインターネットバンキングなどで振り込む場合，キャッシュレス支払である。銀行振込については，近年，銀行の振込手数料をめぐって動きがあった。ATM の振込手数料は，2021 年 10 月に引き下げられた。振込手数料引き下げには，公正取引委員会の調査等が契機になったとみられる。公正取引委員会は QR コード決済手数料やクレジット・カード手数料の関連で，銀行の決済（振込）手数料を問題視した。他行宛の振込では全銀システムを使用するが，全銀システムで銀行間の送金手数料が 40 年ぶりに引き下げられ，消費者の振込手数料が引き下げられた。

3.4　クレジット・カード

　キャッシュレス支払の中心は，クレジット・カードである。ただし，経済学の視点からは，預金口座から引き落とされて，最終的な決済となるのであって，消費者が小売店においてクレジット・カードで支払った時点では，決済となっていない。

　日本におけるクレジット・カードはビジネスとして複雑である。まず，クレジット・カードによる支払のうち，約 90％が非割賦（一括払）方式であり，金利収入が見込めない。割賦方式であれば，分割払となって，金利収入が発生することで，カード会社にとって収益が増加する。欧米の場合，割賦方式でのカード利用が多く，金利収入が得られることで，カード会社の採算は良好なことが多い。欧米では，銀行本体がクレジット・カード業務を直接営み，銀行の収益性（ROA，ROE 等）の上昇につながっている。クレジット・カードなどリテール（対消費者）分野での金利は，通常，ホールセール（対企業，大口）分野の金利よりも高いためである。しかし，日本では，クレジット・カード支払のほとんどが非割賦であり，金利収入が見込めないため，カード会社は他の手数料を求めることになる。

　日本では銀行法の規制により，1980 年代以前には，銀行本体でのクレジッ

ト・カードの発行は認められず，また割賦（分割）支払も認められなかった。こうした歴史的な法規制が今日でも影響を及ぼしている。

　クレジット・カードに関わる手数料としては，消費者（カード保有者）が支払う年会費，小売店が支払う決済手数料などがある。しかし，前者は年1回1000円程度が多く，カード会社はカード会員（加盟者）獲得をめぐり競争しているため，値上げしにくい。クレジット・カードは，流通系を中心に，購買履歴（ビッグ・データ）の把握に利用されることも多く，会員数を増やすことが求められる。また，会員数を増やすことで，「規模の経済」が働き，採算が改善される面もある。こうした事情で，年会費を値上げすることは難しい。

　こうした事情を背景に，日本ではクレジット・カードにおいて，小売店が支払う決済手数料に依存してきた。最近の調査（2021年）によると，小売店はカード会社に対して，平均で3.25％程度の手数料を支払っている。これは平均であって，手数料率は小売店とカード会社の契約によって決まるため，小規模店舗ほど高くなりやすく，5〜6％という場合もある。全体として，海外に比べ，きわめて高い。小売店からすれば，手数料が高いため，クレジット・カード払を認めず，現金のみとすることになる。

　図11-4は，日本におけるクレジット・カードの仕組みを示している。海外と日本の違いとして，第1に，欧米ではカードの発行は銀行であることが多く，カード会社と銀行は一体である。しかし，日本ではカード会社は百貨店やスーパーなど流通系，また信販会社（オリエントコーポレーション，ジャックス等）系ということも多く，銀行とは別ということが多い。これは，カード会社間での送金が銀行経由となるため，振込手数料が追加で発生することを意味している。

　第2に，日本ではクレジット・カードの照会（支払履歴等）にCAFISと呼ばれるネットワーク・システムが使用されるが，CAFISはNTTデータによって運営され，ほぼ独占に近い状態となっている。欧米ではVISAやMasterが直接，照会するが，日本ではCAFIS経由となる。VISAやMasterといった国際ブランドへの手数料だけでなく，CAFISへの手数料が発生することになる。カード会社が得ている手数料の一部が，CAFISに支払われている。

　クレジット・カードにおいて，店舗側のカード会社（図11-4ではカード会社B）と消費者側のカード会社（同A）が同じである場合をオンアス取引，異なる場合をオフアス取引と呼ぶ。オフアス取引の場合，消費者側のカード会社A

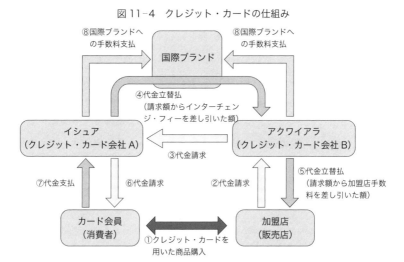

図11-4　クレジット・カードの仕組み

（出所）　公正取引委員会「クレジットカードの取引に関する実態調査報告書」2022 年 4
月，14 頁。

は，店舗側のカード会社 B に対し，代金を立て替える。その際，カード会社
B はカード会社 A に対し，平均で 2.3 ％程度のカード会社間手数料（inter-
change fee）を支払っている。全体の 3.25％の手数料のうち，2.3％という部分
がカード会社間手数料である。

　こうしたカード会社間手数料の淵源は，クレジット・カード誕生の地，アメ
リカにおける銀行制度といわれる。第 1 章でも説明したように，アメリカの銀
行は長く州際業務が規制されてきた。このため，1960 年代にクレジット・
カードが始まった後も，銀行は州内でしかカード業務を営めなかった。全米で
カード業務を展開するために，銀行間でカード支払を決済する仕組みが必要で
あり，これを可能にした制度がインターチェンジ・システムであった。消費者
側のカード会社（アメリカでは銀行）は，インターチェンジ手数料を差し引き，
代金を VISA や Master に送金し，全国的に決済されるようになった。

　クレジット・カードの仕組みは，アメリカから日本に導入されたが，イン
ターチェンジ手数料も導入された。最終的な問題は，合計で 3.25％の手数料が
店舗によって負担されることである。決済手数料として，海外と比べきわめて
高く，日本におけるクレジット・カードの普及を遅らせている一因とみられる。

EU では，インターチェンジ手数料は 0.3％に上限規制されており，アメリカも 1％台といわれている。

　日本においてデビット・カードが普及しない背景については，かつて銀行法の規制があったほか，そもそも需要が少ないこともある。日本のクレジット・カードは実質的にはデビット・カードに近く，デビット・カードの役割を担っている。日本のクレジット・カードは使用から 1 カ月後くらいに銀行口座引落となり，マンスリー・クリアである。これは，海外では，Delayed Debit Card（後払のデビット・カード）と呼ばれる範疇にあたる。

3.5　コード決済

　スマートフォン上の決済アプリを利用して QR コードやバーコードを読み取ることで決済する，コード決済が急速に普及している。コード決済には，銀行のほか，非銀行（ノンバンク）の資金移動業者（PayPay，楽天ペイ等，以下コード決済事業者）が参入している。図 11-3 では，コード決済額は約 1.1 兆円（2019年）であったが，2025 年には 9.7 兆円に増加すると見込まれている。20 年 4月の公正取引委員会調査によると，銀行が提供するコード決済の利用者は最大で数十万人であるが，ノンバンクが提供するコード決済の利用者は最大で数千万人に達する。目下のところ，ノンバンク系が圧倒的なシェアを占めている。同調査における消費者向けアンケートでは，PayPay が 54.8％，楽天ペイが16.1％，d 払いが 10.6％，LINE Pay が 9.3％，au ペイが 4.1％，メルペイが3.7％，Origami Pay が 1％といったシェアであり，これらが主要なノンバンクのコード決済事業者とされている。

　銀行系に比べ，ノンバンク系がコード決済において大きなシェアを持っているが，ノンバンクと銀行との関係は競争と協調という二面性を持っている。ノンバンクと銀行は決済業務をめぐって競争している。しかし，銀行の預金者がノンバンクのコード決済を利用できることは，預金の利便性向上になるので，銀行も一定の範囲内で協調する姿勢も持っている。

　ノンバンク系のコード決済では，まずチャージが必要となるが，銀行預金口座，クレジット・カード，現金という 3 つの手段になる。銀行預金口座からのチャージでは手数料が発生する。以下で説明するように，銀行預金口座からのチャージといっても複雑であり，銀行とノンバンク系の対抗点になっている。

　政府や厚生労働省は，給与のデジタル払いを解禁する方針である。つまり，QRコード決済事業者（○×ペイ）のアカウントに給与が直接振り込まれることである。もし実現すれば，チャージ等が不要になり，ATM の必要度も減少する。連合（労働組合）等が反対してきたが，2023 年から実現する見込みとなった。現行の労働基準法では，賃金支払いの 5 原則があり，通貨（現金）で支払うこととされ，銀行振込は例外として認められてきた。連合はデジタル払いに安全性で問題があるとしていた。

　このほか，キャッシュアウトはすでに銀行法改正で認められている。キャッシュアウトとは，スーパーで買い物をし，レジで支払う際に，現金を受け取り，買い物代金と合計額を，デビット・カードで預金口座から引き落とすものである。しかし，こちらもあまり普及していない。

　次に，ノンバンク系のコード決済事業者は，売上代金を店舗に振り込むが，この際にも銀行の振込手数料が発生する。店舗側としては，売上代金をできるだけ迅速に，またできるだけ頻繁に（週 1 回ではなく毎日）入金してほしい。しかし，振込回数が増えるほど，ノンバンク系決済事業者の銀行振込手数料は増加し，負担が増す。ここでも，ノンバンク系決済事業者と銀行が対抗している。

　まず，ノンバンク系のコード決済事業者におけるチャージについて説明する。第 1 に，クレジット・カードの場合，コード決済事業者にとって初期費用（最初に支払う費用で契約金に近い）は発生しないが，従量費用（チャージ当たりで発生する費用）として約 1％台の手数料（事業者がカード会社に支払う）が発生する。ただし，自社カードであれば，1％未満となる。第 2 に，ATM での現金チャージであるが，初期費用として数百万〜千数百万円程度かかるといわれる。コード決済事業者からコンビニ会社への支払である。さらに従量費用として，料率 1％未満＋十数円発生する。第 3 に，銀行預金口座であるが，大きく 2 通りあり，リテール決済インフラと呼ばれるネットワーク経由と，API 接続がある。API とは，他のシステムやデータを安全に利用するための接続方式であり，コード決済事業者のアカウントから，銀行の口座残高など情報を参照し，振込・振替できることを意味する。

　2020 年現在で，コード決済事業者に銀行口座から振り込む（チャージ）場合，ほとんどがリテール決済インフラ経由であり，API 接続は 1％台のシェアでしかない。図 11-5 はコード決済事業者に銀行口座から振り込む関係を示してい

図11-5 コード決済事業者に銀行口座から振り込む仕組み

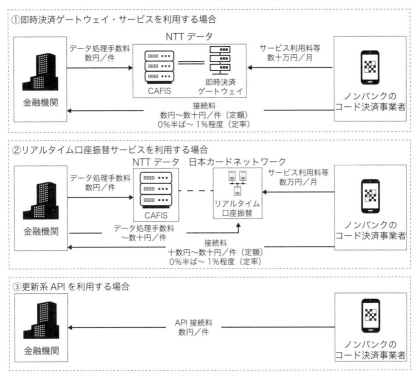

①即時決済ゲートウェイ・サービスを利用する場合

NTTデータ

データ処理手数料
数円/件

サービス利用料等
数十万円/月

CAFIS

即時決済
ゲートウェイ

金融機関

接続料
数円〜数十円/件（定額）
0%半ば〜1%程度（定率）

ノンバンクの
コード決済事業者

②リアルタイム口座振替サービスを利用する場合

NTTデータ　日本カードネットワーク

データ処理手数料
数円/件

サービス利用料等
数万円/月

CAFIS

リアルタイム
口座振替

金融機関

データ処理手数料
〜数十円/件

接続料
十数円〜数十円/件（定額）
0%半ば〜1%程度（定率）

ノンバンクの
コード決済事業者

③更新系APIを利用する場合

金融機関

API接続料
数円/件

ノンバンクの
コード決済事業者

（出所）　公正取引委員会「QRコード等を用いたキャッシュレス決済に関する実態調査報告書」
2020年4月，17頁。

る。リテール決済インフラ経由の場合でも，コード決済事業者は初期費用とし
て銀行に数百万円（地銀）〜数千万円（大手銀行）を支払う。さらにコード決済
事業者はリテール決済インフラに対し，初期費用として100万円程度を支払い，
銀行からもリテール決済インフラに手数料等が支払われている。API接続につ
いては，ほとんど実現していないが，銀行とノンバンク系決済事業者の間で，
接続手数料をめぐり大きな差があるためとみられる。

　ノンバンク系の決済事業者が店舗に売上代金を振り込む場合には，コード決
済事業者の銀行口座から，加盟店の銀行口座に振り込む。コード決済事業者の
口座はメガバンク，加盟店の銀行口座は地域銀行や信用金庫といったケースが
多いといわれ，他行宛手数料が発生しやすい。

● 練 習 問 題
1　銀行のオンライン化の歴史のなかで，現在のデジタル化の位置を述べなさい。
2　デジタル化と ATM，通帳の関係について説明しなさい。
3　日本のキャッシュレス化の現状について述べなさい。

● 文 献 案 内
1　前田真一郎［2014］『米国リテール金融の研究──消費者信用の歴史的発展
　過程』日本評論社
　　　アメリカにおけるクレジット・カードの誕生，その後の展開等，リテール
　　金融について分析している。
2　日本銀行金融研究所編［2011］『日本銀行の機能と業務』有斐閣
　　　日銀ネットや全銀システムなどの役割を，日銀の金融政策との関係も視野
　　に入れて説明している。
3　代田純［2022］『デジタル化の金融論』学文社
　　　多様化した金融が，デジタル化のなかで，どのように変化しているか，初
　　心者向けに説明している。

● 引用・参考文献
デジタルバリュー［2021］『地域金融機関のデジタルトランスフォーメーショ
　ン──北國銀行にみるゼロベースのシステム戦略と組織人事』金融ジャーナル
　社
日本 ATM 株式会社編著［2020］『ATM のトリセツ』金融財政事情研究会
根本忠明［2008］『銀行 ATM の歴史──預金者サービスの視点から』日本経済評
　論社
金融情報システムセンター編『金融情報システム白書』各年度版，財経詳報社
公正取引委員会「QR コード等を用いたキャッシュレス決済に関する実態調査報告
　書」2020 年
全国銀行協会「よりよい銀行づくりのためのアンケート（報告書）」2021 年度版
日本銀行「決済システムレポート」各号
日本銀行「日銀レビュー」各号

第12章　金融グローバル化と銀行

旧横浜 正 金銀行本店本館（現・神奈川県立歴史博物館）。同
行が1884年に設立したロンドン支店は，日本の銀行の海外
展開の先駆けとなった（著者撮影）

学習の課題

1　銀行の国際業務とは何か，また，金融グローバル化のなかでそれがどのよう
　に展開されてきたのかを学ぶ。
2　銀行の国際業務の促進要因と制約要因について学ぶ。
3　グローバルな銀行ガバナンスが強化される状況を通して，銀行が直面してい
　る現代的課題を学ぶ。

1　グローバル化が加速する銀行業務

　本章では，金融のグローバル化が銀行に及ぼしている影響を取り上げる。日
本の銀行の海外展開は140年弱の歴史を持っているが，その内容は時代ととも
に変化している。では，20世紀後半からの金融グローバル化は，銀行の国際
業務をどのように変えたのだろうか。この節では，銀行の国際業務の基礎と，
銀行の海外展開の歴史と現状について説明する。

1.1 銀行の国際業務とは

日本において，銀行と名の付く金融機関に認められている本来的な業務は，預金の受入と資金の貸付，そして為替の取引である。銀行の国際業務とは，国境を越えてこれらを行うことをさす。

伝統的な銀行の国際業務は，①外国為替業務，②貿易金融業務，③対外預金・貸付業務の3つに整理できる。①外国為替業務は，国際的な送金や資金の取立が主な内容である。為替とは，現金を移動させないで遠隔地間の支払を行う仕組みのことであり，そのなかで，日本と外国との間でやりとりされる為替のことを外国為替という。外国為替取引を行う際には，円と外貨（外国の通貨）との交換が必然的に発生するので，それに伴う外貨両替等のサービスも外国為替業務に含まれる。外国為替業務は貿易・国際投資のいずれにおいても必要不可欠なものであり，国際業務の原点であるといえよう。

ちなみに，世界全体では1日当たり7兆5080億ドル（2022年4月，約1050兆円）もの外国為替が取引されている。日本の外国為替取引の大部分は，みずほ銀行，三菱UFJ銀行，三井住友銀行のいわゆるメガバンク3行(以下，メガバンク)によるものであるが，それ以外の銀行や信用金庫でも外国為替取引は行われている。

②貿易金融業務は，貿易に必要となる資金を，関係する業者に融通することが主な内容である。たとえば，外国へ製品を輸出する場合，輸出代金を入手できるのは半年や1年後というケースは少なくないが，輸出製品を製造するための資金はすぐに必要になる。このタイムラグを埋めるため，輸出代金の受取権を担保にして輸出品の製造業者に資金を貸し付けるのが典型的な例である。また，支払に関する信用力の低い輸入業者は，銀行に代金の支払を保証してもらうこと（信用状の発行という）で輸入が可能になる場合がある。このような業務も貿易金融に分類される。

③対外預金・貸付業務は，国境を越えて行われる預金の受入や資金の貸付が主な内容である。取引の相手には，個人だけでなく企業や金融機関のほか，外国の政府や国際機関も含まれる。取引の形態には，①国内と海外，②海外と国内のほかに，③海外と海外もある。さらに，取引される通貨が円の場合もあれば，外貨の場合もある。金融のグローバル化に伴って，取引地域や通貨のパターンは多岐にわたっている。

さらに，個人や企業に対してではなく，資源開発などの特定事業そのものを対象に貸し付けるプロジェクト・ファイナンスや，シンジケート・ローンと呼ばれる，海外の銀行団との協調貸付などといったものもある。これらの取引はリスクが大きくなるが，必要資金の規模が比較的大きく，高い利益が期待できることが多い。

　以上のような伝統的な業務に加え，近年では新たな業務の重要性も増している。具体的には，証券業務や信託業務，デリバティブに関する業務，M&Aの仲介やコンサルティングに関する業務，資産運用全般に関わる業務などが挙げられる。

　国際業務の範囲が広がった背景には，1980年代以降の金融自由化の進行により，銀行や証券，保険業などの業態間の垣根が低くなり，周辺の幅広い業務に銀行が進出しやすくなったという事情がある。さらに，98年の金融持株会社解禁により，大手都市銀行は，銀行を中核としつつ信託銀行や証券会社，外国銀行を傘下に収め，グループ全体で幅広い金融業務を世界的に展開するメガバンクへと変貌した。

1.2　海外拠点の形態

　次に，銀行の国際的な業務がどのような組織的形態で担われるのかを説明しよう。

　国際業務を行うにあたって銀行は，必ずしも外国に自前の拠点を設ける必要はない。たとえば，外国為替取引は，第11章2.3で説明されているようなコルレス契約を海外の銀行と結ぶことで可能となる。しかし，それ以外の業務を幅広く展開しようとすれば，自前の拠点を設けることが有利となってくる。

　銀行業務を行う拠点を海外に置く場合には，大きく分けて支店（出張所を含む。以下同様）か現地法人のどちらかの形態が取られる。海外支店は銀行業以外の業務を行うことはできないが，現地法人は現地の規制が許す範囲で本来の銀行業以外の業務（証券業務やリース業務など）も行うことが可能である。日本国内で認められていない業務が可能になることは，銀行の海外進出の1つの誘因でもあった。

　一方，銀行業務を行わない，駐在員事務所と呼ばれる拠点を設置することもある。現地の情報収集やコルレス銀行との連絡，支店等の開設準備等が主な業

務となるが，近年，地域銀行を中心に，現地に進出してきた地元企業との連絡を担うようなケースもあり，活動内容は多岐にわたっている。

　なお，国民経済における役割の重要性から，一般企業とは異なるさまざまな規制が銀行には課されているが，国際業務についても例外ではない。なんらかの形で，取引相手や取引通貨に一定の制限を課している国や地域が多い。海外拠点の形態を選択する際は，銀行自身の経営上の理由だけでなく，日本や現地の諸規制にも大きく影響されることに注意しよう。

1.3　海外展開の盛んな地域

　海外展開の現状についても確認しておこう。表 12-1 は，全国銀行のうち，外国銀行を除く 110 行の海外拠点数を形態別・地域別に整理したものである。

　まず，拠点数でみると，都市銀行・信託銀行等（合計 11 行。以下，都銀等）が 338 拠点で，地域銀行（合計 99 行）の 116 拠点の約 3 倍となっている。なお，都銀等の拠点のうち，9 割弱の 293 拠点はメガバンクの拠点である。形態については，都銀等は支店と現地法人がほぼ半々であり，現地で幅広く銀行業務を行っていることがうかがえる。一方で，地域銀行の拠点のほとんどが駐在員事務所であり，自身で銀行業務を実施することが主な目的ではないことがうかがえる。

　次に，進出地域別にみると，都銀等，地域銀行ともにアジアが目立つ。都銀等では 5 割，地域銀行では 9 割がアジアに設置されており，国別にみると中国が最も多い。

　地域銀行の中国における拠点は，本土最大のビジネス・金融センターである上海と，アジア最大級の国際金融センターである香港に集中している。ほとんどの拠点は駐在員事務所であり，支店は本土に 4 行と香港に 5 行が設置しているにすぎない。一方，メガバンクの本土における拠点はほぼすべて現地法人であり，支店を置いている銀行はない。3 行の現地法人はいずれも上海に拠点を置き，現地法人の支店の形で多数の主要都市に拠点を持っている。

　中国に次ぐのはシンガポール，タイ，インドネシア，マレーシア，ベトナムなどの東南アジア諸国である。シンガポールは香港と並ぶアジアの国際金融センターであり，すでに東京を上回って金融ビジネスの一大中心地となっている。

　タイやインドネシアなどは，アジアにおけるグローバル・バリュー・チェー

表 12-1　全国銀行の海外拠点数

地　域	都市銀行・信託銀行等 (2022 年 6 月末)				地域銀行 (地方銀行と第二地方銀行，2022 年 4 月末)			
	海外支店・出張所	駐在員事務所	現地法人	合　計	海外支店・出張所	駐在員事務所	現地法人	合　計
アジア	72	18	82	172	14	85	4	103
ヨーロッパ	14	1	42	57	1	2	1	4
北　米	37	3	12	52	3	6	0	9
中南米	13	1	9	23	0	0	0	0
中近東	12	7	3	22	0	0	0	0
オセアニア	7	1	1	9	0	0	0	0
アフリカ	3	0	0	3	0	0	0	0
合　計	158	31	149	338	18	93	5	116

（注）　1　原資料に拠点として挙げられているものは，清算中のものを除きすべて計上した。
　　　　2　所在国・地域が不明確な拠点は計上していない。地域分類は作成者の判断により変更したものがある。
（出所）　都市銀行・信託銀行等：各行のディスクロージャー誌（統合報告書）2022 年度版，各行ウェブサイトより作成。
　　　　　地域銀行：伊鹿倉正司氏提供のデータから作成。

ン（製品・サービスを市場に提供するうえで不可欠な，国境を越えた調達や生産などの活動。以下，GVC）の中核となっており，日本からの製造業等の進出が盛んな地域である。取引先企業の進出に伴って，現地に駐在員事務所を置く地域銀行が増えている。また，メガバンクは従来の支店に加え，現地銀行を買収して拠点ネットワークの拡大を図っている。東南アジアに次ぐのはインドであり，主にメガバンクが複数の主要都市に支店を置いている。

　ヨーロッパおよび北米については，メガバンクや一部の地域銀行がニューヨークやロンドンに支店を開設している。両地は伝統的な世界的国際金融センターであり，欧米における業務の本拠地ともなっている。また，メガバンクは，アメリカにおけるロスアンゼルスやシカゴ，サンフランシスコといった主要都市，ヨーロッパにおけるドイツやベルギー，オランダ，ルクセンブルク，フランス，ロシアといった主要国にも拠点を置き，幅広い業務を行っている。

　そのほかにも，メガバンクは，メキシコやブラジル，ケイマンなどの中南米，サウジアラビアやアラブ首長国連邦，イラン，トルコなどの中東，オーストラリア，南アフリカ共和国などにも拠点を設置し，国際業務をグローバルに展開している。

近年の海外展開の傾向は，アジア重視が明確な地域銀行と，アジアを重視しつつも，北米やヨーロッパという伝統的な拠点を中心に幅広く展開するメガバンクというように大まかに理解することができる。

1.4　銀行の海外展開の歩み

　日本の銀行の海外展開の歩みを簡単に振り返っておこう。1980年代半ばから90年代初めにかけて海外展開はピークを迎えた後，90年代末から2000年代初めにかけての縮小・停滞期を挟み，再び拡大の動きがみられる状況にある。

　日本の銀行の海外拠点設置の嚆矢となったのは，1884年の横浜正金銀行ロンドン支店の開設である。同行は，開国以来，外国商社や外国銀行に握られていた日本の商権を回復することを目的として1880年に設立された，正貨（金貨や銀貨）と外国為替の取引を専門とする特殊銀行である（扉写真参照）。その後同行は，サンフランシスコやニューヨーク，ブエノスアイレス，上海，ボンベイなどにも海外拠点を展開する一方，住友銀行や三菱銀行といった財閥系銀行もアメリカや中国国内を中心に海外拠点を保有した。

　しかし，第2次世界大戦の敗戦により日本の国際取引自体が停止され，銀行の海外拠点も現地政府に没収された。国際取引が部分的に再開され，海外拠点設置が認められるようになったのは1950年代初頭である。

　再開後，1960年代に入ると貿易の拡大に合わせ，貿易金融業務や，現地日系企業や国内企業への外貨資金貸付などの業務が拡大する。さらに70年代には，ロンドンなどのユーロカレンシー市場を舞台としたシンジケート・ローンや証券業務が拡大し，海外拠点数が急増した。そして，80年代の企業の海外進出と金融の自由化，国際化の進展が銀行の海外展開をさらに加速した。日本の経常収支黒字が定着し，海外投資に向かった「ジャパンマネー」が世界を席巻した時期でもある。

　しかし，1980年代後半は，累積債務問題（中南米を中心とする途上国への貸付が不良債権化したことによる銀行への打撃）の顕在化や自己資本比率規制導入（3.1を参照）などで，銀行をめぐる国際環境が大きく変化した時期でもあった。日本国内においても，90年代に入るとバブル崩壊と不良債権問題で多くの銀行の経営が悪化し，海外戦略の見直しを余儀なくされた。海外拠点数がピークを迎えたのは95年末であったが，2000年代初頭までに都銀等は3分の2程度

に，地域銀行は 3 分の 1 近くに拠点数が減少した。

　ちなみに，海外展開の先駆けであった横浜正金銀行は，戦後の銀行再編で普通銀行に転換し，東京銀行と改称する一方で，日本で唯一の外国為替専門銀行としての地位を与えられた。海外進出に際しても他行より優遇され，戦前の遺産を活かす形で急速に店舗網を拡大したが，累積債務問題や金融自由化の影響を受けて徐々に国際業務における優位性を失い，1996 年に三菱銀行と合併するに至った。

　さて，2000 年代半ばに入ると，不良債権処理が進行したことや，製造業の海外進出が活発化したことにより，銀行の海外展開が再び加速した。08 年のリーマン・ショックや 10 年の欧州金融危機は欧米銀行の国際業務を縮小させたが，比較的影響の小さかった日本の銀行は，アジアを中心に海外拠点を増加させ，国際業務の比重を高めてきた。メガバンクは都銀再編により海外拠点を整理しつつも，主要都市の拠点網を維持し，国際業務を経営の柱に位置づけるようになった。地域銀行は，地域の中小企業の進出に伴い，駐在員事務所の形で主にアジアに拠点を置き，貿易事務や決済関連業務の支援，コンサルティングなどのビジネス・サポートに重点を置くようになり，現在に至っている。

2　国際業務のアドバンテージとリスク

　この節では，銀行の国際展開の促進要因と制約要因について考える。まず，銀行が国際業務部門でどのくらい利益を上げているのかを確認する。そして，国際業務の利益を制約する構造的な要因と，国際業務の展開に伴うリスクについて説明しよう。

2.1　国際業務の規模と利益

　全国銀行における 2021 年度末の資金調達残高は 1010 兆 6500 億円であり，うち，12％の 126 兆 679 億円が国際業務部門（ここでは，国内店の外貨建取引と海外店の取引を合わせたものと考えればよい）によるものであった。一方，資金運用残高 893 兆 3939 億円のうち，国際業務部門は 185 兆 8748 億円で 21％を占める。業務粗利益については，全体の 10 兆 1601 億円のうち 24％の 2 兆 4363 億円が国際業務で上がっている（全国銀行協会の資料による）。国際業務の方が国

図 12-1　メガバンクの地域別貸出状況 (2021 年度末)

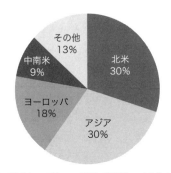

(注)　みずほ銀行 (単体)，三菱 UFJ 銀行 (連結)，三井住友銀行 (単体) の合計。
(出所)　各行の 2022 年 3 月期決算説明資料より筆者作成。

内業務よりも資金の運用機会が豊富であることがうかがえる。

　銀行の業態別にみると，都市銀行と信託銀行においては調達・運用・粗利益のいずれも国際業務の比率が全国銀行平均よりも高い。とくに都市銀行では，業務粗利益における国際業務の比率は 41% に達する。一方，地域銀行における国際業務の比率は低く，調達・運用・粗利益のいずれも 1 桁 %台にとどまっている。近年，地域銀行の海外展開が活発化してきたとはいえ，利益面での寄与は大きくないといえる。

　次に，海外の貸出先について確認しておこう。図 12-1 は 2021 年度末におけるメガバンクの地域別貸出状況を示したものである。貸出先では北米とアジアの 2 大地域が 30% で並び，それに次ぐ 3 番手がヨーロッパの 18% である。この 3 地域で全体の 8 割弱を占めている。なお，この図には中国本土などに所在する現地法人による貸付の多くが含まれていないので，それを考慮すればアジアの比率は数 %程度高くなると考えられる。

　北米向けの 9 割以上はアメリカである。アジアのなかでは香港向けが最も大きく，シンガポール，中国本土，タイ，インドネシアなどがそれに次ぐ。ヨーロッパのなかではイギリス向けが群を抜いて多く，オランダやドイツがそれに次ぐ。ウクライナへの侵攻以来リスクを高めているロシア向けの貸付は，西欧主要国ほど金額は大きくないが，ヨーロッパ向け貸付の一定の部分を占めている。

表 12-1 でみたように，進出拠点数ではアジアが圧倒的であったが，資金の貸出先としては北米やヨーロッパの地位が高くなる点に注意しよう。これは，ロンドンやニューヨークといった国際金融センターの存在が大きく影響している。アジアにおける香港やシンガポール向けの貸出が多いのも同じ理由である。

国際金融センターは，さまざまな地域の資金供給と需要が集中する国際的な資金循環のハブである。流入してくる資金の一部は現地で用いられるが，大部分は国外に再投資されている。とくにロンドンや香港，シンガポールはその性格が強く，イギリスや香港，シンガポール向けの貸出が大きいからといって，それらの国・地域自身の資金需要が大きいというわけではないことに注意が必要である。

一方で，中国本土やタイ，インドネシアなどに向けた貸出は，主に現地進出企業や地元企業の資金需要に応えるものとみられる。GVC の拡大により将来的には有望とみられる地域ではあるが，コロナ禍による GVC の寸断などといった不透明要因もある。

貸出先の分析からは，アジアの経済成長を反映して，現地のニーズに応えるための貸出が拡大傾向にあるものの，国際金融センター経由のグローバルな資金運用が依然として主流を占めているということができよう。

2.2　国際業務の利益構造

国際業務の利益は，具体的にはどのような取引から生じているのだろうか。それを明らかにするために，国際業務の比重が高いメガバンクに注目して利益の中身を分析しよう。

表 12-2 は，3 行の部門別業務粗利益を項目ごとに分けて示したものである。直近の 2021 年度だけでなく，近年の動向が理解できるように 10 年度から 5 年度おきの数値も示した。

業務粗利益全体でみると，2010 年度は 32％であった国際業務の比率が，21 年度には 45％に達している。利益の絶対額を見ても，国内業務が 3 兆 3949 億円から 2 兆 4217 億円と 3 割近く減少しているのに対し，国際業務は 1 兆 6217 億円から 2 兆 108 億円と 2 割強増加している。2000 年代半ば以降に活発化した海外展開がメガバンクの利益を支えている構図がみてとれるが，21 年度は，国際業務に潜むリスクが顕在化した年でもあった。業務粗利益の内容を項目別

表12-2　メガバンクの部門別業務粗利益の推移（各年度）

(単位：億円，%)

	2010年			2015年			2020年			2021年		
	国内	国際	計	国内	国際	計	国内	国際	計	国内	国際	計
資金利益	25,356	6,471	31,827	20,567	9,592	30,159	15,378	10,301	25,679	16,427	13,199	29,626
構成比	80	20		68	32		60	40		55	45	
役務取引等利益	6,395	3,064	9,459	7,463	4,963	12,426	6,937	4,524	11,461	6,967	5,237	12,204
構成比	68	32		60	40		61	39		57	43	
特定取引利益	227	3,452	3,679	−514	3,493	2,979	−184	2,269	2,085	139	−326	−187
構成比	6	94		−17	117		−9	109		74	−174	
その他業務利益	1,971	3,230	5,201	1,716	2,848	4,564	−884	5,428	4,544	684	1,998	2,682
構成比	38	62		38	62		−19	119		26	74	
業務粗利益	33,949	16,217	50,166	29,232	20,896	50,128	21,247	22,522	43,769	24,217	20,108	44,325
構成比	68	32		58	42		49	51		55	45	

（注）　1　みずほ銀行，三菱 UFJ 銀行，三井住友銀行の単体決算データを用いて作成した。なお，2010 年度はみずほコーポレート銀行の値も含んでいる。
　　　　2　国内業務部門＝国内店の円建て取引，国際業務部門＝国内店の外貨建て取引＋海外店の取引（円建て対非居住者取引とオフショア勘定は国際業務に含む）。信託報酬は除く。

にみてみよう。

　資金利益は，海外で調達した資金を貸出や証券投資などで運用して得られる利益である。2021 年度の資金利益 2 兆 9626 億円は業務粗利益 4 兆 4325 億円の 67％を占める。また，資金利益全体の 45％にあたる 1 兆 3199 億円は国際業務で上げている。10 年度の 6471 億円と比較してもほぼ 2 倍に拡大しており，規模的にみた国際業務の稼ぎ頭といえよう。資金利益の増加は主に預金金利の低下によるものであり，コロナ禍に起因する世界的な金融緩和の恩恵を受けたものといえる。

　役務取引等利益は，預金や貸出，外国為替，証券関連業務に関わる手数料から生じる利益であり，2021 年度では資金利益に次ぐ 5237 億円となっている。10 年度の 3064 億円と比較しても 1.7 倍に増加しており，国際業務利益の柱となりつつある。役務取引等利益のなかでは，預金・貸出業務に関する手数料収入が大きな割合を占めている。具体的には，シンジケート・ローンやプロジェクト・ファイナンス組成に関わる手数料などである。

　特定取引利益は，トレーディング取引（第 10 章 2.4 参照）などによる利益である。2010 年代は 3000 億円台半ばを計上し，国際業務利益の柱の 1 つとなっていたが，20 年度には 2269 億円に減少し，21 年度はついに 326 億円の赤字に転落した。

その他業務利益は，前述の3区分に含まれない取引による利益であり，具体的な内容としては，投資目的で保有していた国債等の売却による利益や外国為替の売買による利益がある。2021年度は前年度比60％以上のマイナスとなる1998億円に減少した。

特定取引やその他業務利益の大幅減少は，主に，2021年度末から顕著になった金利上昇や円安という市場環境の影響を受けたものである。金融自由化や技術革新により，ハイリスクなトレーディング取引による利益獲得の機会が高まっている一方で，銀行の経営リスクも増大していたところ，21年度決算でそれが顕在化したのである。

2.3 国際業務は「儲かる」のか

国際業務がメガバンクの業務粗利益の約半分を支えていることは確認できた。ここからは，国際業務は国内業務に比べて「儲かる」ものなのかをややテクニカルな観点から説明しよう。

国際業務の利益の6割以上を占める資金利益は，資金運用利益と資金調達コストの差であり，運用・調達の規模と利鞘（運用利回りと調達利回りの差）で決まる。メガバンクの2021年度決算によれば，みずほ銀行を除いて国際業務の利鞘は国内業務に比べて低く，三菱UFJ銀行は20年度から2年連続で利鞘がマイナスとなっている。利鞘という観点で見れば，国際業務は決して優位とはいえないのである。

その理由として，外貨，とりわけドルの調達をめぐる非対称的な構造が挙げられる。ゼロに近い金利で安定的に円預金を調達できる国内とは根本的に状況が異なるのである。外貨調達における預金の割合は4割弱にとどまる（2021年度末。日本銀行資料による）。残りは社債やレポ，CD/CP，円投（円投入の略称）といった安定性の低い市場取引で調達せざるをえず，利益を圧迫する要因になる。

円投とは，円を外貨に換えて運用することをいう。通常，円投の際には為替リスク（2.4を参照）を回避するために直物為替取引と反対方向の先物為替取引（直物で円売りドル買い，先物でドル売り円買い）を組み合わせる。これを為替スワップ取引という。日本の銀行は，必要なドルが不足している場合，上乗せ金利を払ってでも非居住者（外国の銀行や機関投資家など）からドルを調達しな

ければならないことがある。一方，上乗せ金利が取れる非居住者は，入手した
円をマイナス金利の短期国債で運用しても利益を上げることができる。

　こうした非対称的な構造は，基本的にはドルと円の需給関係に規定されてい
る。原油取引等ではドル建決済が必要であり，銀行を中心に，日本企業はドル
資金調達のために高いコストを支払っている。ドル建の貸出の金利は高いもの
の，ドルの調達コストも高いため，ドル建の利鞘は高くならないのである。

2.4　国際業務固有のリスク

　銀行の国際業務には，国内業務にはない固有のリスクが存在する。国際業務
の利益に影響を与えるリスクについて説明しよう。

　第1に，為替リスクである。これは，為替相場の変動によって，外貨建の資
産や負債の円換算額が変動することで生じるリスクである。たとえば，円高が
進行すれば，外貨建資産を円に換算したときの価値が下落し，円安の場合は上
昇する。ただし，外貨建負債についても，円高の場合は価値が下落し，円安の
場合は上昇するので，円高の場合は（円に換算した際の）返済負担が軽減される。
したがって，ある外貨建の資産と負債が同額であれば，その通貨に関する為替
リスクは相殺されてゼロとなる。為替リスクの観点からは，どんな通貨で取引
されるかということと，その通貨建の資産と負債の比率がどうなっているかが
重要ということになる。

　第2に，カントリー・リスクである。これは，取引相手国の政治・社会・経
済環境の変化によって生じるリスクである。従来は，相手国の閉鎖方向への法
制度の変更（たとえば，海外への送金を禁止したり，外国の資産を接収したりするな
ど）によって，その国から資産を回収できなくなるリスクという限定的な意味
で捉えられていた。しかし，グローバル化の進んだ近年では，政治経済情勢の
変化により海外拠点が直面する可能性のある困難一般を意味するようになって
いる。カントリー・リスクの観点からは，どの国の個人や法人等を相手に取引
しているか，あるいはどこの国に拠点を置いているかということが重要になる。

　第3に，グローバルな銀行ガバナンス（企業統治）強化から生じるリスクで
ある。銀行の行動を規制するのは，基本的には銀行の本拠の所在する国・地域
の法制度である。海外に拠点を展開する場合は現地国・地域の法制度の規制も
受けることになるが，いずれにせよ規制の主体は個々の国・地域であり，銀行

は本拠および進出先のさまざまな規制に対応して海外展開を進めてきた。

しかし，銀行の国際化や大規模化が進行した現在では，大銀行の破綻の影響は1国にとどまらず世界的に波及する可能性が高くなる。また，各国の税制度の違いを利用した租税回避や，犯罪収益のロンダリング（3.2を参照），地球温暖化や人権侵害を加速させるような行為の拡大により，それらに直接加担することはもちろん，行為者に融資や投資を行う金融機関に対しても厳しい目が注がれつつある。グローバル化が進む現代では，銀行に対するガバナンスもグローバルで行うことが求められるようになり，国家の枠を越えたガバナンスの強化が銀行の行動を規制する重要な要素となっているのである。

3　グローバル・ガバナンスの強化と銀行が直面する課題

この節では，現代の銀行が直面する経営上の課題を取り上げる。銀行の活動がグローバル化するにつれて，銀行に対する規制もグローバル化が求められ，さまざまな分野でガバナンスの強化が進められている。また，グローバル化の今後についても最新の情勢をもとに考えてみよう。

3.1　自己資本比率規制の強化

銀行の自己資本は，貸倒などによる損失を最終的に吸収し，銀行経営の安定性を高める重要な役割を担っている。自己資本比率の規制は，各国の監督当局や中央銀行で構成されるバーゼル銀行監督委員会が，国際的に活動する銀行の競争条件を平等化するという目的で1988年7月に定めたバーゼルIに始まる。バーゼル銀行監督委員会は当初10カ国で構成されていたが，現在では28カ国・地域に拡大している。

バーゼルIの主な内容は，国際的な業務を行う銀行の自己資本比率の最低水準を8％と定めたことにある。日本では1992年度末に本格的な適用が始まり，8％を達成できない銀行は，国際業務からの撤退を迫られることになった。

2004年にはバーゼルIIへの移行が合意され，日本では06年度末から導入された。達成すべき自己資本の最低水準は8％で変わらなかったものの，銀行が抱えるリスク評価の精緻化が行われた。しかし，リーマン・ショックと世界金融危機を防げなかった反省から，規制の強化に向けた議論が進められ，17年

にバーゼルIIIが最終的に合意された。バーゼルIIIは日本を含む各国で13年から段階的に実施されており，28年には完全実施される予定になっている。

　バーゼルIIIの特徴は，銀行単体の健全性確保というミクロな目的を越えて，金融危機の再発防止や国際金融システムの安定性確保という，マクロな目的が設定されている点である。自己資本比率の最低水準は8％で変わりないが，算出の際のリスク評価がさらに標準化・厳格化された。また，急な資金の引出に備えるための流動性規制や，過大なリスク投資を避けるための規制（レバレッジ比率規制という）が導入された。

　また，「グローバルなシステム上重要な銀行」（G-SIBs）と呼ばれる大規模な銀行には，リスク資産の内容に応じた一定の追加的な資本の積立と，破綻した場合に公的負担によらないで処理するための資本や負債（「破綻時における総損失吸収力」の頭文字をとってTLACという）の積み増しが要求される。世界金融危機の際，経営不振に陥った大銀行が「大きすぎるので潰せない」という事態に直面した反省である。2021年11月現在，G-SIBsに指定されているのは世界で30行であり，日本ではメガバンク3グループが該当する。G-SIBsの指定は，24カ国・地域の監督当局や中央銀行と，国際通貨基金（IMF）や経済協力開発機構（OECD），欧州委員会（欧州連合〔EU〕の行政・立法を担う機関）などの国際機関で構成される金融安定理事会（FSB）によって行われる。

　ちなみに，バーゼル銀行監督委員会とFSBのどちらも，事務局は国際決済銀行（BIS）内に置かれている。BISはもともと，第1次世界大戦後のドイツからの賠償金支払を円滑化することを目的として1931年に設立された組織であるが，現在では，主要国の監督当局や中央銀行のフォーラムとして，国際金融規制に関する合意形成に広範な影響力を持っている。

3.2　国際的租税回避やマネー・ロンダリング，テロ資金供与への対応

　今日の国際的な資金運用は，その多くがタックス・ヘイブンを用いて巧妙かつ合理的に税金の支払を免れている。タックス・ヘイブンとは，税金がまったく課されないか，あるいは，ほとんど課されることがなく，なおかつ情報の秘匿性がある国や地域のことである。代表的な例としてはケイマン諸島やパナマといった中南米の小国や，スイスやルクセンブルク，ベルギー，イギリスといったヨーロッパ諸国もしくはその一地域，そしてアメリカの一部などがある。

タックス・ヘイブンを用いた租税回避は，その多くが合法的に行われているとはいえ，各国租税当局を悩ます大きな問題となっている。日本のメガバンクもタックス・ヘイブンに拠点を置いており，自身が租税回避を行わなかったとしても，自行の口座が租税回避行為に用いられれば，銀行の国際的な評価を毀損することにもなりかねない。

　租税回避については，2国間租税条約のモデルの制定などで大きな役割を果たしてきたOECDで，2012年にBEPS（「税源浸食と利益移転」の頭文字をとったもの）プロジェクトが立ち上がり，2015年にBEPS防止のための15の行動計画が取りまとめられた。

　マネー・ロンダリング（以下，マネロン）およびテロ資金供与とは，犯罪や不当な取引で得た資金を，正当な取引で得たようにみせかけたり，多数の金融機関等を転々とさせることで，資金の出所をわからなくしたりする行為や，テロの実行支援等を目的としてテロリストに資金を渡す行為のことをいう。金融のグローバル化や技術革新により，犯罪収益が短時間に国境を越えて移転するようになったことに加え，犯罪手法も巧妙化したことで，マネロンやテロ資金供与をめぐる状況も複雑に変化している。

　マネロン・テロ資金供与対策については，1989年のG7アルシュ・サミットで設立された，金融活動タスク・フォース（FATF）が国際的なガバナンスの中核を担っている。FATFの現在の正式メンバーは，日本を含む主要37カ国と欧州委員会，湾岸協力理事会（中東，ペルシア地域における地域協力機構）の2機関である。なお，FATFの事務局はOECD内に置かれている。

　FATFが主に金融機関に求めているのは，顧客の本人確認および疑わしい取引の報告，短期間のうちに多額の現金を頻繁に用いるような取引の制限などである。要請に基づき金融機関は，取引開始に際しての本人確認の厳格化や，ATMにおける現金利用の制限などを進めてきた。大手金融機関の対策は比較的進んでいるが，規模が小さな一部の金融機関については対策が遅れており，2021年に行われたFATFによる審査で，日本は実質的に不合格といえる「重点フォローアップ国」の判定を受けた。

　マネロンやテロ資金供与に対する対策が甘い国とみなされれば，そこに本拠を置く金融機関の海外での活動にも影響を及ぼす。その意味で，この問題は国内外の垣根を越える重要性を帯びてきたといえる。

3.3 地球規模のサステナビリティへの意識

　地球温暖化や人権保護は古くから指摘されてきた問題であるが，近年ようやく，SDGs や ESG 投資への関心が高まり，国内外での企業活動で考慮すべき要素として認識されるようになった（第5章2.4参照）。

　気候変動リスクについては，金融ガバナンスを担ってきた組織や中央銀行も具体的な監視対象に挙げている。FSB は，2015 年に G 20 からの要請を受けて，気候関連財務情報開示タスク・フォース（TCFD）を設置した。TCFD は，気候変動のリスクと機会を，個々の企業が財務報告において公表することを求めるものである。

　また，2017 年にはヨーロッパを中心とした 8 カ国の中央銀行が，金融システムグリーン化ネットワーク (NGFS) を発足させ，金融機関の監督や金融システムの安定化に気候変動を取り入れる際の課題や，低炭素経済と整合的な金融を拡充していくうえでの課題について議論を行っている。日本は 19 年に参加，現在の正式メンバーは 108 カ国・組織に上っている。

　環境や人権の保護はそれ自体が達成すべき目標であり，同時に，銀行経営の大きなリスクでもある。これらに関する取り組みや，その開示が不十分とみなされた場合には，国際的な業務の展開に支障を及ぼす可能性が高く，銀行経営における優先度も上げざるをえなくなったといえよう。

3.4 古典的な脅威の「復活」

　経済・金融のグローバル化により世界はフラット化し，古典的な意味でのカントリー・リスクは小さくなったと考えられてきた。ところがいま，「疫病」と「戦争」によって，それを改めて意識せざるをえない事態が相次いでいる。

　疫病とは，2020 年から続くコロナ禍のことである。一体性を増してきた国際経済がパンデミックによって分断を余儀なくされた。影響は一時的なものという見方もあったが，22 年に入っても感染は収束していない。中国の上海では厳格なロックダウンが実施され，都市機能がほぼ麻痺した。1.3 でみたように，上海は多くの銀行が中国本土の活動拠点としている都市であり，業務にかなりの支障が出たといわれる。

　戦争とは，2022 年 2 月末に始まった，ロシアのウクライナへの侵攻である。ロシアの行為に対しては国際的な批判が浴びせられ，G 7 諸国は同国に厳しい

経済制裁を課している。経済制裁は主に金融面から導入され，SWIFT（国際決済で多く用いられる通信サービス）からのロシア主要銀行の排除や，ロシアの銀行のコルレス口座の封鎖，国内銀行との取引禁止，外貨準備の凍結などが矢継ぎ早に実施された。ロシアへの金融制裁は，銀行のロシアとの外国為替取引や，在ロシア拠点の活動を厳しく制限するものであり，制裁が継続すればロシアでの活動は実質的に不可能になる可能性もある。

　こうした動向がグローバル化を巻き戻すものになるかどうかは，現時点では不明である。しかし，フラットな国際経済を前提とした企業活動は一定の見直しを迫られることになるだろう。日本の銀行の海外展開についても転換点となる可能性は小さくない。

● 練 習 問 題
1　銀行の海外展開の現状と，金融グローバル化がそれを加速した経緯を説明しなさい。
2　銀行はどのような国際業務（取引）から利益を上げているのかを説明しなさい。
3　グローバルな銀行ガバナンスの強化により，銀行が直面しているリスクを説明しなさい。

● 文 献 案 内
1　奥田宏司［2007］『円とドルの国際金融──ドル体制下の日本を中心に』ミネルヴァ書房
　　　1980 〜 90 年代に日本がグローバルな国際金融の体系に包摂されていく状況を解明した研究。銀行の海外展開が加速した背景を深く知ることができる。
2　福田耕治・坂根徹［2020］『国際行政の新展開──国連・EU と SDGs のグローバル・ガバナンス』法律文化社
　　　国際的なガバナンスの仕組みについて幅広く知ることができる。国際金融に関しては第 11 章で詳しく取り上げられている。
3　白鳥圭志［2021］『横浜正金銀行の研究──外国為替銀行の経営組織構築』吉川弘文館
　　　横浜正金銀行の誕生から終焉までを扱った歴史研究。後発資本主義国の銀行が多国籍化する際に直面したさまざまな問題が描き出されている。

●引用・参考文献

伊鹿倉正司［2016］「地域銀行の第二次国際化」『金融構造研究』第 38 号，25 〜 44
　　頁

伊鹿倉正司［2016］「わが国都市銀行の重層的国際化」『経済学論集』東北学院大学，
　　第 187 号，93 〜 118 頁

木村秀史［2016］「金融業の変貌とグローバル展開」川波洋一・上川孝夫編『現代
　　金融論（新版）』有斐閣

全国銀行協会企画部金融調査室編［2017］『図説　わが国の銀行（10 訂版）』財経
　　詳報社

第13章 地域金融と銀行業の再編

広がりをみせる地域金融機関と異業種間の業務提携
（仙台銀行本店，著者撮影）

学習の課題

1 地域経済における地域金融機関の役割を理解する。
2 地域金融機関を取り巻く厳しい環境を理解する。
3 地域金融機関による新たな取り組みを理解する。

---

1 地域金融機関とは

　私たちが快適に日常生活を送るうえで，金融機関が提供する金融サービスの活用は不可欠といえる。世の中にはさまざまな金融機関が存在するが，本節では地域金融機関が果たす役割，そのビジネスモデルと金融行政との関係性について説明する。

1.1 地域金融機関の成り立ち

　地域を基盤とする普通銀行として地方銀行と第二地方銀行がある（両方を合わせて「地域銀行」と呼ぶ）。これらの銀行は，都道府県の県庁所在地もしくは経済活動の中心都市に本店を構え，都道府県内を主たる営業基盤としている。

2022年8月末時点で地方銀行は62行，第二地方銀行は37行ある。なお地方銀行，第二地方銀行は，都市銀行と同じく「銀行法」に基づいて設立された株式会社組織であるが，これらの業態区分は銀行法上の区分ではない。

　地方銀行のなかには，1872年制定の国立銀行条例に基づいて設立された国立銀行を前身としている銀行もあり，宮城県仙台市に本店を置く七十七銀行や香川県高松市に本店を置く百十四銀行はその名残である。一方，第二地方銀行はもともと戦前の無尽会社と呼ばれる庶民金融機関を出自とし，1951年に制定された「相互銀行法」により相互銀行に転換したものである。89年以降，順次普通銀行に転換を果たして今日に至っている。

　いわゆる地域金融機関と呼ばれる金融機関には，地方銀行，第二地方銀行のほかに信用金庫と信用組合がある。信用金庫は「信用金庫法」，信用組合は「中小企業等協同組合法」ならびに「協同組合による金融事業に関する法律」に基づいて設立された非営利法人である。

　信用金庫と信用組合は，会員や組合員から集めた出資金を元手とする協同組織の体制をとり，主に中小・零細企業を対象とした小口金融を行っている。信用金庫の場合，預金は会員以外でも可能であるが，貸出は原則として会員が対象となっている。信用組合は組合員以外からの預金受入は預金残高全体の20%までに制限され，貸出も信用金庫と同じく原則として組合員向けに制限されている。2022年8月末時点で信用金庫は254金庫，信用組合は145組合ある。

1.2　地域金融機関と地域経済

　地域金融機関は，その営業基盤が地域的であるがゆえに，その地域の栄枯盛衰とは決して無縁ではいられない。多くの地域金融機関が自らの本拠県を主な営業地域として重要な存立基盤とし，地域とともに発展することを経営理念に掲げているように，地域金融機関の発展・存続は地域経済・社会の発展があってこそのものである。以下，いくつかの指標から地域経済と地域金融機関の結びつきの強さを確認してみよう。

　まず，各都道府県における地域金融機関の預金シェア（2021年3月末）をみてみると，地方銀行については秋田県の約60%を筆頭として，主に東北地方や四国地方，九州地方を中心に40%を超える高いシェアを得ている。一方，第二地方銀行については，北海道で約25%のシェアを得ているほかは，地方

銀行と同様に東北地方や四国地方，九州地方で 10％程度のシェアを得ている。信用金庫については地方銀行や第二地方銀行とは異なり，京都府や静岡県，愛知県，北海道で 20％を超えるシェアを得ている。

　次に，各都道府県における地域金融機関の貸出シェア（2021 年 3 月末）をみてみると，秋田県の約 80％を筆頭に，35 都道府県において地方銀行の貸出シェアが 50％を超えている。第二地方銀行や信用金庫においても，複数の都道府県において貸出シェアが 20％を超えており（第二地方銀行の最大値は北海道の約 35％，信用金庫の最大値は京都府の約 40％），預金と比較して地域金融機関の貸出シェアの高さが際立っている。

　最後に，帝国データバンク「全国企業『メインバンク』動向調査（2021 年）」に依拠して地域企業のメインバンクの状況をみてみよう。メインバンクとは，一般的に当該企業に対する最大の貸出残高を有する金融機関とされるが，メインバンクと企業との間には多面的な取引関係が存在する。具体的な取引関係には，株式の持ち合いや取締役の派遣，社債の引受，決済，外国為替，M&A のアドバイスなどが含まれる。とくに新型コロナウイルス禍で疲弊する企業に対しては，債務減免や追加での資金供給，経営再建策の策定など，メインバンクとして地域金融機関に求められる役割は増大している。

　業態別にみると，地方銀行のシェアが最も高く約 40％に達しており，それに続くのが信用金庫の約 24％である。地方銀行と信用金庫のシェアは年々上昇しており，地方銀行と信用金庫を合わせたシェアは全体の 3 分の 2 に迫っている。

　一方，都道府県別のシェアをみた場合，42 道府県で地方銀行と第二地方銀行がトップシェアを占めている。都道府県別シェアで最も高いのは長崎県の十八親和銀行（約 85％）であり，県内シェアが単独金融機関で 50％を超えるのは 22 都道府県である。また地域ごとに業態別のシェアをみると，九州地方の約 70％を筆頭に，東北，北陸，中国，四国の 5 地域で地方銀行がトップシェアとなり，いずれの地域もシェアが過半数を占めている。

　地域金融機関は住民や企業のみならず，指定金融機関という立場において地方自治体との結びつきも強い。指定金融機関とは，地方自治体が公金の収納，支払事務を取り扱わせるために指定する金融機関のことであり，指定金融機関に指定されることで住民が納める税金や地方自治体職員の給与振込先となるな

ど，さまざまなメリットを得ることができる。なお都道府県の指定金融機関は，それぞれの都道府県における地方銀行（地方銀行が複数ある場合には最大規模の地方銀行）が指定されているのがほとんどである。

1.3　地域金融機関のビジネスモデル

　表13-1で示しているように，金融機関のビジネスモデルには大きく2つのモデルが存在する。1つはトランザクション・バンキングと呼ばれるビジネスモデルである。トランザクション・バンキングは，一般的には金融機関と顧客企業の間の関係性が希薄な場合に行われるとされ，金融機関は顧客企業の「ハードな情報」（hard information）に基づいて，また採算性も考慮しながら取引を行うか否かを判断する。なお「ハードな情報」とは，文書化して第三者に容易に伝えることができるような数量的かつ客観的な情報である。たとえば，財務諸表に記載されている情報や不動産を代表とする担保に関する情報である。また，財務情報などを用いた統計的モデルによって企業の信用度を点数化した「クレジット・スコアリング」もハードな情報といえる。

　一方，地域金融機関が立脚するもう1つのビジネスモデルは，リレーションシップ・バンキング（略して「リレバン」）と呼ばれるものである。リレーションシップ・バンキングとは，金融機関が顧客企業との間で長期的かつ親密な関係を長きにわたって構築するなかで，顧客企業に関する情報を蓄積し，その情報に基づいて貸出などの金融サービスの提供を行うことで展開するビジネスモデルである。

　リレーションシップ・バンキングは，日本の金融業において伝統的に行われてきた「メインバンク制」と実態的には多くの共通点を有するビジネスモデルであり，貸出審査や貸出後のモニタリングを通じて蓄積された顧客に関する情報を用いて取引を行う。なお「顧客に関する情報」とは，一般的に「ソフトな情報」（soft information）と呼ばれるものであり，経営者の能力ややる気，事業の将来性といった財務諸表では捉えられない情報を意味し，また，文章化が困難なため，ほかに伝達したり，移転したりすることができない性質を持っている。借り手との長期的かつ親密な信頼関係によってソフトな情報を蓄積した金融機関は，顧客企業の資金需要に迅速に対応でき，一時的に企業業績が悪化したとしても，長期的視点から安定的な資金供給が可能になる。さらには，企業

表13-1　日本のリレーションシップ・バンキングとトランザクション・バンキングの比較

視点	リレーションシップ・バンキング	トランザクション・バンキング
主な担い手	中・下位の地域銀行，信用金庫，信用組合	大手銀行，上位の地域銀行
重視される情報	経営者等に関するソフトな情報	信用履歴等のハードな情報
情報入手方法	営業担当者による訪問	信用調査機関からの提供
融資判断	営業店（分散型）	審査部（中央集権型）
顧客のメリット	経営不振時による柔軟な対応（金利減免等）が期待できる	低金利，審査スピードが速い
主な課題	ソフト・バジェット問題，ホールドアップ問題	金利競争の激化

（出所）　村本［2005］17頁の表2-1を修正。

成長のためのアドバイスや情報提供といった資金供給機能以外の機能も果たすことで，金融機関と企業が一体となって成長することが期待される。

　リレーションシップ・バンキングは，経営問題に直面した借り手に対して，回収に疑義があるにもかかわらず追加の貸出を行う「ソフト・バジェット（ソフトな予算制約）問題」や，自らの情報を貸し手が独占的に保有している（ロックインされている）ことで借り手が追加的な借入を躊躇するといった「ホールドアップ（お手上げ）問題」の発生が懸念される。しかしながら，リレーションシップ・バンキングのさらなる強化は，小売業やサービス業，情報通信業といった非金融業の金融業への参入が相次ぐなか，地域金融機関が今後生き残るための有力なビジネスモデルと考えられている。

1.4　日本の金融行政とリレーションシップ・バンキング

　日本の地域金融機関のリレーションシップ・バンキングについては，日本の金融行政との関係を抜きに語ることはできない。

　1998年6月，金融庁の前身である金融監督庁が発足した。同年10月に日本長期信用銀行が，続く12月には日本債券信用銀行がそれぞれ経営破綻するなど，前年11月の北海道拓殖銀行から続く経営破綻の連鎖は終息の兆しがみえず，金融監督庁は発足直後から金融システムの安定性回復という重責を担うこととなった。

　2000年7月，金融監督庁と大蔵省の金融企画部門が統合して金融庁が発足したが，その後も信用組合を中心とした金融機関の経営破綻は続き，また大手

行の不良債権問題は深刻度を増していった。

　そうしたなかで大きな転機となったのは，2002年10月の金融再生プログラムである。同プログラムは，「資産査定の厳格化」「自己資本の充実」「ガバナンスの強化」という3原則に基づき，05年3月末までに主要行の不良債権比率を半減させる（8.4%→4.2%）という大胆な政策であった。金融再生プログラムの実施によって，03年5月にりそな銀行が実質国有化に追い込まれたものの，05年3月末時点での主要行の不良債権比率は2.9%にまで低下し，主要行の不良債権問題は一応の決着をみせた。

　一方，地域銀行に対しては，金融庁は地域経済へ悪影響を及ぼすという懸念から金融再生プログラムの対象外とし，従前からの地域経済との関係を強化することで，中小企業の再生と地域経済の活性化を図り，不良債権問題も同時に解決していくという方針をとった。この寛大ともいえる地方銀行の不良債権問題対策の指針を示したのが，2003年の金融審議会報告（金融審議会金融分科会第二部会報告）「リレーションシップ・バンキングの機能強化に向けて」であり，これ以後，リレーションシップ・バンキングという用語が世に広く知られるようになる。

　なお，日本の金融システムの特徴の1つとして，前述のメインバンク制度が挙げられる。理論的にはリレーションシップ・バンキングと共通点が多いものの，両者の相違点として次の5点が挙げられる。

　第1は，リレーションシップ・バンキングは中小企業に関して議論されることが多いが，メインバンクはあらゆる規模，とくに大企業に対して用いられる。第2に，メインバンクの関係としては，銀行による企業救済や役員派遣など広範な関係まで含まれることが多く，企業統治（コーポレート・ガバナンス）の意味を含んでいるが，リレーションシップ・バンキングではそこまで考慮しない。第3に，リレーションシップ・バンキングではソフトな情報の生産・蓄積が重要視されるが，メインバンクではソフトな情報を重要視しない。第4に，メインバンクはたんに銀行と個々の企業の関係だけではなく，その他の貸し手や借り手，さらにはグループ企業など，より広い関係まで含むが，リレーションシップ・バンキングでは貸し手と借り手のみに注目する。第5に，メインバンクは常に1行であるのに対して，リレーションシップ・バンキングは複数行と取引することが可能である。

戦後からバブル期までは，メインバンク制度はキャッチアップ型経済との親和性が高く，それが日本経済の強みの源泉の1つとして肯定的に捉えられていたが，1990年代後半の金融危機後，それが持つ負の側面が注目されるにつれ，否定的な考えが多くを占めるようになった。

　2003年3月，前述の金融審機会報告をもとに，金融庁は「リレーションシップバンキングの機能強化に関するアクションプログラム」を策定し，これ以降，金融庁の「リレバン金融行政」がスタートする。

　アクションプログラムは，「中小企業金融再生に向けた取組み」「各金融機関の健全性の確保，収益性の向上等に向けた取組み」「アクションプログラムの推進体制」の3項目から構成され，具体的には，創業・新事業支援機能等の強化や取引先企業に対する経営相談・支援機能の強化などを地域銀行に求めた。しかしながら，これらの多くの内容は，前述のリレーションシップ・バンキングの定義とは大きく乖離するものであり，そのことがのちに「地域密着型金融」という海外にはない日本独自の金融用語が生み出される背景となる。

　アクションプログラムは2005年3月で実施期間が終了したが，目標としていた地域銀行の収益性の向上や地域金融の円滑化などが十分達成できたとは判断できないとして，金融庁は「地域密着型金融の機能強化に関するアクションプログラム」を新たに公表した。

　この新アクションプログラムは，2005年〜06年度を「集中強化期間」と位置づけ，旧プログラムの内容を継承しつつも，①事業再生・中小企業金融の円滑化（創業支援や担保保証に過度に依存しない融資の推進など），②経営力の強化（ガバナンスの強化やITの戦略的活用など），③地域の利用者の利便性向上（地域貢献に関する情報開示など）を重要視していることに特徴がある。

　4年間・2次にわたって行われてきたアクションプログラムであったが，2007年4月公表の金融審議会報告「地域密着型金融の取り組みについての評価と今後の対応について」でも指摘されているように，各行の取組は総じて達成計画の履行に終始したものであり，各行独自の対応（選択と集中）がほとんどみられなかった。そこで，07年8月の監督指針の改正において，リレーションシップ・バンキングの恒久化が図られ，以後，リレーションシップ・バンキングはすべての地域銀行が取り組むべきビジネスモデルとなった。

　これまでみてきたようなリレバン金融行政の展開によって，地域銀行の間で

リレーションシップ・バンキングに対する認知度や理解度が徐々に高まってき
たが，2008 年 9 月に発生したリーマン・ショックとその後の世界金融危機は，
金融庁の金融行政を再び危機対応モードへ逆戻りさせた。

　政府は中小企業の資金繰り対策として，2008 年 10 月より信用保証協会によ
る緊急保証制度を開始するとともに，09 年 12 月には中小企業金融円滑化法を
施行させたが，これらの施策は地域銀行による深刻なモラル・ハザードを引き
起こし，担保・保証に過度に依存した貸出が横行した。

　世界金融危機による景気後退から脱却した 2014 年，金融行政は再びリレー
ションシップ・バンキング強化へと舵が切られるが，それを具現化するための
方策については後述する。

2　地域金融機関を取り巻く環境

　2016 年 9 月に金融庁が公表した「平成 27 事務年度金融レポート」は，顧客
向けサービス業務の利益率について，25 年 3 月期には 6 割を超える地域銀行
がマイナスになるという衝撃的な内容であった。

　以下では，地域金融機関を取り巻く厳しい環境として人口減少，マイナス金
利，競争激化を取りあげたい。

2.1　人口減少
　国立社会保障・人口問題研究所の「日本の将来推計人口（平成 29 年推計）」
（出生率中位仮定・死亡率中位仮定）によると，2015 年で 1 億 2709 万人であった
日本の総人口は，40 年には 1 億 1092 万人，65 年には 8808 万人になる見通し
である。また，人口構成をみると，15 〜 64 歳の生産年齢人口は，15 年の
7728 万人から 65 年には 4529 万人になり，総人口に占める生産年齢人口の割
合は，65 年には 51.4％まで落ち込むとされる。

　一方，同研究所の「日本の地域別将来推計人口（平成 30 年推計）」からは，
人口減少の進行度合いについて，地域間で大きな差異が存在することが読み取
れる。同統計で示されている 2015 年から 45 年の都道府県別総人口の増減率を
みると，東京，名古屋，大阪の 3 大都市圏と沖縄県では，人口減少の度合いは
緩やかにとどまる一方，東北地方や中国・四国地方の多くの県においては，45

年の人口が現在の 7 ～ 8 割程度にまで減少するとされる。人口減少の度合いに
地域差が存在する背景には，地方圏では死亡数が出生数を上回る自然減少以上
に，3 大都市圏や地方中核都市へ人口が流出する社会現象が今後いっそう加速
化することが挙げられる。

人口減少の進展は，地域経済圏における消費の落ち込みといった需要面での
影響と，労働力人口や企業数の減少等による生産活動の低下といった供給面の
制約を通じて，地域経済の規模の縮小が予想される。これに伴い，地域の資金
需要に対して資金供給が過剰になることで，とくに大きな人口減少が予測され
る地域に経営基盤を置く地域金融機関は，貸出金収益が今後いっそう減少する
可能性がある。

また，人口減少の影響は，預貸率の低下という形でも顕著に現れると考えら
れる。生産年齢人口と地域金融機関の貸出残高には高い相関関係を見出すこと
ができ，今後の生産年齢人口の減少に伴う貸出残高の減少によって，たとえば
現在 75% 近傍で推移している地方銀行の預貸率は，2040 年には 37 都道府県で
50% を下回ると予測している。また，そのような状況では，従来型の預金を集
めて貸出に回す銀行ビジネスを継続していくのはいっそう困難になると考えら
れる。

さらに人口減少の影響は，貸出業務にとどまらず，送金や公共料金の引き落
としなどの為替業務や，投資信託をはじめとする個人向け資産運用商品の販売
といった，さまざまな手数料収入減の減少にもつながり，地域金融機関の収益
は全体的に下押しされる可能性が高い。

2.2　マイナス金利政策

1990 年代末から続く日本銀行による金融緩和政策，とくに 2013 年 4 月以降
の異次元金融緩和政策，16 年 1 月のマイナス金利政策の導入は，地域金融機
関の預貸利鞘の低下ペースを加速化させている。日本銀行の金融緩和政策は，
預金金利と貸出金利双方にとって低下圧力となっているが，預金金利に比べて
貸出金利の低下ペースが速いため，預貸利鞘の低下につながっている。また，
地域金融機関の貸出金残高は，年平均 2 ～ 3% のペースで積みあがっているが，
貸出金利がそれを上回るペースで低下しているため，貸出金利息は減少傾向に
ある。

地域金融機関の貸出金利は，市場金利と連動する関係があり，この決定理論を「市場金利連動理論」という。一般的に市場金利の変化に対する貸出金利の影響度は，市場金利にスプレッドを上乗せするスプレッド貸出の場合は100％となるが，短期プライム貸出の場合は50％程度であるとされる。

　一方，銀行の貸出金利は市場金利だけではなく，さまざまな要因が影響を及ぼす。たとえば，借り手の信用リスクの上乗せ，銀行の経費率の上乗せなどが挙げられるが，これらの要因を考慮した貸出金利の決定理論を「貸出利鞘設定理論」という。ある実証研究では，貸出利鞘設定理論に基づき，銀行別の財務データを用いた実証分析を行った結果，2007～16年度の期間の貸出金利の低下は，市場金利や預金金利といった調達金利の低下によっておおむね説明可能であることを明らかにした（杉山［2018］）。

　2014年度以降，貸出金利の決定における市場金利の影響度が小さくなってきており，最近の貸出金利の低下は，銀行が経費率の上乗せ分を削減していることによると考えられる。この背景には，銀行間競争の激化が挙げられよう。近年，地域銀行の越境進出が活発に行われているなかで，地域銀行は競合行に顧客を奪われないため，もしくは競合行から顧客を奪うため，いわば身を削って貸出金利の引下をせざるをえない状況に陥っている。

2.3　競争激化

　銀行間競争の程度については，一般的に「マークアップ（価格－限界費用）」によって計測が行われるが，いくつかの実証研究おいて，2000年代以降，年々銀行間競争が激化している（マークアップが低下）が明らかになっている。なお，マークアップとは，財価格の限界費用に対する上乗せ幅を意味し，需要の価格弾力性に左右される企業の市場支配力を表すものである。市場支配力があり，競争を優位に維持することができる企業のマークアップは大きいが，市場支配力がなく，厳しい競争に晒されている企業のマークアップは小さい。

　銀行間競争が激化する要因としては，銀行の営業エリアの人口減少，営業エリアの競合店舗数の増加，銀行の預貸率の低下（預証率の上昇），長短スプレッドの縮小などが挙げられる。

　銀行間競争が銀行経営（銀行行動）に与える影響には相反する2つの見方が存在する。第1の見方は，銀行間競争が銀行経営の安定性を高めるという考え

である。これは，銀行間競争により貸出金利が低下すると，借り手企業の破綻リスクが低下し，銀行の経営安定性が向上するというメカニズムを重視したものである。第2の見方は，銀行間競争の激化が銀行経営の脆弱性を高めるという考え方である。これは，銀行間競争の激化により銀行の預貸利鞘が縮小した状態が続くと，信用コストの増加などの外的ショックに対する損失吸収力が低下するほか，銀行がリスクテイク姿勢を強めることで，銀行経営が不安定化するメカニズムを重視したものである。

　これら2つの考え方については，多くの実証研究が存在するが，現在のところ，どちらかを明確に支持する状況には至っていない。たとえば，アメリカ商業銀行を対象とした実証研究では，収益の変動に対する銀行の損失吸収力を指標化した「Zスコア」というものを経営安定性の代理変数とし，銀行間競争と銀行経営の関係を検証した。結果は，銀行間競争は，銀行の収益性の向上と不良債権比率の低下をもたらし，銀行経営を安定化させるという考えを支持するものであった。一方，日本の地域金融機関（信用組合を除く）を対象とした実証研究では，最近の銀行間競争の激化が経営安定性を低下させていることを明らかにしている。

3　地域金融機関の生き残り策

　前節では地域金融機関を取り巻く経営環境の厳しさを説明してきたが，そうしたなかで地域金融機関は生き残るための方策を懸命に模索している。本節では，リレーションシップ・バンキングの深化と経営統合に焦点を絞り，その現状と経済学的視点からみた意義について説明してきたい。

3.1　リレーションシップ・バンキングのさらなる強化
　第2節では，昨今の地域金融機関が直面する厳しい経営環境とその背景を概説したが，地域金融機関は今後この荒波を乗り越えることができるのであろうか。

　結論から述べると，地域金融機関がたんに経営体としてのみならず，地域経済にその存在意義を認められる形で今後も存続できるかどうかは，前述のリレーションシップ・バンキングにいっそう本腰を入れて取り組めるかどうかに

かかっている。

　2014年9月に金融庁が公表した「金融モニタリング基本方針」において「事業性評価」という指針が示された。事業性評価とは，地域の中小企業などに貸出等の判断を行う際，信用力の高さや担保・保証に過度に依存せず，経営状況・事業内容・将来性等を適切に評価することである。事業性評価により取引先企業のニーズや課題を把握し，それに応じた金融サービスや経営支援を拡充していくことで，地域企業・産業の生産性向上や新陳代謝を促し，地域経済の活性化（そして自らの経営基盤の強化）をめざすとしている。

　事業性評価の実行においては，営業拠点の営業担当者の「目利き力」の向上が欠かすことができない。ここでいう目利き力とは，企業の将来性や技術力を的確に評価するプロの営業担当者として求められる能力と定義しよう。目利き力は，貸出業務のみならず，地域金融機関が取引先企業に対するコンサルティング機能を発揮するために必要な能力であり，営業担当者の目利き力をいかに向上させるかは，地域金融機関にとって人材育成上，重要な課題である。

　目利き力向上のための各金融機関の取り組みとしては，営業担当者に対する社内外での研修の実施や経験のある上司が個別に指導する（顧客の訪問に帯同させる）などが挙げられるが，主に若手行員の指導を担う中堅行員が圧倒的に不足していることから，取り組みが成果に結びついているとはいいがたい状況である。加えて，行員の人事評価において，事業性評価への取り組みが十分に業績評価に反映されないといった課題や，営業担当者1人当たりの担当企業数が多すぎるため，取引先の事業内容や業界の知識修得にかける時間や経営ニーズを把握する時間が不足しているといった人員配置上の課題が山積している。

　このような状況下において，事業性評価を着実に定着させる方策として，動産・債権担保融資（Asset Based Lending，以下ABL）を紹介する。

　ABLとは，在庫や売掛債権等の流動資産を引当として企業が資金調達を行う貸出手法である。アメリカでは，ABLは企業向け貸出の約20％を占め，広く市民権を得た一般的な貸出形態であるが，日本においても2000年代以降，日本の産業活性化とそれを支える産業金融の改革・強化を目的として，経済産業省をはじめとする政府主導で市場の整備・拡大を図ってきた。ABLが従来の銀行貸出と比較して決定的に異なる点の1つとしては，従来の貸出の返済が借り手の事業活動全体のキャッシュフローからなされるのに対して，ABLは

借り手の事業サイクル（商業流通）のなかで発生するキャッシュフローから返済される点が挙げられる。

　ABL は，貸し手と借り手双方にとってさまざまなメリットをもたらすが，注目すべきメリットの 1 つは，動産・債権担保と銀行の情報生産活動が補完的な関係であり，さらには情報生産活動を促進する効果を持っているということである。

　契約理論に基づいた金融理論研究の多くは，金融仲介機関としての銀行の比較優位を，情報生産機能（審査・モニタリング活動を通じて借り手のリスク特性を明らかにし，情報の非対称性を緩和すること）に求めている。そして，その銀行の情報生産活動と担保には，代替的関係と補完的関係の 2 つの関係が存在するとされる。

　まず，銀行の情報生産活動と担保の代替的関係を理論的に明らかにした先行研究では，貸出債権が担保により部分的に保全されると，銀行は時間や費用をかけて企業の経営内容や事業の成長性といったリレーションシップから得られる定量化が困難な情報を生産することを怠るようになり，審査・モニタリング活動に基づく効率的な金融仲介が行われなくなると指摘している。これは一般に「lazy bank 仮説」と呼ばれ，担保の存在が銀行の情報生産活動の誘因を低下させるという，いわば負の側面を明らかにしたものである。

　一方で，銀行の情報生産機能と担保の補完的関係を明らかにした理論研究では，中小企業向け貸出において，最も取引関係の強い銀行の債権が他の銀行の債権よりも優先されることに着目して，担保と情報生産活動の補完性を主張している。これら研究では，情報生産活動には無視できない程度の費用がかかり，また，その費用は，情報生産活動を中止しても回収できない，いわば埋没費用であるため，貸出による収益率は十分高くなければならないとしている。そのためには，借り手と最も取引関係の強い銀行に債権回収の優先権を与えることで，銀行の情報生産活動の誘因を高めることができると指摘している。

　多くの先行研究では，担保価値が貸し手のモニタリング活動の程度に依存することから，担保は銀行のモニタリング誘因を高めると指摘している。とくに売掛債権や在庫など，借り手の経営状況に応じて担保価値が大きく変動する動産を担保とする場合，不動産のように担保価値が比較的安定している資産を担保とする場合に比べて，銀行のモニタリング要因は大きいとしている。また，

売掛債権や在庫は，借り手企業のビジネスに直結しているだけに，担保価値のモニタリングを通じて貸し手の目利き力を高めることができると指摘し，動産を担保とした貸出は，担保と情報生産活動の補完性をより高めることにつながるとしている。

ABLにおいて，モニタリング（貸出期間中の情報生産活動）こそがその真髄であるといって過言ではないが，ABLにおけるモニタリングの目的としては，大きく2つ挙げられる。

1つめは，日々変動する担保価値の変化を数量・品質ベースで把握し，ABL貸出実行時に想定した条件を満たしているかを継続的に確認することである。期中において健全性を欠く数量の増減や品質の低下が発生していれば，担保の価値は維持されないので，なんらかの対応が必要になる。一方，数量の増加が事業規模の成長に起因しているのであれば，ABLの貸出実行額を上方修正する検討も必要となる。

2つめは，開示された情報が信用するに値するかを見極めることにある。売掛債権や在庫を対象とする譲渡担保が，不動産をはじめとする他の担保と大きく異なる特徴として，担保に関わる多くの情報が借り手からの開示に依存しているということが挙げられる。このため，担保管理の前提となる正確性と客観性を確保することには自ずと限界がある。この点を認識したうえで，的確な手法によるモニタリングによって，信憑性を具備していると合理的に判断できる情報を見極めることが何よりも重要となる。

バブル崩壊以降，中小企業向け貸出において担保・保証が広範に利用されていることに対して，日本では否定的な意見が数多くみられる。しかしながら，担保・保証を利用することで，金融取引に付随する返済リスクのみならず，貸し手と借り手との間の情報の非対称性が引き起こす逆選択やモラル・ハザードという問題も軽減できることを忘れてはならない。担保・保証のない貸出や事業性評価をやみくもに推進するのではなく，まずはしっかりとABLに取り組むことで営業担当者の目利き力を向上させることが事業性評価を深化させ，ひいては真のリレーションシップ・バンキングの実施につながると考えられる。

3.2　地銀再編
前述のように超低金利の長期化や競合他社との競争激化，人口減少などを背

表 13-2　地域銀行の経営統合事案（過去 5 年間）

対象企業名	経営統合の内容	経営統合時期
足利 HD（栃木県），常陽銀行（茨城県）	足利 HD が常陽銀行を子会社化（めぶき FG）	2016 年 10 月
三重銀行（三重県），第三銀行（三重県Ⅱ）	三十三 FG を設立 三重銀行と第三銀行が合併（三十三銀行）	2018 年 4 月 2021 年 5 月
みなと銀行（兵庫県），関西アーバン銀行（大阪府），近畿大阪銀行（大阪府）	関西みらい FG が近畿大阪銀行，次いでみなと銀行および関西アーバン銀行を子会社化 近畿大阪銀行・関西アーバン銀行が合併（関西みらい銀行）	2018 年 4 月 2019 年 4 月
第四銀行（新潟県），北越銀行（新潟県）	第四北越 FG を設立 第四銀行と北越銀行が合併（第四北越銀行）	2018 年 10 月 2021 年 1 月
ふくおか FG（福岡県，熊本県，長崎県），十八銀行（長崎県）	ふくおか FG（子会社は，福岡銀行，熊本銀行，親和銀行）が十八銀行を子会社化 十八銀行と親和銀行が合併（十八親和銀行）	2019 年 4 月 2020 年 10 月
大正銀行（大阪府），徳島銀行（徳島県）	大正銀行と徳島銀行が合併（徳島大正銀行）	2020 年 1 月
青森銀行（青森県），みちのく銀行（青森県）	プログレア HD を設立	2022 年 4 月

（注）　FG はフィナンシャルグループ，HD はホールディングスの略。
（出所）　各行のプレス・リリースより筆者作成。

景に，地域金融機関は厳しい経営環境下におかれているが，そうしたなかで，近年，他行との経営統合で現状を打開しようとする動きが加速化している。

　具体的な事例としては，2021 年 1 月に第四銀行（新潟県）と北越銀行（新潟県）が合併して誕生した第四北越銀行，21 年 5 月に三重銀行と第三銀行（三重県）が合併して誕生した三十三銀行，22 年 4 月に青森銀行とみちのく銀行（青森県）が経営統合して誕生したプロクレアホールディングスなどが挙げられる（表 13-2）。

　近年の経営統合事例の増加の背景には，政府や日本銀行による再編の積極的な後押しがあることを見落としてはならない。

　2020 年 11 月，「私的独占の禁止及び公正取引の確保に関する法律」（独占禁止法）の適用を除外するという特例を定めた「地域における一般乗合旅客自動車運送事業及び銀行業に係る基盤的なサービスの提供の維持を図るための私的独占の禁止及び公正取引の確保に関する法律の特例に関する法律」（以下，「独禁法特例法」と呼ぶ）が施行された。独禁法特例法は，内閣総理大臣の認可を受

けて行う地域銀行やその親会社の合併等に対して，一定の場合に独禁法を適用しないという特例を定めた法律であり，30年11月までに廃止される時限立法である。これにより，貸出市場のシェアが合併等の後に一定水準を超えて大きくなると予想される地方銀行でも，従来よりも容易に合併等を行うことが可能になる。

　また2021年7月に施行された改正金融機能強化法では，人口減少地域で合併や経営統合など事業の抜本的な見直しを行う地方銀行や信用金庫を対象に，システム統合や店舗統廃合で発生する初期費用の3分の1程度，約30億円を交付する制度を創設した。

　一方，日本銀行も，独禁法特例法と歩調を合わせる形で収益力の向上や経費削減，経営統合により経営基盤の強化に取り組む地方銀行に対して日銀当座預金に0.1％の金利を付与する「地域金融強化のための特別当座預金制度」を2020年11月に導入している。

　経営統合を行った各行のプレス・リリースからその目的をみてみると，共通して「経営効率化」「金融仲介機能の向上」などの文言が並んでいる。実際にこれらの目的が達成できれば経営統合の意義は大きいといえるが，それらの目的は果たして達成できるのであろうか。

　銀行の経営統合の効果については，1980年代以降，主に欧米の銀行を対象とした理論面，実証面での分析が進んでおり，豊富な研究成果が存在している。とくに経営効率化についてが，費用効率化と収益効率化という2つの効率化に大別され，前者は「規模の経済性」，後者は「範囲の経済性」の観点から効果の検証が行われてきた。ここでは規模の経済性について説明を行いたい。

　規模の経済性が働く事例としては，規制が存在するために最適規模未満で営業せざるをえなかった銀行が，規制緩和により合併が認められ，最適規模の近くで営業できるようになることが挙げられる。こうしたケースでは，最適規模まで規模を拡大させることで費用削減効果が現れると考えられる。

　アメリカの商業銀行を対象とした多くの実証研究からは，平均費用は資産規模にして10億ドルから100億ドルのところをボトムとするU字型の形状をしていることが確認されている。つまり，合併後の資産規模が10億〜100億ドルまでの比較的小規模な事例では規模の経済が期待できるが，100億ドルを超える規模での合併については，逆に規模の不経済が生じうる。アメリカの研究

結果をそのまま日本にあてはめると，規模の経済を通じた費用削減効果が期待
できるのは，一部を除く信用金庫・信用組合同士の合併であり，大半の地方銀
行同士の合併には規模の経済が働かないことになる。

　なお，費用削減は，規模の経済性以外の理由でも生じうる。企業がある生産
量を生産するのに必要な最小費用と実際の費用との乖離は「X 非効率性」と呼
ばれているが，アメリカの商業銀行の場合，これが約 20％と推定されている。
また，アメリカの商業銀行について，合併行と被合併行の合併前の費用構造を
比較すると，合併行の方が被合併行よりも X 非効率性の程度が低く，効率的
な経営が行われていることが確認されている。このことから，経営統合により
合併行の効率的な経営手法が被合併行に伝播することで，結果的に被合併行の
効率性が改善する可能性がある。

　しかしながら，多くの実証研究では，統計的に有意な効率性の改善は確認さ
れていない。合併行と被合併行で効率性に有意な差が存在するにもかかわらず，
それが合併後に顕在化しない理由としては，人員削減や再配置が十分にできな
いという労働市場の硬直性が一因として指摘されている。一方，営業基盤とす
る地域が重複する銀行同士の合併の場合には，費用効率性の改善が確認されて
いる。これは，合併前の営業基盤が重複している場合には，店舗の統廃合など
比較的実行の容易な方法により費用削減が可能であることが背景にあると推察
できる。この事実に基づけば，たとえ規模の大きな銀行同士の合併であっても，
重複店舗のドラステックな統廃合を断行できれば，費用効率性の改善が期待で
きる。

　最後に，地域銀行による経営統合は厳しい経営環境下での生き残り策との側
面は否めないが，より本質的には「地域経済再生」が目的となるべきである。
経営統合がゴールではなく，地域経済再生に有機的に結びつくことが強く望ま
れる。

● 練 習 問 題
　1　地域金融機関がリレーションシップ・バンキングに取り組む意義を説明しな
　　さい。
　2　日本の人口動態や金融政策が，地域金融機関の経営環境にどのような影響を

与えているかを説明しなさい。
　3　地域金融機関の有効な生き残り策をあなたなりに考えなさい。

●文献案内
　1　内田浩史［2016］『金融』有斐閣
　　　　複雑な金融取引を経済学の視点から明快に解説している好著である。今後
　　の金融業や地域金融機関のあり方を考察する際の良き「羅針盤」となってく
　　れる。
　2　家森信善編著［2018］『地方創生のための地域金融機関の役割』中央経済社
　　　　約3000名近くの地域金融機関の支店長を対象とした大規模アンケート調
　　査により，日本のリレーションシップ・バンキングの実態に迫った書籍であ
　　る。
　3　小倉義明［2021］『地域金融の経済学──人口減少下の地方活性化と銀行業
　　の役割』慶應義塾大学出版会
　　　　国内外の膨大なバンキング研究の知見に基づき，日本の地域金融機関の現
　　状や課題を解説した書籍である。

●引用・参考文献
内田浩史［2010］『金融機能と銀行業の経済分析』日本経済新聞出版社
杉山敏啓［2018］「邦銀の貸出収益　なぜ低い」『金融財政ビジネス』3月12日号，
　　16〜20頁
村本孜［2005］『リレーションシップ・バンキングと金融システム』東洋経済新報
　　社
『月刊金融ジャーナル』各号，日本金融通信社
『ニッキン』各号，日本金融通信社

第14章　銀行への規制と将来像

京都銀行河原町支店は上層階がホテル，1階がコンビニ。規制緩和により，銀行店舗が活用されている（著者撮影）

学習の課題

1　銀行への法的規制の緩和，新規事業の立ち上げを学ぶ。
2　銀行は銀行法で株式会社とされ，地域公益との両立が課題であることを学ぶ。
3　デジタル化，SDGsは深化を続けている。デジタル化を軸に，巨大テック企業の金融機関化が進み，銀行業と証券業は融合しつつあることを学ぶ。

1　銀行法と銀行の将来

　銀行をはじめとする金融業界は，規制が多い業界であった。金融業界以外の業界でも，規制はされている。たとえば，航空業界等の運輸分野でも規制は多い。しかし，銀行は決済機能を持つこと等で，公共性を持つとされ，他の業界と勝るとも劣らない規制を受けてきた。銀行の将来像も法的な規制によって大枠は決められてくる。そこで，この節では銀行法の動向について学ぶ。

1.1　銀行法と銀行

　銀行は他業リスクの排除や利益相反取引の防止が求められてきた。他業リスクの排除とは，銀行が他の産業等を兼業すると，金融仲介機能の安定性が失われるリスクがあるため，兼業を禁じることである。利益相反取引の防止とは，

貸出先企業に社債を発行させて，貸出金を回収するような行為を防ぐことである。銀行法は，他業リスクの排除のために，銀行本体での固有業務，付随業務等を定め，他の業務を営むことを禁止している。

また銀行は，優越的地位の濫用の防止が求められてきた。銀行は貸出できること，あるいは決済機能を持つことで，企業に対し優越的な地位に立つとされてきた。銀行の優越的地位が濫用されることを防止するため，銀行法や独占禁止法が定められてきた。

現行の銀行法は 1982 年に制定され，数回の改正を経てきた。まず，銀行法の概要をみておく。銀行法第 4 条第 1 項は，銀行業は内閣総理大臣の免許を受けた者でなければ，営むことができない，としている。銀行業の免許の申請があったときは，適合性が審査される。審査の結果として，はじめて免許が認められる。すなわち，銀行業は届出制ではなく，免許制である。

銀行法第 4 条の 2 は，銀行の会社形態を株式会社に限定している。株式会社に限定した理由としては，特定の資金力に依存しないこと，規模の大きな事業に適すること等が挙げられる。他方で，信用金庫，信用組合，農協等は協同組織金融機関である。歴史的に中小・零細企業は銀行に対し担保が不足し，相互保証による協同組合が形成された。

銀行法第 5 条第 1 項は，銀行の資本金の額は政令で定める額以上でなければならない，とし，政令によって銀行の最低資本金は 20 億円と定められている。最低資本金が法定される理由としては，信用授受機関として資本基盤が必要なこと，預金者保護の観点から資本金は預金に対する最終的担保であること，等がある。

銀行法第 8 条第 1 項では，銀行は支店その他の営業所の設置等をするときには，内閣総理大臣に届け出なければならない，としている。かつては，営業所は認可制であり，銀行の店舗設置等は政府の監督下にあったが，2002 年以降は届出制となり，自由化された。ここでいう営業所とは，本店，支店はもちろんであるが，出張所，さらには ATM も含まれている。ATM は預金受入や引出といった銀行の固有業務を担っており，原則として「無人の営業所」とされている。営業所が認可制であった時代には，ATM も認可が必要であった。

銀行法第 10 〜第 12 条では，銀行の業務範囲が定められている。銀行の固有業務として，預金受入，資金貸付または手形割引，為替取引（決済）の 3 つと

されている。銀行の決済業務をめぐって，コンビニ等の収納代行サービス（税金や公共料金等）や宅配便業者の代金引換サービスが銀行の決済業務にあたるか否か，議論されてきた。また銀行の付随業務として，債務の保証や有価証券の売買等，23項目が定められている。さらに，その他付随業務として，クレジット・カード業務，コンサルティング業務，ビジネス・マッチングなどが認められている。しかし，第12条において，他の業務を営むことができない，とされ，他業禁止となっている。

銀行法第16条の3，および第52条の24において，銀行の出資制限に関し定められている。銀行本体または銀行子会社は，企業の議決権の5％を超えて保有してはならない，とされている。また銀行持株会社または銀行子会社は，合算して，企業の議決権の15％を超えて保有してはならない，とされている。一般に，5％ルールとか，15％ルールと呼ばれている。独占禁止法でも，銀行の産業支配を防ぐために，同様に規定されている。

1.2 最近の銀行法改正

銀行法では，以上のように，銀行業の原則が決められているが，近年では緩和されている。2010年において，銀行の為替業務に関し審議され，登録された資金移動業者は，少額に限定されているものの，為替取引を営むことが認められ，資金決済法が施行された。これによって，登録を受けた資金移動業者により，送金という決済が可能になった。

2014年の銀行法改正では，5％ルールの弾力化がはかられ，事業再生途上にある会社の議決権を5％超保有できることになった。ただし，3〜5年間に限定されている。また，地域経済の再活性化事業会社の議決権を5〜40％，10年間保有できることになった。

2017年には，資金決済法において，仮想通貨制度の創立が認められた。仮想通貨を，物品を購入等ができる財産的価値で電子情報処理組織を用いて移転できるもの，としている。18年の銀行法改正では，電子決済等代行業者に関して定義された。銀行法第2条第17項において，更新系API（決済するので，預金口座の情報更新を伴う），参照系API（預金口座の情報取得のみ）のいずれかを行うものを電子決済等代行業と定義された。

さらに令和に入り，銀行法が改正され，銀行本体での業務範囲が拡大され，

表14-1　改正銀行法の主要な内容

業務範囲規制	**銀行の子会社・兄弟会社（銀行業高度化等会社）** 　地方創生など持続可能な社会の構築に資する業務を追加 **銀行本体** 　システム販売，登録型人材派遣，データ分析・広告，コンサルティング，ビジネス・マッチング
出資規制	**投資専門会社の業務範囲** 　コンサルティング，ビジネス・マッチング等を追加 **投資専門会社を通じた出資制限** 　非上場の地域活性化事業会社に対する出資上限を50％から100％に緩和

（出所）　『地銀協レポート』第4号，2022年2月から筆者作成。

付随業務として，①自行アプリやITシステムの販売，②データ分析・マーケティング・広告，③登録型人材派遣，④幅広いコンサルタント，ビジネス・マッチングが挙げられた。また2017年4月より，銀行が出資する子会社等（銀行業高度化等会社）に100％出資が可能となった。銀行業高度化等会社として，フィンテック会社や地域商社が認められた。その後，さらに高度化業務として，自行アプリやITシステム販売のほか，ATM保守点検，地域と連携した成年後見が加わった。表14-1は，改正銀行法（2021年11月施行）の主要な内容である。

　2022年度現在，地方銀行が設立した銀行業高度化会社は15社（改正前の銀行法に基づくもの）あり，このうち12社は，地元産品の販路開拓を行う地域商社や，地元産品を販売するECモールの運営会社である。銀行法改正後に，地域商社は25社程度に増加した。21年11月の銀行法改正前は，地域商社は在庫保有や製造・加工を認められなかったが，改正により可能となった。銀行業高度化会社の残りの3社は，デジタル・システム関係である。

　銀行が研究所等を設立し，研究所等によりコンサルティングを強化するケースも多い。地域経済の分析，観光・まちづくり，セミナーの開催，経営コンサルティング等である。ビジネス・マッチングは，商談会開催等を通じて，銀行の取引先を紹介する試みである。地元企業（食品製造等）とバイヤー（百貨店等）を引き合わせる事例が多い。人材紹介については，2018年より銀行は有料で人材紹介ができることになった。銀行が持つ人材に関連する情報を活用することになる。21年現在で，66行の地域銀行が人材紹介を開始しており，参入予定と合わせると，8割程度の地域銀行が手がけることになる。さらに21

年の銀行法改正によって，登録型人材派遣（派遣会社が労働希望者をあらかじめ登録し，実際に派遣する際に，当該登録者との間で期間の定めのある労働契約を締結し，有期雇用派遣労働者として派遣すること）が可能となった。銀行としては，人材紹介や人材派遣を手数料収入に結びつけようとしている。

2　上場株式会社としての銀行

銀行法により，銀行は株式会社でなければならない。そして銀行はほとんどが証券取引所に上場している。証券市場のグローバル化などを背景として，東証では 2022 年 4 月から市場が改革された。これに伴い，東証 1 部に上場していた地方銀行の多くは，プライム市場かスタンダード市場かの選択を迫られた。

2.1　東証市場改革

2022 年 4 月より，東証では上場市場が改革され，プライム市場，スタンダード市場，グロース市場に区分されるようになった。プライム市場は，多くの機関投資家の投資対象となる時価総額と流動性を持つ市場とされ，具体的には株主数 800 人以上，流通株式時価総額 100 億円以上等とされた。また新規に上場する基準として，時価総額 250 億円以上とされた。

2019 年時点では，東証プライム市場は時価総額 500 億円以上必要とされるといった見方があり，したがって 250 億円以下の，時価総額が小さい銀行の動向が注目された。表 14-2 は，19 年 5 月 9 日付の日本経済新聞（電子版）が東証改革に伴い，「降格地銀」（従来は東証 1 部に上場されていたが，改革により最上位ではない市場に変更）として報じた銀行と時価総額（19 年時点で 250 億円以下），そして 22 年 4 月時点での時価総額を比較したものである。

18 行のうち，プライム市場を選択した銀行が 7 行，スタンダード市場を選択した銀行が 11 行となっている。2019 年時点で最も時価総額が大きかった富山第一銀行の浮動株比率（1～50 単元未満の株主が保有する株式数が発行済株式総数に占める比率。流通株とは異なるが，流通株比率は公表されていないため，代用する）は 9.4％（22 年 3 月末）しかなく，浮動株の時価総額は 19 億円程度にすぎない。東証（JPX）ではプライム市場での経過期間を認め，改善計画を提出させている。

表 14-2　時価総額が小さい銀行と東証改革

（単位：億円）

銀　行	県	時価総額 （2019 年 5 月 8 日）	市　場	時価総額 （2022 年 4 月 8 日）	増　減
富山第一銀行	富山	245	プライム	203	− 42
栃木銀行	栃木	236	プライム	244	8
フィデアホールディングス	山形・秋田	232	プライム	231	− 1
清水銀行	静岡	197	プライム	179	− 18
じもとホールディングス	山形・宮城	178	スタンダード	128	− 50
千葉興業銀行	千葉	174	プライム	160	− 14
富山銀行	富山	163	スタンダード	108	− 55
北日本銀行	岩手	162	プライム	133	− 29
筑波銀行	茨城	157	プライム	158	1
大光銀行	新潟	152	スタンダード	126	− 26
長野銀行	長野	151	スタンダード	111	− 40
鳥取銀行	鳥取	131	スタンダード	110	− 21
トマト銀行	岡山	123	スタンダード	119	− 4
東北銀行	岩手	99	スタンダード	95	− 4
高知銀行	高知	77	スタンダード	75	− 2
大東銀行	福島	77	スタンダード	85	8
福島銀行	福島	68	スタンダード	62	− 6
島根銀行	島根	43	スタンダード	43	0

（出所）『日本経済新聞』2019 年 5 月 9 日付（電子版）に加筆して筆者作成。

　スタンダード市場では，流通株式時価総額の基準は 10 億円以上となり，比較的多くの銀行が基準をクリアできる。しかし，時価総額が最も小さい島根銀行では，浮動株比率が 26.6％であり，浮動株時価総額は 11 億円程度である。

　より深刻な問題は，表 14-2 の 18 行のうち，時価総額が増加した銀行は 3 行のみであり，残りの 15 行では時価総額が減少していることである。一般に，企業の時価総額（発行済み株式数×株価）は企業価値を示すと考えられており，時価総額減少は企業価値の低下を意味する。時価総額を回復させるためには，株主に対して，配当増加や自社株買い等を実施する必要があり，配当原資等を捻出するために，銀行経営を圧迫する可能性がある。

2.2　外国人株主と銀行

　東証での市場選択にとどまらず，地方銀行のなかには外国人株主の持株比率が高く，配当負担に悩む銀行も見受けられる。他方において，銀行は地域社会のなかで地域公益への貢献を求められており，市場からの要請とのジレンマに置かれている。

表 14-3　外国人持株比率が高い銀行

（単位：%，100 万円）

銀行名		外国人持株比率 (2020 年 3 月)	外国人持株比率 (2022 年 3 月)	配当性向 (2022 年 3 月)	株式等損益 (2022 年 3 月)
地域銀行	コンコルディア・フィナンシャルグループ	31.4	31.8	40.3	4,519
	ふくおかフィナンシャルグループ	27.4	22.5	14.9	2,467
	京都銀行	26.6	29	36.7	803
	おきなわフィナンシャルグループ	23.7	23.6	16.5	361
	山陰合同銀行	21.8	17	34.4	1,180
	滋賀銀行	21	18.6	22.3	10,936
	岩手銀行	20.6	17.2	33.9	2,506
	めぶきフィナンシャルグループ	20.6	18.7	28.2	3,524
	北洋銀行	20.3	20.5	33.0	− 2,163
	千葉銀行	19.4	18.6	32.7	2,711
	地銀平均（合計）	23.3	21.8	29.3	26,844
大手銀行	三井住友トラスト・ホールディングス	40.5	39.3	37.7	− 383
	三井住友フィナンシャルグループ	40.2	34.4	40.7	2,090
	三菱 UFJ フィナンシャル・グループ	31.1	31.6	31.6	3,326
	りそなホールディングス	37.3	37.4	46.3	455
	みずほフィナンシャルグループ	21.3	23.9	38.2	− 438
	大手行平均（合計）	34.1	33.3	38.9	5,050

（出所）　『会社四季報』「ニッキン」等から筆者作成。

　表 14-3 は外国人持株比率が高い銀行を示している。大手銀行ではおおむね高く，三井住友フィナンシャルグループでは 40％台（2020 年 3 月期）であった。その後，やや低下したものの，三井住友トラスト・ホールディングスでは 40％台が継続している。ただ，大手銀行では業務純益など銀行の本業による利益額が大きいため，配当増加等の要求に対しても対応可能となっている。

　問題は地域銀行である。表 14-3 によると，コンコルディア・フィナンシャルグループでは 31.5％で推移しているし，京都銀行では 26.7％から 28.2％へ上昇している。また持株比率が低下していても，外国人株主が株主総会に提案することは可能である。新聞報道によると，英投資ファンドのシルチェスター・インターナショナル・インベスターズが中国銀行と岩手銀行に対し，特別配当の実施を株主総会の議案に記載するよう求めたとされ，同様の要求をすでに京都銀行と滋賀銀行にしたという（『日本経済新聞』2022 年 5 月 11 日付，電子版）。表 14-3 において，滋賀銀行や岩手銀行では外国人持株比率が低下しているが，それでも外国人株主から増配が提案されている。また，中国銀行は表

14-3 には出ていないが，同行の有価証券報告書（21年3月期）によると，シルチェスター・インターナショナル・インベスターズの持株比率は2.73%となっている。外国人株主は，持株比率が2.73%であっても，企業に増配を要求している。外国人株主が日本企業の株式を保有する場合，カストディアン銀行（実質的な株主に代わり名義上の株主となり，株式の保管・管理や株主総会への出席を代行する。日本では信託銀行が多い）経由も多い。カストディアン銀行経由で，外国人株主が日本株を保有する場合には，カストディアン銀行名義であり，外国人株主の名義は表にでない。また，日本企業側も，外国人株主の実質的な持株数がわからないこともある。

　配当性向（配当÷当期利益）をみると，地域銀行では30%前後が多く，一見すると，配当が負担になっていないようにみえる。しかし，当期利益は，株式等損益を計上した後の利益指標である。貸出利鞘が薄くなり，本業による利益である業務純益が伸び悩むなかで，銀行は保有する株式を売却することで利益を捻出し，配当原資を確保する傾向が強まっている。これは通常，株式の益出しと呼ばれる。銀行が保有する株式を売却し，利益を計上することである。表14-3をみると，滋賀銀行では2022年3月期に，109億円を超す株式等利益を計上しており，少なくない。他方で，株式益出しは資産の切り売りでもあり，銀行の体力を弱めていることになる。

2.3　地域公益との矛盾

　東証の市場改革に関連して，時価総額が小さい銀行で，ますます時価総額が減少していること，外国人株主による持株比率が高く，増配要求を受けていることを説明した。これらの事態は，上場株式会社である銀行に対し，資本の論理が反映していること，また資本の論理に基づく要求が強まっていることを意味している。しかし，銀行，および地域銀行は同時に地域社会のなかで地域公益を担うことが期待されている。

　地域公益とは，地域社会における公共の利益である。具体的には，地域の地場産業や地元企業の育成，観光の振興，災害への対応などである。また，地域社会における金融機能は当然ながら含まれよう。こうした課題に対応し，地域社会においてリーダーシップをとることが，銀行には求められている。

　地域社会の人口構成は高齢化し，高齢者はデジタル化への対応も容易ではな

い。地域銀行が支店や ATM を削減しようとしても，高齢者などからの要望が強く，削減できない現実がある。このため，銀行には ATM 維持コスト等が発生することになる。他方で，外国人株主等から配当増加などの要求が突きつけられており，地域銀行は苦しい立場に置かれている。

そもそも，地域銀行は上場株式会社である必要があるのだろうか。上場株式会社であれば，誰でもお金さえ払えば株主になることができる。そして，外国人株主等から資本の論理に基づき，増配などが要求される。かつて，東証 1 部などに上場するメリットとしては，人材確保での優位性（就職活動における学生へのアピール等）などがいわれた。しかし，現在，銀行の採用数は減少しており，人材面から東証上場に固執する必要性は薄れていよう。

他方，同じ地域金融機関であっても，信用金庫は協同組織金融機関であって，株式会社あるいは上場企業ではない。信用金庫は株主からの要求に悩まされることはなく，地域社会と共存していくことができる。このような側面を考慮すれば，かつて 1970 年代に川口弘が論じた信用金庫の独自性や必要性は，今日でも依然として妥当するように思われる（第 1 章 1.4 参照）。

イギリスにおいて，大手の住宅金融組合は多くが 1990 年代後半に，相互会社から株式会社に転換し，銀行となった。株式会社である銀行へ転換した理由としては，競争激化により相互組織形態が制約になるとされたこと，株式会社に転換することで出資者は株式を取得できたこと，さらに相互会社では大口の市場性資金調達に制約があったこと等が指摘されている。住宅金融組合大手のノーザンロックは，97 年に銀行に転換後，住宅ローンの証券化による資金調達に過度に依存していた。このため，リーマン・ショックにより証券化市場が機能停止したため，資金を調達できず流動性危機に陥り，2008 年には国有化された。

また，住宅金融組合として最大手であったハリファックスは 1997 年に銀行に転換し，スコットランド銀行と合併して，HBOS となった。合併前からスコットランド銀行の預貸率は高かったが，これはリテールの預金による資金調達が少なく，市場性資金への依存が高かったためであった。HBOS に合併後，さらに業容の拡大と並び，市場性資金（証券化市場等）への依存を強めた。このために，やはりリーマン・ショックによる証券化市場の崩壊によって，流動性危機に陥った。

こうしたイギリスにおける住宅金融組合の相互会社から株式会社（銀行）への転換と，その後の破綻等は，日本の地域金融機関にも重要な示唆を与えていると思われる。日本において地域銀行は株式会社であり，現在までほとんどが東証に上場している。東証での市場がプライムであれ，スタンダードであれ，多くの地域銀行で時価総額は減少している。また少なくない地域銀行で外国人持株比率が高く，増配圧力を受けている。こうした事態を踏まえれば，地域銀行が上場株式会社であることを再検討すべき時期に来ていると思われる。また，地域銀行が株式会社のままであっても，非上場化するという選択もある。非上場化すると，株式発行等による資金調達は難しくなるが，外国人株主からの増配要求や東証プライムの上場基準に対応する必要はなくなる。

3　デジタル化と SDGs の深化

急速にデジタル化が進むことで，巨大テック企業による金融業務への進出が進み，銀行と巨大テック企業との競争が強まると同時に，両者の境界が消えつつある。同時に，銀行業と証券業の融合や一体化が進むであろう。

3.1　巨大テック企業の金融機関化

1982 年に E. G. コリガン（元ミネアポリス連邦準備銀行総裁）は "Are Banks Special?" という論文を書き，銀行の特殊性を論じた。銀行は，自己の債務を譲渡可能な支払手段（決済口座）として広く提供する，流動性の供給源である，金融政策の波及経路である，という点で特殊であるとした。そして，銀行の特殊性は信用リスクや，流動性リスク（期間転換に伴う）に関わっている。そこで，銀行には，高度の信認に加え，預金保険システムが必要であり，中央銀行の最後の貸し手機能へのアクセスや，中央銀行決済システムへの直接参加が認められるべきである，とした。

1980 年代初頭にコリガンが銀行の特殊性を論じた時代と，現在の環境は大きく変わりつつある。第 1 に，非銀行業者によるデジタル決済サービスの提供が幅広くなっている。表 14-4 は，巨大テック企業による金融サービスへの進出状況を示している（2021 年現在）。いわゆる GAFAM は 2022 年現在，銀行免許を取得していないが，中国の巨大テック企業は 4 社とも銀行業務を担って

表 14-4　巨大テック企業による金融サービスへの進出

巨大テック企業	主要業務	バンキング	与 信	ペイメント	クラウドファンディング	資産運用	保 険
Google	インターネット検索等			○			
Apple	テック/ハード生産			○			
Facebook	メディア/広告			○			
Amazon	Eコマース/小売り		○	○	○		○
アリババ（阿里巴巴）	Eコマース/小売り	○	○	○	○	○	○
バイドゥ（百度）	インターネット検索等	○	○	○	○	○	○
JD.com（京東商城）	Eコマース/小売り	○	○	○	○	○	○
テンセント（腾讯）	テック/ゲーム	○	○	○	○	○	○
NTTドコモ	モバイル通信	○	○	○	○		
楽天	Eコマース/小売り	○		○		○	○
メルカドリブレ	Eコマース/小売り		○	○		○	

（出所）　J. C. Crisanto, "Big Techs in Finance: Regulatory Approaches and Policy Options," *FSI Brief*, No.12, BIS, March 2021 より加筆作成。

いる。ただし，巨大テック企業本体によるものだけでなく，巨大テック企業が外部の銀行と提携している場合等を含む。また，表14-4で，銀行業務のコア業務とは，預金受入である。与信（貸付）については，中国系の巨大テックだけではなく，Amazon によっても行われている。Amazon は，11 年にAmazon レンディングを開始している。日本でも 2 万社以上（21 年現在）の中小企業が Amazon から融資を受けている。ペイメントに関しては，すべての巨大テック業者によって実施されている。Amazon は，Amazon Pay（決済）を 07年に開始した。Amazon マーケットプレイス内での販売業者に，顧客はオンラインで支払をしている。この結果，17 年には，JP モルガン・VISA・Amazon連合が形成されたといわれる。また，Google によっても，Google Pay が 15年に開始された。Google は，クレジット・カードにより，シティ等 11 行の銀行口座と提携している。Google のサイトから直接銀行口座にアクセス可能であり，API 接続されているとみられる。さらに 14 年，Apple は，Apple Pay でモバイル決済を開始した。やはり，クレジット・カードで銀行口座と連携しており，19 年にゴールドマン・サックスと提携し，Apple・ゴールドマン・サックス・マスターカード連合が形成された。ただし，Apple は Apple Pay 経由以外での決済を禁じており，各国政府によって，独占禁止法との関係で警告されている。

　第 2 に，非銀行による中央銀行決済システムへの参加が認められている。

2018年4月，イギリスの中央銀行であるイングランド銀行は，Transfer Wise を最初の非銀行ペイメント・サービス・プロバイダーとして認可した。これにより，中央銀行決済システムに非銀行の参加が可能となった。同様の措置は，スイスにおいてもとられている。日本でも非銀行が参加の方向である。

　第3に，銀行を経由しない貸出や投資が拡大している。まずは，日本においても，直接金融が拡大している。証券市場における債券や株式発行によるファイナンスの定着は，銀行を軸とする金融システムに変化を迫ってきた。また，すでに触れたような巨大テック企業による与信などが開始されており，非銀行の参入が目立っている。

　第4に，金融政策のトランスミッション（効果波及）・メカニズムが変化している。ECBや日本銀行を中心に，中央銀行準備預金において超過準備が大幅に増加している。これに伴い，信用乗数（＝マネーストック÷ベースマネー）は著しく低下している。他方で，中央銀行当座預金への付利や，資産買入など非伝統的金融政策が始まっている。

　銀行の特殊性は，銀行の情報生産機能とも考えられてきた。銀行と企業の間には，情報の非対称性があるものの，銀行が企業への貸出にあたり審査し，また貸し出した後も，モニタリングすることで，情報を生産してきたとされる。この場合，トランザクション・バンキングとリレーションシップ・バンキングという手法があり，前者では財務諸表などのハード情報，後者では社長等との人的関係によるソフト情報が重視され，情報生産された。また貸出の審査やモニタリングだけではなく，銀行は企業や個人の預金口座で資金の動向を把握できることもあり，銀行は情報・データ産業ともいえる。

　しかし，この情報生産あるいはデータ産業という点でも，銀行の特殊性あるいは優位性は揺らいでいる。中国のアント・グループのマイバンクでは，中小企業向けの不良債権比率が2017〜20年において1％程度であり，銀行平均が同期間において5％台から3％台へ低下してきたことに比べ，大幅に下回っている。これは，中国のアリババという巨大テック企業のビッグデータによる信用リスク評価に基づいており，銀行によるリスク評価よりも良好ということになる。

　このように，巨大テック企業の金融機関化が進むなかで，銀行業の特殊性あるいは優位性は変化しており，中長期的にはいっそう進むとみられる。こうし

たなか，銀行業の機能は分解され（アンバンドリング），APIなどによって，決済機能は巨大テック企業のみならず，広く非銀行業（一般企業）にシフトしていくと考えられる。こうしたことを，別の観点から，Baas（Banking as a Service）とも呼ぶ。つまり，銀行が従来担ってきた，決済や貸出，預金受入といった機能は，銀行本体から分離し，巨大テック企業をはじめとする一般企業によって，銀行サービスとして提供されることを意味する。

　また，こうした傾向は「エンベデッド・ファイナンス」（組み込み型金融）とも呼ばれる。一般企業が自社サービスに金融機能を持たせることである。たとえば，日本航空（JAL）は住信SBIネット銀行と提携し，「JAL　NEOBANK」を開始し，銀行取引に応じてJALのマイルを付与している。また，ヤマダデンキも住信SBIネット銀行と提携し，「ヤマダ　NEOBANK」を開始し，家電の購入資金を組み込んだ住宅ローンを提供している。

3.2　銀行業と証券業の融合

　銀行機能が銀行から分離され，巨大テック企業をはじめ，一般企業にシフトしていくならば，銀行機能が証券業にもシフトしていくことになろう。これは銀行業と証券業が融合することでもある。すでにアメリカでは，歴史的に商業銀行であったJPモルガン・チェースが投資銀行業務を営み，他方で投資銀行であったゴールドマン・サックスが銀行持株会社として決済機能を持ち，個人の決済業務を行っている。ゴールドマン・サックスは2016年に，個人向けモバイル銀行マーカスを開始した。このように，アメリカでは，商業銀行と投資銀行の境界は消滅しつつある。こうした傾向は今後，日本でも進むとみられる。

　図14-1は，SBI証券と楽天証券の口座数と預り資産残高を示している。SBIの口座数は，2014年3月末には290万口座であったが，21年末には801万8000口座に増加し，同じ期間に預り残高は7兆5829億円から22兆円に増加した。また楽天証券では，同じ期間に口座数は167万口座から700万口座に増加し，預り資産残高は2.8兆円から15.3兆円に増加した。両社とも，近年において急成長を遂げているといえよう。野村證券の口座数は536万であり，両社は上回っている。ネット証券であるSBI証券と楽天証券が急成長を遂げた要因の1つは，グループ内に銀行があり，銀行口座と証券口座がAPI接続されてきたこととみられる。SBIグループには，住信SBIネット銀行があり，ハ

図 14-1　SBI 証券と楽天証券の口座数・預り資産残高

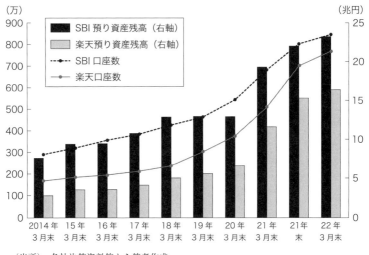

（出所）　各社決算資料等から筆者作成。

イブリッド預金残高は 2.4 兆円（21 年年末，同銀行預金残高の 38％）に達する。このハイブリッド預金から，SBI 証券の口座に自動振替されている。今後，SBI 証券は新生銀行とも即時入金で提携するとしている。また，楽天グループでは，楽天銀行に楽天マネーブリッジがあり，利用残高は 4.1 兆円（21 年末）であり，利用口座数は 306.8 万口座と全口座の 43％である。楽天マネーブリッジでは，普通預金金利が 0.1％あり，証券口座との自動出入金が手数料無料で可能で，また楽天ポイントが付与される。楽天証券の口座は，楽天銀行の預金口座と API 接続されており，グループとして強みを発揮しているとみられる。

　SBI グループや楽天グループのように，銀行・証券・決済（API）がグループとして備わっている企業が優位性を持つとみられる。

3.3　スマホ銀行の伸長

　国内だけではなく，海外においてもスマホ銀行が伸びている。基本的な特徴としては，店舗を持たず，モバイルだけの銀行である。海外においてもスマホ銀行は増加しているが，日本においては，ふくおかフィナンシャルグループ系の「みんなの銀行」と東京きらぼしフィナンシャルグループ系の「UI 銀行」が注目されている。2021 年 5 月，ふくおかフィナンシャルグループは，シス

テム開発でアクセンチュアと組み，デジタルバンク「みんなの銀行」を
Google Cloud で稼働させた。また 22 年 1 月には，東京きらぼしフィナンシャ
ルグループは，SBJ 銀行（新韓銀行日本法人）の勘定系システム「AiTHER」（ア
イテル）を導入し，デジタルバンク「UI 銀行」を開業した。UI 銀行のモバイ
ルアプリは，Amazon Web Services で稼働している。

　既存のふくおかフィナンシャルグループとみんなの銀行を対比すると，以下
のようなことになる。第 1 に，顧客対応については，ふくおかフィナンシャル
グループが店舗とネットバンク中心に対し，みんなの銀行ではモバイルのみと
なる。第 2 に，勘定系システムでは，前者では広島銀行とシステムを共同化し，
日本 IBM がヴェンダーであったが，後者ではアクセンチュアと組んで内製化
している。第 3 に，動作基盤については，前者では日本 IBM 製メインフレー
ムであったが，後者では Google Cloud となった。第 4 に，システム開発は，
前者ではウォーターフォール開発（機能が固定的で，目的は付随的。デジタル技術
の進歩があっても，機能が固定されているため，時代遅れとなりやすい）であったが，
後者ではアジャイル開発（目的が主導であり，機能は追加・変更可。デジタル技術を
反映できる）である。

　UI 銀行の勘定系システムは，SBJ 銀行から採用したが，SBJ 銀行の OHR
（経費比率）は 35.78％（2020 年度）と驚異的水準であった。通常，日本の地域銀
行の OHR は 60％程度あり，25 ポイントも低くなっている。他方，SBJ 銀行
の ROE は 10％以上，ROA は 0.8 ～ 1％あり，高くなっている。システムのク
ラウド化が，銀行の収益性を高める重要な要因となる。

　同時に，証券業においても，スマホ証券が台頭している。2022 年 4 月現在
で，スマホ証券は 12 社とみられる。スマホ証券は店舗を持たず，スマホ上で
証券売買等を完結させることが可能になっており，操作がネット証券よりも容
易である。特徴の第 1 点として，メガバンクや大手証券等が出資し株主となっ
ている。PayPay 証券は，ソフトバンクが 49.94％，みずほ証券が 49％の株主
（株式保有）となっている。また SBI ネオモバイル証券は SBI グループが
78.9％，三井住友フィナンシャルグループが 20％の株主である。こうした動向
をみても，銀行業と証券業の融合が今後進むとみられる。第 2 に，スマホ証券
の多くは，投資信託の積立を主要なビジネスとしている。若年層が給与から毎
月少額を積み立てて，米国株などの投資信託をスマホ証券経由で購入している。

近年いわれている「貯蓄から投資へ」を表す一例といえよう。第3に，スマホ証券等によって，ラップ（投資一任）勘定のロボアドバイザー（AI，人工知能）運用が進められている。ロボアドバイザー運用残高は19年末には3000億円超であったが，21年末には9000億円超と急成長している。ロボアドバイザー運用はAIによる運用であり，証券会社などの窓口でラップ口座を申し込むよりは手数料が安いとみられる。以上のような動向をみると，スマホ銀行とスマホ証券は今後普及し，スマホなどデジタル技術の進化を媒介に，両者の融合も進むとみられる。

3.4　SDGsの深化

デジタル化と並び，SDGsも中長期的に銀行業にとって重要な課題となるであろう。環境問題などは，企業経営のうえでも，気候変動や自然災害などにより，リスク要因となっており，銀行にとっても例外ではない。支店やATMの削減等は，単純にコスト抑制の観点からだけ求められるのではなく，電力消費と$CO2$削減の観点からも求められている。

SDGsへの対応として，人事や人材面でも多くの課題がある。具体的には，女性管理職比率や障がい者雇用比率，ボランティア派遣（学校教育での金融教育への協力等を含む），男性の育児休業取得比率，シニア（65歳以上）の雇用などである。このほか，社会貢献として，学生・留学生への奨学金支給，地元スポーツチーム・選手への支援，文化セミナー・講習会の開催，文化・スポーツイベントの協賛，グリーン購入（環境問題を考慮した物品購入）などが挙げられる。また，全国銀行協会では，マネー・ロンダリング対策も，SDGsの一環として位置づけている。マネー・ロンダリングは，麻薬取引など犯罪に関係する資金を，金融機関経由とすることで，洗浄することを意味する。日本の銀行は，マネー・ロンダリング対策が甘いと国際的に指摘されているが，銀行にとって追加のコスト負担にもなるため，対応が検討されている。

女性管理職比率については，従来日本の銀行業では低いと指摘されてきた。全国銀行協会が2017年3月に公表した，「女性活躍に向けた銀行界の取組みと課題」によると，銀行専任職員約30万人のうち，40％にあたる約12万人が女性と推計している（正確な統計は存在しない）。しかし，銀行を含む全産業における女性管理職比率は，アメリカの43.7％，ノルウェーの35.5％，フィリピン

Column ⑥　超高齢化社会と認知症対応

　2020年現在，日本で認知症とされる人数は631万人で，高齢者（65歳以上）に占める比率は18%であった。2050年には1016万人で，27.8%まで上昇すると見込まれている。これに伴い，銀行の店舗現場では，「貸金庫に預けていた金がなくなった」，「1000万円入っていた通帳を返してほしい」といった認知症が疑われる高齢者からのトラブルが増えている。銀行員が何度説明しても理解してもらえない，という。全国銀行協会では，対応策をまとめている。

　制度としては，家族信託，成年後見人，代理人制度などがある。家族信託では，高齢者が委託者かつ受益者となり，通常は子供が受託者となる。受託者としての子供が，委託者である親のために，土地や預金等を運用する。

　成年後見人は，判断能力が不十分な人に代わって財産管理などを行う人である。本人の判断能力がすでに不十分になっている場合に，法定後見制度により，家庭裁判所が判断し，後見人を選定する。

　代理人制度は手続きが簡便であり，本人が事前に指定した代理人が取引できる。本人が認知症となった場合，代理人が必要書類を提出し，サービスを開始する。代理人による乱用を防ぐため，推定相続人は代理人の取引を確認できる。ただし，代理人は配偶者や親族が条件である。代理人制度は信用金庫業界等で注目されている。また，大手銀行でも，高齢者向けに介護や家事サービスなど非金融サービスをパッケージにして有料で提供している。今後，銀行業は金融サービスだけでなく，広く高齢化対応や認知症対応の業務を展開することになるだろう。

　の47.3%，シンガポールの33.9%に対し，日本では11.3%であり，国際的に著しく低くなっていた。また，厚生労働省の統計（「平成27年度雇用均等基本調査」）によると，管理職に占める女性比率は，係長相当職では全産業の14.7%に対し，金融・保険業では30.9%と高かった。ところが，役員になると，全産業では23.2%であるが，金融・保険業では6.6%と著しく低くなっていた。しかし，2022年3月期に上場銀行の女性役員比率（社外取締役を含む）は11.4%に上昇した。とくに，新生銀行，京都銀行では同比率は33.3%に達した。

　今後，銀行には銀行法改正も含み，規制が緩和されていくと見込まれる。その過程では，巨大テック企業のみならず，一般企業の金融機能も強化され，銀行業との境目は曖昧になっていくとみられる。銀行業は，デジタル化のみならず，SDGsへの対応など，多様な課題に直面している。

● 練 習 問 題
1　銀行法の基本的規制と，最近の規制緩和について説明しなさい。
2　銀行が上場企業であると同時に，地域公益も担うことを説明しなさい。
3　巨大テック企業の金融機関化について説明しなさい。

● 文 献 案 内
1　神田秀樹・森田宏樹・神作裕之編［2016］『金融法概説』有斐閣
　　　銀行法について，経済学部学生に対しても，わかりやすく解説している。
2　野崎浩成［2020］『消える地銀 生き残る地銀』日本経済新聞出版
　　　地銀の再編においては，3つの道（選択肢）があるとしている。
3　斉藤美彦［2021］『ポスト・ブレグジットのイギリス金融──政策・規則・
　ペイメント』文眞堂
　　　イギリスにおいて住宅金融組合が銀行に転換し，その後破綻した経緯等を
　解説している。

● 引用・参考文献
小山嘉昭［2018］『銀行法精義』金融財政事情研究会
本行克哉・小宮俊［2021］「銀行法改正と金融実務」『銀行法務21』第870号，4 〜
　17頁
山岡浩巳［2022］「情報・データの視点から見た金融の将来像」日本金融学会2022
　年春季大会報告
Corrigan, E. G.［1982］"Are Banks Special ? " *Annual Report 1982*, Federal Reserve
　Banks of Minneapolis and New York.
「女性活躍に向けた銀行界の取組みと課題」全国銀行協会，2017年3月
「地銀協レポート」第4号，全国地方銀行協会，2022年2月
「地銀の地域貢献度調査」『日経グローカル』第422号，2021年10月
「ニッキン」各号，日本金融通信社

主要略語一覧

ABS（Asset Backed Securities）　資産担保証券
AI（Autonomy Intelligence）　人工知能
ALM（Asset Liability Management）　資産負債総合管理
API（Application Programming Interface）　アプリケーション・プログラミング・インターフェイス
BEPS（Base Erosion and Profit Shifting）　税源浸食と利益移転
BIS（Bank for International Settlement）　国際決済銀行
B/S（Balance Sheet）　バランスシート（貸借対照表）
BtoB（Business to Business）　企業間
CBDC（Central Bank Digital Currency）　中央銀行デジタル通貨
CD（Cash Dispencer）　現金支払機
CD（Certificate of Deposit）　譲渡性預金
CDO（Collateralized Debt Obligation）　債務担保証券
CDS（Credit Default Swap）　クレジット・デフォルト・スワップ
CLO（Collateralized Loan Obligation）　ローン担保証券
CMBS（Commercial Mortgage Backed Securities）　商業用不動産担保証券
CP（Commercial Paper）　コマーシャル・ペーパー
CPMI（The Committee on Payments and Market Infrastructures）　（BIS）決済・市場インフラ委員会
DVP（Delivery Versus Payment）　受渡同時決済
DX（Digital Transformation）　デジタル・トランスフォーメーション
EC（Electoric Commerce）　電子商取引
ECB（Europe Central Bank）　欧州中央銀行
ESG（Environment, Social, and Governnance）　環境・社会・ガバナンス
ETF（Exchange Traded Funds）　上場投資信託
EU（European Union）　欧州連合
FATF（Financial Action Task Force）　金融活動タスク・フォース
FDIC（Federal Deposit Insurance Corporation）　連邦預金保険公社
FG（Financial Group）　フィナンシャルグループ
FRA（Forward Rate Agreement）　金利先渡し取引
FRB（Federal Reserve Board）　連邦準備制度理事会
FSB（Finanacial Stability Board）　金融安定理事会
G-SIBs（Global Systemically Important Banks）　グローバルなシステム上重要な銀行
GVC（Global Value Chain）　グローバル・バリュー・チェーン
IMF（International Monetary Fund）　国際通貨基金
IoT（Internet of Things）　モノのインターネット
IT（Information Technology）　情報技術
J-REIT（Japanese Real Estate Investment Trust）　不動産投資信託
LBBW（Landes Bank Burden Wurtemburg）　バーデン・ビュルテンブルク州立銀行
LIBOR（London Inter Bank Offered Rate）　ロンドン銀行間取引金利
M&A（Mergers and Acquisitions）　合併と買収
MBS（Mortgage Backed Securities）　不動産担保証券
MDGs（Millennium Development Goals）　ミレニアム開発目標
MMF（Money Market Funds）　マネー・マーケット・ファンド
MMMF（Money Market Mutual Fund）　市場金利連動型投資信託
MMT（Modern Monetary Theory）　現代貨幣理論

MRF（Money Reserve Fund）　マネー・リザーブ・ファンド
NGFS（Network for Greening the Financial System）　金融システムグリーン化ネットワーク
OECD（Organisation for Economic Co-operation and Development）　経済協力開発機構
OHR（Over Head Ratio）　経費比率
OTC（Over The Counter）　店頭
PFI（Private Finance Initiative）　プライベート・ファイナンス・イニシアティブ
POS（Point of Sale）　販売時点情報管理
PRB（Principles for Responsible Banking）　責任銀行原則
PRI（Principles for Responsible Investment）　責任投資原則
RMBS（Residential Mortgage Backed Securities）　住宅ローン担保証券
ROA（Return on Asset）　総資産利益率
ROE（Return on Equities）　株主（自己）資本利益率
S&L（Saving and Loan）　貯蓄貸付組合
SDGs（Sustainable Development Goals）　持続可能な開発目標
SNA（System of National Accounts）　国民経済計算
SPV（Special Purpose Vehicle）　特別目的事業体
SWIFT（Society for Worldwide Interbank Financial Telecommunication）　国際銀行間通信協会
TCFD（Task Force on Climate-Related Financial Disclosures）　気候関連財務情報開示タスク・フォース
TIBOR（Tokyo Inter Bank Offered Rate）　東京銀行間取引金利
TLAC（Total Loss-Absorbing Capacity）　破綻時における総損失吸収力

索　引

事　項

人　名

【有斐閣ブックス】

入門銀行論

Introduction to the Theory of Banking

2023 年 2 月 20 日 初版第 1 刷発行

編　者　　代田　純
　　　　　しろた　じゅん

発行者　　江草貞治

発行所　　株式会社有斐閣

　　　　　〒101-0051 東京都千代田区神田神保町 2-17

　　　　　http://www.yuhikaku.co.jp/

印　刷　　萩原印刷株式会社

製　本　　大口製本印刷株式会社

装丁印刷　株式会社亭堂印刷所

落丁・乱丁本はお取替えいたします。定価はカバーに表示してあります。
©2023, Jun Shirota.
Printed in Japan. ISBN 978-4-641-18461-9